Springpferde-
Ausbildung heute

Geschichte — Pferdebeurteilung — Springdressur — Springtraining —
Parcoursbau — Gesundheit — Ethik

von Elmar Pollmann-Schweckhorst

Impressum

Bibliografische Information der deutschen Bibliothek

Die Deutsche Bibliothek verzeichnet diese Publikation in der Deutschen Nationalbibliografie; detaillierte bibliografische Daten sind im Internet über http://dnb.ddb.de abrufbar.

© 2002 FNverlag der Deutschen Reiterlichen Vereinigung GmbH, Warendorf.
Das Werk ist urheberrechtlich geschützt. Die dadurch begründeten Rechte, insbesondere die der Übersetzung, des Nachdrucks, der Entnahme von Abbildungen, der Funksendung, der Wiedergabe auf fotomechanischem oder ähnlichem Wege und der Speicherung in Datenverarbeitungsanlagen bleiben, auch bei nur auszugsweiser Verwertung, vorbehalten. Die Vergütungsansprüche des § 54, Abs. 2, UrhG, werden durch die Verwertungsgesellschaft Wort wahrgenommen.
1. Auflage 2002

ZUM TITELFOTO *(Fotograf: Karl-Heinz Frieler, Gelsenkirchen)*
Alois Pollmann-Schweckhorst jun., erfolgreicher Nationenpreisreiter und Bruder des Autors, auf Aperio beim „Turnier der Sieger" in Münster, August 2002. Der Vater des Autors, Alois Pollmann-Schweckhorst sen. ist Züchter und Besitzer des Rheinländer Fuchswallachs, abstammend von A Priori aus einer Futuro-Mutter, geb. 1990. Die Entwicklung Aperios bis zu Siegen in schweren Springen und Nationenpreise wird im Verlauf des Buches an verschiedenen Stellen dargestellt.

BERATUNG:
Christoph Hess, Leiter Abteilung Ausbildung der Deutschen Reiterlichen Vereinigung (FN)
Michael Putz, Erlangen, Leiter Westfälischen Reit- und Fahrschule Münster (1986 – 2000)
Isabelle von Neumann-Cosel, Fachbuchautorin und Lektorin, Edingen-Neckarhausen

KORREKTORRAT:
Stephanie Vennemeyer, Ahlen

ZEICHNUNGEN:
S. Weiler, Gladbach: Seite 36, 41, 44, 47, 48, 57, 61, 62, 66, 67, 70, 71, 80, 82, 83, 94, 100, 103(2), 134, 139 (5)
Thorwaldsen, Stahlstich Seite 15, 151
Seiten 25, 26 mit freundlicher Genehmigung entnommen aus „Ausgewählte Hengste Deutschland 1994/95, Bernd Eylers („Die Beurteilung des Pferdes" von Werner Schockemöhle, S. 439-445)
Seiten 125 (2), 126, 130/131 mit freundlicher Genehmigung entnommen aus Bildband „Aachen – Weltfest des Pferdesports 1898-1998"
Seite 95 mit freundlicher Genehmigung entnommen aus „Parcours- und Hindernisbau" von Jasper Nissen, Kosmos Verlag, Stuttgart

FOTOS:
Bild-Report Wagner, Grünstadt: Seite 18 (3)
Fotografie C.B., Kiel: Seite 98
Susanne Dufner, Ulm: Seite 19
Werner Ernst, Ganderkesee: Seite 19, 22, 23 (2), 24 (2)
MaWe-Bilderdienst, Brohl-Luetzing: Seite 18 (2), 19 (2), 44, 47, 51 (2), 67, 71, 76u., 81u., 91, 93o., 99, 120, 121 (2), 133
Foto Mitschke, Hohenstein: Seite 28
Kleinholz: Seite 12
Koctukoba: Seite 70
Franck Papelard, Frankreich: Seite 31
photec – Michael Schröder, Oftersheim: Seite 78
pro cheval, Walldorf: Seite 75, 104, 111
Profoto-Team, Delmenhorst: Seite 18 (2)
Hans-Jürgen Rick, Hannover: Seite 18
Norbert Schamper, Münster: Seite 55
Maximilian Schreiner, Unterstall: Seite 103
Jacques Toffi, Hamburg: Seite 18, 34, 46, 65, 72 (2), 73 (2), 74, 76o., 79, 81o., 84 (4), 85 (4), 86o., 92 (2), 93u., 101, 104re. (2), 105 (3), 115, 128, 136, 158
Privat, Seite 18 (3), 30, 45, 49, 50, 69, 86u. (3), 107
Foto Seite 118 entnommen aus „Reiter und Fahrer Magazin", Heft 5 September/Oktober 1957
Foto Seite 124 Werner Menzendorf, entnommen aus „Die Bilder der Deutschen Reitschule" von Dietbert Arnold, Pferdesportverlag Rolf Ehlers, Bremen
Foto Seite 127o. entnommen aus „Reiter und Fahrer Magazin", Heft 1 Januar/Februar 1962
Foto Seite 127u. entnommen aus „Reiter und Fahrer Magazin", Heft 3 Mai/Juni 1962
Fotos Seite 135 entnommen aus „Farbatlas Huf" von Christopher Pollitt, Schlütersche, Hannover

GESAMTGESTALTUNG:
mf-graphics, Marianne Fietzeck, Gütersloh

LITHOGRAPHIE:
Scanlight, Marienfeld

DIGITALE BOGENMONTAGE, DRUCK UND VERARBEITUNG:
Stalling GmbH, Oldenburg

ISBN 3-88542-371-5

„Die weitverbreitete Meinung, dass die Theorie in der Reitkunst nichts zu suchen habe, wird mich nicht abhalten zu behaupten, dass es ohne Theorie keine vollendete Reitkunst gibt. (...) Ich gebe jedoch zu, dass es niemals zu einer Trennung von Theorie und Praxis kommen darf, da in unserer Kunst der Körper eine große Rolle spielt."

FRANÇOIS ROBICHON DE LA GUÉRINIÈRE
(ca. 1688 – 1751)

INHALT

Vorwort 8

1 System und Individuum 10

1.1 Verschiedene Wurzeln 10
1.2 Junge Geschichte 11
    1.2.1 K-S-Springstil 12
    1.2.2 Absprungbestimmendes Reiten 13
    1.2.3 Rhythmisches Passend-Reiten 13
    1.2.4 Trainingszentren 14
1.3 Was heißt klassische Lehre? 14

2 Beurteilung des Springpferdes 16

2.1 Beurteilung der Abstammung 16
    2.1.1 Der Mutterstamm 17
    2.1.2 Passer-Effekt 20
    2.1.3 Inzucht 20
2.2 Exterieur 21
    2.2.1 Konstruktion und Vermögen 21
    2.2.2 Härte und Belastbarkeit ... 25
2.3 Interieur 27
    2.3.1 Temperament 28
    2.3.2 Charakter 28
2.4 Freispringen 30
    2.4.1 Aussagekraft 30
    2.4.2 Rahmenbedingungen 32
2.5 Beurteilung unter dem Sattel 33
    2.5.1 Rittigkeit 33
    2.5.2 Grundgangarten 33
    2.5.3 Vorsicht 35
    2.5.4 Fair probieren 35

3 Springdressur 36

3.1 Trainingsreize 36
3.2 Ausbildungsskala des Reiters 37
3.3 Springdressur und Dressursport ... 38
    3.3.1 Unorthodoxe Gedanken zur Skala 38
    3.3.2 Takt 42
    3.3.3 Losgelassenheit 45
    3.3.4 Anlehnung 49
    3.3.5 Schwung 57
    3.3.6 Geraderichten 59
    3.3.7 Versammlung 62
    3.3.8 Durchlässigkeit 68

4 Springtraining 78

4.1 Springmanier 78
    4.1.1 Einsatzgebiet 79
    4.1.2 Bascule 80
    4.1.3 Vorderbeintechnik 80
    4.1.4 Hinterbeintechnik 85
    4.1.5 Gesamtablauf 87
4.2 Training von Naturhindernissen ... 90
    4.2.1 Fleißarbeit Natursprünge 91
    4.2.2 Wassergraben 91
4.3 Kombinationen und Hindernisfolgen 94
4.4 Parcoursspringen 97
    4.4.1 Abreiten 97
    4.4.2 Übersicht und Rhythmus .. 99
    4.4.3 Mit Kräften haushalten .. 100
4.5 Springen „gegen die Uhr" 101
    4.5.1 Dressurmäßige Vorbereitung 101
    4.5.2 Fliegender Wechsel 102
    4.5.3 Springmäßige Vorbereitung 102

5 Vertrauen und Gehorsam 108

- 5.1 Was tun bei Widerstand? 108
  - 5.1.1 „Gucken", Scheuen 110
  - 5.1.2 Kopfschlagen 112
  - 5.1.3 Steigen 112
  - 5.1.4 Kleben 112
  - 5.1.5 Vorbeilaufen 113
  - 5.1.6 Verweigern 113
- 5.2 Strafen 114
  - 5.2.1 Gerteneinsatz 115
  - 5.2.2 Peitschenführung 116
- 5.3 „Touchieren" 116
  - 5.3.1 Vielfalt der Natur 117
  - 5.3.2 Zwischen Tabu und Verbot 118
  - 5.3.3 Mit Maß und Ziel 123

6 Hindernis- und Parcoursgestaltung 124

- 6.1 Gestern – heute – morgen 124
  - 6.1.1 „Schneller-höher-weiter" 125
  - 6.1.2 Kompakter – technischer – leichter 126
  - 6.1.3 Parcoursbau: Wohin? 128
- 6.2 Parcoursbau im Training 132

7 Gesundheitliche Prophylaxe 134

- 7.1 Huf und Beschlag 134
  - 7.1.1 Hufmechanismus 135
  - 7.1.2 Beschlag 136
  - 7.1.3 Stellungsfehler 138
- 7.2 Vorbeugen und Erkennen von Lahmheiten 138
  - 7.2.1 Schwachstellen 138
  - 7.2.2 Früherkennung 139
- 7.3 Zahnpflege 146

8 Ausbildung und Ethik 147

- 8.1 Im Kern: Das Verhältnis Mensch – Pferd 149
  - 8.1.1 Untertan Pferd 150
  - 8.1.2 Ins Pferd „hineinhorchen" 150
- 8.2 Ein weiser Rat 153
  - 8.2.1 Extreme vermeiden… 153
  - 8.2.2 …das Ende im Auge behalten… 153
  - 8.2.3 …der Natur folgen 155
- 8.3 Kulturgut Reitkunst 157

Danksagung 159

Vorwort

Dieses Buch ist — bei all seiner ausführlichen Theorie — für die Praxis geschrieben, mit zahlreichen Beispielen aus der Praxis belegt und für die Praxis zu empfehlen. In den Spring-Lehrgängen und Seminaren, die wir geben, fällt uns immer wieder auf, dass die Springdressur noch viel zu oft mit dem turniermäßigen Dressurreiten verwechselt wird. In diesem Buch wird erstmals klar gezeigt, welche Schwerpunkte und Ziele der Springreiter in seiner Arbeit verfolgt.

Es bietet nützliche Lösungen für die täglichen Probleme in der Springpferdearbeit. Aber auch aktuelle Entwicklungen werden kritisch „unter die Lupe" genommen und schwierige Themen direkt angesprochen. Wir halten es für richtig und wichtig, diese Problematik anhand von konkreten Beispielen anzusprechen, anstatt zu hoffen, dass diese Themen nicht diskutiert werden. Klar wird, dass für jedes Pferd der richtige Weg gefunden werden muss, und deshalb auch brisante Themen nicht pauschal be- bzw. verurteilt, sondern differenziert betrachtet werden müssen.

Ganz im Sinne dieses Buches beenden wir unsere einleitenden Worte: Sucht flexibel und ideenreich nach dem Weg, den euch euer Pferd vorgibt. Versucht stets, euer Gehör für die Stimme des Pferdes weiter zu verfeinern, denn nur so werden Pferd und Reiter zu einem herausragenden Team!

*Markus Beerbaum
und Meredith Michaels-Beerbaum*

VORWORT

Elmar Pollmann-Schweckhorst stammt aus einer bekannten Reiter- und Züchterfamilie mit langer Tradition. Er selbst ritt mit Erfolg Springprüfungen bis zur schweren Klasse. Aufgrund seiner Erfolge wurde ihm das Deutsche Reitabzeichen Klasse I in Gold der Deutschen Reiterlichen Vereinigung verliehen.

Der Autor hat sein Buch zur Springpferdeausbildung aus der Praxis für die Praxis geschrieben. Er beschäftigt sich intensiv mit theoretischen Zusammenhängen der Ausbildung von Pferden und Reitern, ohne den praktischen Bezug aus dem Auge zu verlieren. Dabei kommt ihm seine eigene fundierte Ausbildung zu Gute, die er mit der erfolgreichen Absolvierung der Meisterprüfung als Pferdewirt – Schwerpunkt „Reiten" abgeschlossen hat.

Das Werk „Springpferde-Ausbildung heute" bietet dem passionierten Springreiter zahlreiche Trainingshinweise zur systematischen, geduldigen und erfolgreichen Springpferdeausbildung unter besonderer Berücksichtigung gesundheitlicher und ethischer Aspekte. Auch der weniger geschulte Reiter findet in dem Buch eine Reihe praktischer Hinweise, die er in die praktische Ausbildung mit einbringen kann.

Neben der Fachlichkeit kommen in diesem Buch Erfahrungen, Erlebnisse und die persönliche Sichtweise des Autors zum Tragen, die dem Buch einen besonderen Wert verleihen.

Ich wünsche den Lesern bei der Lektüre des Buches viel Freude. Lassen Sie sich von der Idee des Buches beeindrucken. Mögen Sie bei der täglichen Arbeit und beim Umgang mit Ihrem Pferd die Harmonie finden, die allseits angestrebtes Ziel sein muss und auf gegenseitigem Vertrauen basiert. Dieses Vertrauen ist nur durch einen langfristigen Ausbildungsprozess aufzubauen. „Springpferde-Ausbildung heute" kann Ihnen dabei helfen.

Christoph Hess
Leiter der Abteilung Ausbildung – Bereich Sport –
der Deutschen Reiterlichen Vereinigung e.V. (FN)

Kapitel 1
System und Individuum

Die Idee dieser Arbeit ist es, den heutigen Wissensstand der Springpferdeausbildung aufzuzeichnen und in ein allgemeingültiges System einzubinden. Der Anspruch auf Allgemeingültigkeit wirft im Springsport natürlich gewisse Probleme auf: Zum einen liegen sie in der genetischen Vielfalt des Subjekts. Kein Pferd ist (bisher) wie das andere. So kann eine Regel, die für das eine Pferd zutreffend ist, für ein anderes unpassend sein. Was dem einen zu viel, ist dem anderen zu wenig und dem Dritten vielleicht genau recht. Mehr noch: Was für das eine Pferd noch richtig ist, kann für das nächste bereits falsch sein.

Des Weiteren ist die Heterogenität unter den Menschen (also auch unter den Reitern) genauso facettenreich. Jeder ist einzigartig, sowohl hinsichtlich seiner ererbten Anlagen, als auch in bezug auf die Umwelteinflüsse, die ihn geprägt haben und immer noch prägen. Je nach Charakter, Temperament und seinem Umfeld legt der eine Reiter Schwerpunkte auf Bereiche, die einem anderen als unwichtig oder belanglos erscheinen. Bedingt durch diese Vielfalt bildeten sich weltweit gesehen viele und auf den ersten Blick widersprüchlich erscheinende Auffassungen von der rechten Art, ein Springpferd auszubilden.

1.1 Verschiedene Wurzeln

Vergleicht man die Systeme verschiedener Länder und Kontinente untereinander, so fallen die unterschiedlichen Ansätze auf. Die weltweit variierenden Anschauungen über die Springpferdeausbildung entwickelten sich nicht nur aus der jeweiligen Mentalität der Völker, sondern auch aus den andersartigen Pferdetypen der jeweiligen Länder. Der englische Springsport zum Beispiel wurzelt im Jagdreiten, wie es sich bis heute im Reitstil und gelegentlich noch im Pferdetyp der Engländer unverkennbar widerspiegelt. Der Dressursport ist von Newcastle (17. Jhd.) bis heute auf der Insel nicht so recht heimisch geworden. Die Tradition des Jagdsports wurde von den Engländern nach Amerika übertragen, unterlag aber dort wiederum einer ganz eigenständigen Entwicklung.

Zwar lässt sich heute noch an der Bedeutung der Hunterprüfung dieser gemeinsame Ursprung ablesen, doch wurde in Übersee der Bedarf an Springpferden jahrzehntelang in erster Linie aus der Vollblutzucht rekrutiert. Daraus bildete sich eine Reitweise, die ihr Hauptaugenmerk auf Entspannung und Beruhigung des edlen Pferdes legte. Im Gegensatz dazu entwickelte sich besonders auf dem europäischen Festland die Springpferdezucht a priori aus dem Wirtschaftspferd. Gründliche dressurmäßige Gymnastizierung, ja sogar Sensibilisierung und ein gezieltes „in Spannung versetzen" verlangte dieser Pferdetypus, wenn mit ihm erfolgreich Parcours absolviert werden sollten.

Alwin Schockemöhle erinnert sich an diese Zeit:

„Früher wollten alle die Amerikaner mit ihren Blutpferden und der darauf ausgerichteten Reitweise kopieren. Das funktionierte mit unseren Pferden aber nicht".

„Der Hannoveraner", Nr. 2/74. Jahrgang April 2002

Heute gleicht sich der Typ des Springpferdes international mehr und mehr an, nicht zuletzt durch verstärkte Vollblutzufuhr innerhalb der europäischen Zuchten und der vermehrten Exporte ihrer Produkte. George Morris sagte dazu: „Nordamerikas Reiter verstanden oder bevorzugten die Kunst der dressurmäßigen Arbeit nie wirklich, bis das Warmblutpferd uns dazu zwang".[1] In den Methoden der Springpferdeschulung ist also eine immer größere Annäherung zu beobachten.

1.2 Junge Geschichte

Der Begriff „klassische Reitlehre" wird viel zu oft überstrapaziert. Auch wenn nur die wenigsten Wege, die von den Alten beschritten wurden, sich als dauerhaft richtig erwiesen: In der Dressur gibt es seit Jahrhunderten und Jahrtausenden fundamentale Erkenntnisse, die heute noch Kraft und Bedeutung haben. Das kann die Schule des Springreitens nicht von sich behaupten. Denn der Turniersport ist noch keine 150 Jahre jung[2]. Die Leistungsorientierung der modernen Gesellschaft sowie die kommerzielle Nutzung des Sports durch Industrie und Handel bildeten im 20. Jahrhundert den Nährboden für den „Spring-Zirkus" als Hochleistungssport. Das wiederum begünstigte den immensen Entwicklungsschub, den die Springlehre in den zurückliegenden Jahren vollzog. Trotz aller Gefahren, welche die Kommerzialisierung in sich birgt: Wer weiß, wann jemals wieder eine Gesellschaftsform derartig günstige Voraussetzungen für die Entwicklung der Springlehre bietet?

Ohne Zweifel: Bereits vor Tausenden von Jahren wurden mit dem Pferd kleinere Sprünge gemacht. Das täuscht aber nicht darüber hinweg, dass die wesentlichen Elemente der Springreiterei erst um die Jahrhundertwende entdeckt wurden. Den ersten „Quantensprung" erfuhr der Springsport durch die Entdeckung des leichten Sitzes, der auf natürlichen Sprungablauf und Balance ausgerichtet war. 1842 (!) wurde dieser Sitz bereits von Kegel und 1887-1889 an der Kavallerieschule Hannover von Lt. Freiherr von Fuchs-Nordhoff[3] praktiziert. Weltweit populär geworden ist er allerdings erst durch den Italiener Federico Caprilli, der als Kavallerieoffizier an den Kavallerieschulen Pinerolo und Tor di Quinto wirkte.

Caprilli wird heute fälschlicherweise als Erfinder des modernen Springstils betitelt. Falsch ist das aus zweierlei Gründen:
1. Den leichten Sitz hatten also andere vor ihm für den Springsport entdeckt und auch praktiziert. Sein Verdienst lag vielmehr darin, den Balancesitz in ein militärisches Ausbildungssystem umgesetzt und damit wesentlich zur Verbreitung beigetragen zu haben. Der Balancesitz über dem Sprung wird in seinen wesentlichen Zügen noch heute praktiziert.
2. Durch den leichten Sitz wurde das Pferd zwar nicht mehr in seinem Ablauf gestört. Doch der Begriff „moderner Springstil" muss umfassender verstanden werden und ist eher als Summe bis heute andauernder Weiterentwicklungs- und Vervollkommnungsprozesse zu sehen. Denn was Sitz und Einwirkung vor dem Sprung betrifft, so kann man Caprillis Auffassungen getrost als überholt bezeichnen: Heute so elementare Begriffe wie absprungbestimmendes Reiten und Durchlässigkeit des Pferdes kamen im damaligen italienischen Ausbildungssystem zum Beispiel nicht vor.

Nicht jeder herausragende Springreiter repräsentierte auch gleichzeitig eine neue springsportliche Entwicklungsstufe. Es gab stets auch Reiter, die keinen zu verallgemeinernden Stil hatten — die ihrer Zeit voraus waren, durch unorthodoxe Reitweise einen speziellen Zugang zu ihrem jeweiligen Pferd gefunden hat-

---

[1] George H. Morris: „The American Jumping Style", Doubleday, New York 1993.
[2] Ammann, Max E.: „Geschichte des Pferdesports", (1976/83) Verlag C.J. Bucher GmbH; 1940.
[3] v. Poseck: „Reitsport im alten und jetzigen Heere", aus „Das Deutsche Reiterbuch"; Berlin 1940.

Springpferde-Ausbildung heute

ten oder einfach experimentierfreudig waren. Manche Springreiter oder Springzentren verkörperten in ihren Methoden die Anschauungen und Auffassungen ihrer Zeit in besonderem Maße bzw. drücken ihrer Zeit ihren Stempel auf. Und sie beeinflussten durch ihre Vorbildfunktion wesentlich die Auffassung von Springpferde-Ausbildung. Anhand solcher prägnanten Persönlichkeiten und prägenden Institutionen soll die Entwicklung der modernen Springpferdeausbildung in Deutschland kurz skizziert werden:

1.2.1 K-S-Springstil

Eine Reitweise, die zu ihrer Zeit weltweit als „Deutscher Springstil" bekannt wurde, entwickelte sich zwischen 1928 und 1939 durch die Ausbilder und Reiter der Kavallerieschule Hannover (daher auch „K-S-Springstil" genannt). Zitat aus Michaela Ottes „Geschichte des Reitens": „Dieser Stil zeichnete sich zum einen durch seine Einheitlichkeit in der Reitweise aus, zum anderen wurde neben der Übernahme des italienischen Springsitzes die dressurmäßige Ausbildung des Springpferdes (...) nicht vernachlässigt. So konnten über Losgelassenheit, Takt, Anlehnung, Schwung und Durchlässigkeit die Schub- und Sprungkraft aus der Hinterhand entwickelt werden."

Unser Vater Aloys Pollmann-Schweckhorst war in seinem Springstil und in seiner Auffassung über die Lehre des Springreitens stark von dem Gedankengut der Kavallerieschule beeinflusst. Von Kind auf arbeitete er in der elterlichen Landwirtschaft am Niederrhein mit Pferden. In diesen Kriegs- und Nachkriegsjahren wurden sämtliche Transporte und Feldarbeiten mit Pferden verrichtet. Es zeigte sich da sein „Händchen" für schwierige Vierbeiner und so arbeitete er gerne und viel mit den Pferden. Von klein auf war die Reiterei seine Leidenschaft. In der Mittagspause schwang er sich oft auf seine Stute „Friedchen"[4] und sprang mit ihr über selbst gezimmerte Sprünge. Eines Tages gab es im Rahmen des Halderner Dorfturniers eine Schauvorführung von zwei ehemaligen Mitgliedern der Kavallerieschule Hannover: Jochen Epping und Hubertus Bischoff. Aus einer

Aloys Pollmann-Schweckhorst sen., hier auf seiner „Friedchen", gehörte zu der Generation, die von den ehemaligen Mitgliedern der Kavallerieschule Hannover ausgebildet wurde. Die Charakteristika des K-S-Springstils waren: Dressurmäßige Gymnastizierung, Leichter Sitz, Rhythmus – aber noch kein absprungbestimmendes Reiten.

---

[4] Werheid, Hans: „Sport wird bei uns großgeschrieben", Bergisch-Gladbach; Heider 1998.

System und Individuum

Hindernisreihe heraus wurde ein Rekordhochspringen entwickelt. Nach der Veranstaltung maß unser Vater die Abstände zwischen den Sprüngen und baute sie zu Trainingszwecken zu Hause nach. Wie der Zufall es wollte, kam eines Tages Major Epping auf den elterlichen Hof. Ihm fielen sofort die gewaltigen Hindernisse auf:
„Wer war denn das?" war seine erste Frage.
„Das war ich", antwortete unser Vater.
„Das gibt's doch nicht, das ist ja 'S'!"
Von dem Tage an gab ihm Herr Epping regelmäßig Reitunterricht. Die Zusammenarbeit war fruchtbringend. Später schlug der Schüler mit seiner „Friedchen" z.B. auf einem hoch dotierten Turnier in Remscheid in einem der damals noch seltenen S-Springen die bundesdeutsche Elite.

Das, was unser Vater vermittelte, gab die elementare Auffassung der hannoverschen Springschule wieder: Dressurmäßige Gymnastizierung bei selbsttragender Haltung und einfacher Zäumung — rhythmisches, flüssiges Galoppieren im Parcours und das Pferd am Sprung mittaxieren lassen.

1.2.2 Absprungbestimmendes Reiten

Der Springsport wurde in der zweiten Hälfte des 20. Jahrhunderts, als die zivile Reiterei die militärische verdrängt hatte, stark vom Individualismus geprägt[5]. Privat organisierte Reiter suchten ihre eigenen Wege und leisteten für die Weiterentwicklung des Springreitens in gewissem Sinne Pionierarbeit. Jedes Jahrzehnt brachte seine eigenen Vorbilder und Idole hervor. In den 50ern und 60ern führten Fritz Thiedemann und Hans-Günter Winkler die absprungbestimmende Reitweise ein. Auch der junge Alwin Schockemöhle kann noch diesem Reitstil zugeordnet werden. Die Galoppsprünge vor und zwischen den Sprüngen wurden immer bewusster eingeteilt. Das Pferd musste immer weniger selbst taxieren, der Absprungspunkt wurde vom Reiter diktatorisch bestimmt. Hierdurch wurde die Kalkulierbarkeit und Präzision erhöht, jedoch noch auf Kosten von Rhythmus und geschmeidiger, unauffälliger Einwirkung, was bis dahin den deutschen Springstil auszeichnete.

1.2.3 Rhythmisches Passend-Reiten

Alwin Schockemöhles Schüler hingegen verkörperten bereits eine neue Generation: Gerd Wiltfang war einer von denen, die in den Siebzigern eine neue Ära einleiteten. Seine raffinierte, sich stark den Eigenheiten des jeweiligen Pferdes anpassende Einwirkung war mit einer Leichtigkeit und einem Rhythmus verbunden, wie sie in dieser Zeit einmalig war. Ich erinnere mich, wie mein Bruder Alois und ich das Finale der Weltmeisterschaften in Aachen verfolgten. Die vier Finalisten, Eddy Macken, Johan Heins (ebenfalls Schockemöhle-Schüler), Michael Matz und Gerd Wiltfang, verkörperten diese neue Art der Reiterei in beeindruckender Weise: gefühlvoll, harmonisch, rhythmisch, zudem unauffällig absprungbestimmend und somit trotzdem präzise. Gerd Wiltfang gewann und in uns war ein Funke entzündet: So wollten wir auch einmal reiten können! (Meine Lehrzeit verbrachte ich so Anfang der Achtzigerjahre beim „Wilden" in Thedinghausen.)

Die Überlegenheit im Parcours ließ Wiltfang bis Mitte der Achtziger unzählige Triumphe feiern. Sein listiger Charakter, gekoppelt mit seinem Talent, die Pferde auf natürlichste Art springen zu lassen, sind bis heute unübertroffen. Da er jedoch nur seinem Genius vertraute und so trotz technisch immer anspruchsvolleren Parcours die dressurmäßige Arbeit ignorierte, wurde seine Vormachtstellung bald (u.a. vom Stall Paul Schockemöhle) gebrochen.

---

[5] Otte, Michaela: „Geschichte des Reitens". 1994; **FN**verlag, Warendorf; S. 146.

In den Achtzigern und Neunzigern entwickelte sich der deutsche Springstil auch in der Auseinandersetzung mit den sehr erfolgreich, natürlich und leicht reitenden Amerikanern und Engländern weiter. Die Phase des „auf die Brust riegelns" und des diktatorischen Reitens war endgültig vorbei. Eine neue Generation junger Reiter konnte ihre Pferde nun vor und zwischen den Sprüngen mit einer bis dato nicht gekannten Kombination aus Präzision und Leichtigkeit führen.

1.2.4 Trainingszentren

Institutionen wie höfische Reitakademien, die Kavallerieschulen Hannover, Pinerolo, Tor di Quinto, das amerikanische Trainingszentrum in Gladstone oder der Mühlener Springstall des Paul Schockemöhle besaßen jeweils zu ihrer Zeit für die Lehre des Springreitens den Charakter von Forschungs- und Entwicklungsanstalten. Die talentiertesten Springreiter bekamen dort ein Forum geschaffen, wo sie sich auf ausgesuchtem Pferdematerial ausschließlich auf springreiterliche Vervollkommnung konzentrieren konnten.

Mein Bruder hatte das Glück, dem Stall Paul Schockemöhle im Zenit seiner sportlichen Bedeutung angehört zu haben. Zu dieser Zeit rekrutierte sich die bundesdeutsche Mannschaft für internationale Championate fast ausschließlich aus Reitern des Mühlener Springstalls. Hier brauchte keiner der Springreiter einer anderen Beschäftigung nachzugehen, als sich reiterlich zu optimieren. Jeder musste von allem etwas verstehen, und dennoch gab es für alles Spezialisten: Von der Schmiede bis zur Pferdeklinik, vom Stallmanager bis zum Futtermeister war alles unter einem Dach. Selbst die zeitaufwendige Suche nach Sponsoren und talentiertem Springpferdenachwuchs wurde den Reitern weitestgehend abgenommen.

Spitzenreiter wie Otto Becker, Evelyn Blaton, Ludger Beerbaum und Franke Sloothaak (dem mein Bruder Alois neben Paul Schockemöhle und Manfred „Manni" Kötter am meisten zu verdanken hat) gaben sich untereinander Tipps und Hilfestellungen. Oder man sah sich gegenseitig etwas ab. Gab es in Mühlen zum Beispiel Probleme mit einem Pferd, so wurde untereinander getauscht, bis der richtige Reiter gefunden war. Natürlich existierte ein nicht unerheblicher Konkurrenzdruck untereinander, aber dennoch verstanden sie sich als Team. Internationale Wettkämpfe bildeten die harten Prüfsteine dieser Schule. Auf diesem Nährboden kristallisierten sich erneut Wahrheiten und Grundsätze heraus, die Hilfe und Orientierung boten.

1.3 Was heißt klassische Lehre?

Was meint dieser oft überstrapazierte Begriff „Klassische Reitlehre" eigentlich? Alles, was alt und antiquiert ist? Riecht das nicht nach dem Muff von Jahrhunderten? Das Wenigste, was in der Vergangenheit über das Reiten gedacht und geschrieben wurde, hat doch heute noch Bestand. Ob es die martialischen Knebelungen in Löhneysens „Della Cavalleria" (1609) oder Bauchers Philosophie des „Unterkieferlockerns" sind oder die naturfernen Bewegungen der Fillis'schen Kunststücke: Sie vertraten teilweise irreführende Ansichten, entdeckten und manifestierten andererseits aber auch Wahrheiten. Alles ist im Wandel, und nicht alles, was z.B. vor hundert Jahren noch als klassisch betrachtet wurde, wird heute auch so gesehen.

Sieht man heute Filmaufnahmen von Reitern wie Otto Lörke, die durch ihr Können ein ganzes Jahrhundert geprägt haben, macht sich in manchen Bereichen ein Hauch von Enttäuschung breit. (Bestechend die Selbsthaltung und Leichtigkeit seiner Pferde, aber z.B. im Ge-

SYSTEM UND INDIVIDUUM

raderichten mit gravierenden Mängeln.) Aber alle diese Reiter haben einige Mosaiksteinchen eines Wahrheitsbildes gefunden, das sich auch aus heutiger Perspektive als richtig und stimmig erweist. Wilhelm Müseler erklärte den Begriff so: „Man kann die „klassische Reitkunst" als die Dressurmethode definieren, die auf natürlichem Wege unter Berücksichtigung der Psyche des Pferdes vollendete Harmonie zwischen Reiter und Pferd erstrebt."

Doch das ist nicht alles: Auf den alten Erfahrungen aufbauend sind neue gesammelt worden; die moderne Reitlehre ist um vieles reicher geworden. Welche dieser neuen Erkenntnisse aber als klassisch bezeichnet werden dürfen, wird von ihrer **disziplinübergreifenden sowie zeitlosen Relevanz** abhängen. Und letzteres kann nur die Zeit entscheiden. Deshalb sollte korrekterweise von einer **Reitlehre, die auf klassischen Elementen aufbaut**, gesprochen werden.

▲ *Stahlstich von einem Reiter-Fries des Parthenontempels (Akropolis) aus der griechischen Antike: Wollte man das Niveau der Reitkunst über Zeit und Raum hinweg der Nachwelt kurz und treffend schildern, wie könnte man das schöner und überzeugender, als es in diesem antiken Motiv gelungen ist?*
Der wie hingegossen sitzende Reiter wirkt vorherrschend über Gewichts- und Schenkelhilfen ein. Verbunden mit leichter Zügelführung entwickelt sein edler Hengst durch die weit unterschwingende Hinterhand höchste Tragkraft. Vielsagend ist der wie abwesend wirkende Blick des Reiters. Der Jüngling scheint seine Hilfen aus einer großen Routine heraus ohne Emotionen zu geben. Sie kommen reflexartig direkt aus dem Unterbewußtsein – mehr noch: – sie fließen aus einer in sich ruhenden Seele. Pferd und Reiter sind eins – ganz so, wie ein Musikvirtuose sein Instrument als Teil seines Körpers empfinden mag. All diese Merkmale kennzeichnen auch heute noch – nach mehr als zwei Jahrtausenden – wirkliche Reit-Kunst.

Kapitel 2
Beurteilung des Springpferdes

Wer Springreiten will, der braucht dazu einen Partner, das Springpferd. Auf der Suche nach einem solchen Sportsfreund muss man sich nicht nur aus wirtschaftlichen, auch aus ethischen Gründen fragen, ob er den angestrebten Aufgaben und Belastungen physisch wie psychisch gewachsen ist. Die Beurteilung des Springpferdes ist somit der erste Schritt zu einer möglichst langjährigen und fruchtbringenden Verbindung.

Je jünger das Pferd ist, desto niedriger ist im Allgemeinen die Investitionssumme, desto größer ist die Ungewissheit; die Hoffnung wird eingekauft. Bei einem ungerittenen Pferd bleibt neben der Beurteilung des Exterieurs und Bewegungsablaufes nur der Blick auf die Vorfahren, um ein Bild vom Leistungspotential zu bekommen. Der gezielten Zucht von Springpferden ist es schließlich zu verdanken, dass das Springreiten sich auf ein derartiges Niveau entwickeln konnte, wie wir es heute im Spitzensport erleben.

2.1 Beurteilung der Abstammung

Die Fähigkeit, ein Pedigree beurteilen zu können, erleichtert die Suche nach dem geeigneten jungen Springpferd. Hierbei muss das größte Gewicht auf die **Vererbungsleistung** der direkten Vorfahren gelegt werden. Leider ist eine Vielzahl von Nachkommen und dazu mindestens 8-10 Jahre Zuchteinsatz nötig, um den Zuchtwert sicher ermitteln zu können.

In vielen Rassen und in noch mehr Zuchtgebieten finden sich springbegabte Pferde: Frankreich, Belgien, Holland, Irland zählen neben Deutschland zu den führenden Springpferdelieferanten der Welt. Aber nicht nur aus den europäischen Warmblutzuchten, auch aus der amerikanischen Vollblut- oder der französischen Anglo-Araberzucht entsprangen in der Vergangenheit erstklassige Sportler. Aus den ungewöhnlichsten Anpaarungen können Springpferde entstehen: So floss Traberblut in den Adern so genialer Pferde wie „Jappeloupe de Luze", „Galoubet" und "Halla"; „Milton" und Marion Moulds kleiner „Stroller" hatten Connemaraponies als Vorfahren. Selbst Kaltblut findet sich in manchem irischen Mutterstamm und so mancher Umzüchtungsprozess zum Reitpferd wurde auch in Westfalen auf Kaltblutgrundlage begonnen. In Hannover gab es vor ein Paar Jahrzehnten sogar eine Gotthard-Stute namens „Goldpuppe" aus einer Kaltblut-Mutter, die S-Springen gewann. Die französische Warmblutzucht konzentrierte sich auf die Zucht von Springpferden — und das mit großem Erfolg.

▲ *Tháloc, unter R. Angot Mannschaftsweltmeister 2002, ist ebenfalls das Ergebnis der Leistungszucht. Sein Vater Quidan de Revel gewann auf der Olympiade in Barcelona 1992 Team-Bronze und wurde in der Einzelwertung vierter. Seine Mutter Lonipierre (Loripierre) war siebenjährig französische Championesse.*

So wie man Springpferde in vielen Zuchten entdecken kann, so gibt es keine Zuchtgemeinschaft, die nicht auch untalentierte Produkte liefern würde. Aber es gibt Zuchtgebiete, die mit einer größeren Dichte als andere Springpferde hervorbringen. So überrascht es zum Beispiel nicht, dass Holstein trotz seiner relativ kleinen Stutenbasis (ca. 8000) in den vergangenen Jahrzehnten stets zur internationalen Spitzengruppe gehörte. Als einziges deutsches Zuchtgebiet hat es das Zuchtziel „Springpferd" in seiner Satzung stehen. Die Springanlage ist dort seit langem verwurzelt, wie die Äußerung eines führenden Mitgliedes der Kavallerieschule Hannover belegt:

„Nun wäre die Feststellung ganz interessant, welches Zuchtgebiet wohl die meisten guten Springpferde stellt, und es ergibt sich das überraschende Bild, dass das Gebiet, das bis vor wenigen Jahren fast ausschließlich Wagenpferde produzierte, und dessen Produkte auch jetzt noch zum Teil mit ihrem Karossieraufsatz, der hohen Trabaktion und dem vielfach runden, rollenden Galopp durchaus nicht immer dem Vorstellungsbild eines Reitpferdes entsprechen, dass diese Zucht wohl doch prozentual die meisten guten Springpferde hervorbringt. Der hohe Prozentsatz, den die Holsteiner unter den Spitzenpferden des Springstalles der Heeres – Reit- und Fahrschule stellen, sagt genug."
MAJOR VON BUSSE 1940

Konzentriert sich eine Zucht auf eine begrenzte Anzahl von Zuchtzielen, so erreicht sie auf diesen Gebieten schnellere Fortschritte gegenüber Verbänden, die gleichzeitig Dressur-, Spring-, Vielseitigkeits-, Fahr- und Freizeitpferde züchten wollen. Das ist wohl der Grund, warum mittlerweile die meisten deutschen Zuchtgebiete durch Holsteiner Blut die Springanlage ihrer Population aufzubessern versuchen. In der Holsteiner Zucht wurden die alten Mutterstämme – durch die zahlenmäßige Überschaubarkeit gut realisierbar – durchnummeriert und stets sehr beachtet.

2.1.1 Der Mutterstamm

„Wenn ich mich bei jemandem für meine züchterischen Erfolge bedanken will", sagte einmal ein alter Holsteiner Züchter zu mir, „so muss ich auf den Friedhof gehen!" Die Vererbungskraft eines erbsicheren Mutterstamms wird – als Beispiel für viele – an einer unserer erfolgreichsten Stutenfamilien deutlich: der Holsteiner Stamm 890 – Zweig der „Bizarre".

Mitte der dreißiger Jahre war dieser Stamm bereits für seine Springanlagen berühmt: Wenn das deutsche Militär dreijährige Pferde einkaufte, um nach einjähriger Remonteschulung die springbegabtesten unter ihnen zur Kavallerieschule nach Hannover zu schicken, so wurden die Produkte des Stammes 890 bereits dreijährig dort hingeschickt, weil man von ihrem Springtalent bereits aus Erfahrung überzeugt war. Bis heute hat sich dieser Stamm seine überdurchschnittliche Vererbungskraft in Sachen Springanlage erhalten und ist deshalb – obwohl nicht sonderlich bekannt – als Beispiel interessant. Ein Zweig der „Bizarre" wird seit nunmehr dreißig Jahren bei uns im Bergischen Land gepflegt (siehe nachfolgende Doppelseite).

Einem weiteren Zweig dieser Stutenfamilie (er trifft sich bei Bizarres Mutter „Kamille") entstammen die internationalen Springpferde Corinessa (Cora Ackermann), Crocodile Dandy (Alison Firestone) sowie einige in Holstein gekörte Hengste.

STAMM: 890

Bizarre H5388165 v. Cromwell geb. '65 aus der Kamille von Maki I

Modesto v. Marlon xx '70
Deutsche Vizemeister unter Lene Nissen-Lemke

Historie H66644171

Feodora v. Farnese
7j. 3 Siege unter EPS**, dann Landes-, Deutscher- Europameister
In einer Saison Landes-, Deutsche- und Europameisterin unter Fritz Fervers.

Mira v. Midas geb. '76
S platziert unter APS*, nach Schweden exportiert

Jula (Cuba) H14341 v. Urioso geb. '72
S-Siege unter EPS* + APS* u.a. GP v. Verden
gewann unter Elmar und Alois Pollmann-Schweckhorst zahlreiche S-Springen, darunter den Großen Preis von Verden, bevor sie nach Italien exportiert wurde.

Tafina v. Caletto I H4309135
wegen Verletzung nicht im Sport
war verletzungsbedingt nur in der Zucht.

Nelke (Friona) H6521 v. Freeman xx geb. '76
Springpferd bis M/A
Frimellas Schwester Friona war bis M/A platziert, bevor sie in die Zucht genommen wurde.

Ostia (Frimella) H1641 v. Freeman xx geb. '77
Nationenpreiserfolge + WC-Punkte unter APS
unter Alois Pollmann-Schweckhorst erfolgreich in Weltcupspringen und Nationenpreisen.

Vardana v. Fernando
Leistungsstutbuch, wegen Verletzung nicht im Sport

Rinka H3451 v. Maximus geb. '79

Carlo v. Corvado geb. '84
PSI-Auktionspferd
M/A gewonnen, S-platziert.

Condor v. Caletto I geb. '80
M gew. EPS**,
hatte M-Springen gewonnen, verstarb be achtjährig.

B Legende v. Lombard H6491 geb. '8
Qual. B.CH. 93
In der Schweiz gewann sie S/A und S/B Springen.

Cap Silver v. Silvester alias Silvercap H16681 geb. '
S-platziert
Internationales Springpferd unter Ax Fromm.

geb. '98

Hengst v. Lord geb. '92
über Körung NMS, in die Schweiz exp.

Animus v. Altano geb. '88
S-gew.
gewann unter Steffi Radons S-Springen.

Cappuccino v. Caretino geb. '89
3j. Auktion NMS 50.000 DM

Cathleen (ex. Coba) v. Caretino H250 geb. '90
Internationales Springpferd unter Marc Wirths.

Caprice v. Caretino H1852 geb. '91

Cobblestone's Cookie v. Corrado H22371 geb. '92
S-platziert, in die USA exportiert

Alo's As v. Alcatraz geb. '93
Reitpferdeprfg. + M Spr. gew.
Er gewann sechsjährig Springpferde-M und M/B-Springen.

St. v. Contender geb. '99
St.P.St. Stutenleistungstest, Springanlage: 10

St. v. Contender geb. 2000

H v. Lovaletto geb. 2001

ZWEIG: BIZARRE STAND 2002:

Kentucky's Grundylee v. Grundyman xx H2171 geb. '91
Sebastian Otten gewann mit ihr in seiner Lehrzeit bei dem Autor S/A und S/B Springen.

Kentucky's Cassily v. Cassini I geb. '95
St.L.T. WN 9,5
Spr. Pf. L. gew.

Nach zwei Fohlen 6j. Springpferde-M gewonnen.

St. v. Lavaletto geb. '99

H. v. Calando I geb. 2000
exportiert nach Belgien

Alcagrund v. Alcatraz geb. '96
5j. Springpferde-M gewonnen.

Eurocommerce Berlin alias **Caspar v. Cassini** geb. '94
Bundeschampionat 2000, HLP Adelheidsdorf: Springindex 2.Pl. S-pl., exportiert in die Niederlande

Internationale Erfolge unter Wim Schröder, NL

C'est la Vie v. Cassini I geb. '97
Stutenleistungstest Wertnote Springen: 10,0

Stute von Coriano geb. 2001

H. v. Cassini II geb. '98

H. v. Capo geb. 2001

St. v. Coriano geb. 2002

* APS = Alois Pollmann-Schweckhorst jun.
** EPS = Elmar Pollmann-Schweckhorst

Nicht nur bestimmte Mutterstämme — auch gewisse Hengstlinien liefern mit höherer Wahrscheinlichkeit Springpferde als andere. Bei Hengsten ist die Vererbungskraft durch die Vielzahl der Nachkommen schneller und auf breiterer Ebene als bei den Muttertieren erkennbar. Doch alle Linien unterliegen einer gewissen Vergänglichkeit — kein Zweig blüht ewig. Das muss nicht nur darin begründet sein, dass sich die Zuchtziele im Laufe der Jahrzehnte ändern. Ein Leitsatz der Pedigree-Beurteilung lautet: „Drei mal nichts ist nichts". Was ausdrücken soll, dass auch aus dem besten Stamm nach drei Generationen ungeschickter Anpaarung keine Leistung mehr erwartet werden kann.

Die **Eigenleistung der Ahnen** hat die nächst große Aussagekraft. Natürlich muss man bedenken, unter welchen Voraussetzungen die Erfolge der Vorfahren erbracht wurden (Reiter, Parcoursbau, Konkurrenz usw.). Das perfekte Pferd gibt es nicht und hat es auch nie gegeben. Ein erfolgreicher Vorfahre stand stets unter für ihn günstigen Einflüssen, die seine Schwächen überbrückten. Schon alleine deshalb müssen zwei Elternteile mit herausragender Eigenleistung nicht zwingender Weise ein überdurchschnittliches Produkt liefern. Die Wahrscheinlichkeit ist bei durchgezüchteten Pferden größer, wo seit Generationen auf die gewünschten Eigenschaften und auf die richtige „Mixtur" hin angepaart und selektiert wurde.

2.1.2 Passer-Effekt

Denn damit die Abstammung treffsicher beurteilt werden kann, ist der **„Passer-Effekt"** zu berücksichtigen. Unter dem vielschichtigen Begriff „Springanlage" gibt es zwei Grundströmungen: der eine Pferdetyp ist vermögend und mutig (mit der Gefahr zur Unvorsichtigkeit bzw. Einfältigkeit), der andere ist pfiffig, vorsichtig mit einem latenten Hang zu mangelndem „Herz" und begrenztem Vermögen. Unter den großen Pferden sind mehr vermögende zu finden, unter den kleineren dafür häufiger die pfiffigen Typen. Viele Springpferde entstanden oft aus Kreuzungen dieser zwei Grundrichtungen. So gibt es herausragende Springpferdevererber (selbst nervenstark, vermögend, leistungsbereit), die zum Beispiel ausschließlich mit sehr edlen Stuten (weil pfiffig, ausdauernd und intelligent) erfolgreiche Produkte lieferten. Wenn zwei Elternteile bei hoher Eigen- und Vererbungsleistung die gleichen Schwächen besitzen, so sind diese Schwächen im Produkt sehr wahrscheinlich stärker ausgeprägt. Die Verwandtschaftsleistung besitzt hingegen weniger Aussage, da es keine gleichen Vollgeschwister gibt.

Darüber hinaus gibt es geschlechtspezifische Unterschiede: Unter Vollgeschwistern fallen die Hengste in der Tendenz eher kernig und selbstbewusst bis eigenwillig aus. Stuten sind oft kleiner und feiner im Typ, bei stark ausgeprägtem Geschlechtstyp geben sie sich im Umgang und am Sprung gelegentlich blitzig bis zickig; Wallache verhalten sich im Durchschnitt unkomplizierter, verzeihen Reiterfehler eher, können einen gewissen Hang zum Gewöhnlichen und Langweiligen nicht immer verleugnen. Als bekanntes Beispiel sei hier der Starvererber Ramiro genannt, dessen Stuten erfolgreicher als die Wallache waren, da sie oft erst den nötigen „Pfiff" hatten.

2.1.3 Inzucht

Durch Verwandtschaftszucht (auch Blutanschluss genannt) oder sogar Inzucht kann die Wahrscheinlichkeit der Vererbung bestimmter Gene erhöht werden. Aber Vorsicht! Die negativen Eigenschaften werden dabei natürlich genauso stark weitergegeben.[6] Deshalb nochmals: Ein Pferd, das alle gewünschten Eigenschaften ohne einen Nachteil besitzt, gibt es

---

[6] Kidd, Jane (1994): „Pferde-Rassen, Zucht, Ausbildung". Karl Müller Verlag Erlangen, S. 156-157.

nicht und hat es nie gegeben. Außerdem ist die Idealvorstellung stets vom Zeitgeist beeinflusst. Wenn die Vorfahren zum Beispiel in den fünfziger oder sechziger Jahren begehrte Sportpferde oder Springpferdevererber waren, so muss man bei einer Inzucht bedenken, dass der damalige Sport nicht mit dem heutigen vergleichbar ist. Das züchterische wie reiterliche Niveau war niedriger. Die Sprünge waren massiver, die Auflagen tiefer, die Stangen schwerer. Deshalb brauchte ein gutes Springpferd damals nicht annähernd so vorsichtig zu sein wie heute. Vor Erbkrankheiten durch Inzucht (wie bei anderen Tierarten) braucht man bei Pferden keine Angst zu haben.

2.2 Exterieur

Wer Freude am Springsport haben will, wird nur solche Pferde in Ausbildung nehmen, die aufgrund ihrer inneren und äußeren Beschaffenheit dafür geeignet sind. Sie müssen grundsätzlich Freude am Springen haben und den zukünftigen Aufgaben im wahrsten Sinne gewachsen sein. Nicht nur um bestimmte Reiteigenschaften vorauszuahnen, auch im Hinblick auf die zukünftige Belastbarkeit ist die Beurteilung des Exterieurs wichtig.

„Ein harmonisch und korrekt gebautes Pferd muss nur in die Hände eines guten Reiters gelangen, so ist es zu jeder sportlichen Höchstleistung fähig." Dieser auf diversen Züchterversammlungen wiederholte Ausspruch eines langjährigen rheinischen Zuchtleiters wird spätestens bei Besichtigung eines internationalen Championats mit Leichtigkeit widerlegt. Denn die Gebäude internationaler Klassepferde sind so unterschiedlich, die Größen und Typen derart different, dass man die Bedeutung des Exterieurs weit hinter der des Interieurs einordnen kann. „Zu klein oder zu groß gibt es nicht, nur nicht gut genug", sagte zum Beispiel Maas Johannes Hell, der zahlreiche Ausnahmespringpferde sehr früh entdeckte. Dennoch gibt es Punkte, die eine Verwendung des Pferdes im Springsport begünstigen oder erschweren.

2.2.1 Konstruktion und Vermögen

Die besten Springpferde sind in ihrem Kaliber nicht zu derb. Sehr knochige, grobe Pferde sind selten sensibel oder gar pfiffig und dadurch nicht patent und/oder vorsichtig genug. Eine absolute Ausnahme ist Willi Melligers „Calvaro". Dieser riesengroße Schimmel hat für seinen Typ ganz ungewöhnlich gute Reflexe am Sprung. Extrem feine Pferde brauchen dagegen einen kleineren, leichteren Reiter, um sich entfalten zu können. Und nicht oft haben sie so viel Vermögen wie z.B. die filigrane Olympiazweite „Touch of Class" von Joe Fargis. Prinzipiell kann ein ausgezeichnetes großes Pferd höher springen als ein ausgezeichnetes kleines: zwar nicht relativ, aber absolut. Trotzdem haben manche kleinen Pferde Unglaubliches erreicht. Als Beispiel sollen zwei für viele stehen: Marion Moulds Olympiapferd, das irische Pony „Stroller", und das ehemalige argentinische Polopony „Zurkis", welches unter Victor Teixeira zweimal Zweiter im Hamburger Derby wurde.

Genauso findet man unter den besten Springpferden häufiger den Rechteck-Typ als den quadratischen. „Länge hat etwas mit Vermögen zu tun", wie es Hans Horn, Ex-Nationaltrainer der Niederlande, bezeichnet. Diese Erkenntnis ist nicht neu, denn zu Zeiten der Kavallerieschule Hannover schrieb Major von Busse: „Eine Erfahrung besteht: Ein langer Rücken ist sehr viel häufiger dem guten Springpferd eigen als ein kurzer. Mit dem Hals ist die Sache schon anders; es gibt ganz große Kanonen mit recht kurzem Hals."

Pferde mit sehr kurzem Hals haben nur selten genügend Ganaschenfreiheit und sind daher

auch nicht sonderlich rittig. Wenn er lang genug aber sehr tief angesetzt ist (nicht selten mit ausgeprägtem Unterhals verbunden), neigen sie dazu, in den Sprung „hinein zu schieben". Das „sich Aufnehmen" im Absprung fällt ihnen in der Regel schwer. Das Vorderbein kommt meistens nicht schnell genug vom Boden. Dagegen bewegen sich Pferde mit hohem Aufsatz, wie er bestimmten Wagenpferderassen oder die Hackneys zu Eigen ist, oft mit viel „Knieaktion" und sind am Sprung ausgesprochen schnell in ihrer Vorderbeintechnik.

Ihre starke Aufrichtung rührt allerdings aus einem weggedrückten Rücken, der sie in den seltensten Fällen genügend basculieren lässt. Dieser Pferdetyp kann seine Hinterhand über dem Sprung nur krampfhaft anwinkeln, anstatt sich zu öffnen. Fast alle „Kracher" unter den internationalen Springpferden haben einen mittleren Halsansatz und eine steile Schulter, tragen sich unter dem Reiter jedoch durchaus in der Balance. Irgendwie scheint ihnen diese steile Schulter mehr Möglichkeiten zu geben, Vorhandfehler verhindern zu können.

Häufig sind Ausnahmespringpferde etwas überbaut. Der „Motor" ist eben größer dimensioniert. Aber auch hier gibt es ein „zuviel": Je überbauter und länger ein Pferd ist, desto mehr Probleme bekommt es mit seiner Balance. Das kann sich bei Pferden, die aufgrund ihres Überbautseins auch in der freien Bewegung keine Bergauf-Tendenz mehr zeigen, bis auf den Sprungablauf auswirken. Sie können Vorhandfehler durch mangelnde Balance und schlech-

„Länge hat etwas mit Vermögen zu tun". Die gesamte Konstruktion der Oberlinie, die Winkelungen und langen Linien der Hinterhand lassen erkennen, woher „Ratina Z" ihre ungeheure Sprung- und Schnellkraft nahm. Sie war ein klassisches Produkt der Leistungszucht: Vater Ramiro, Vaters Mutter Coralle (Zuchtname Valine), Muttervater Almé und Großmutter Heureka waren Springpferde von internationalem Format. ▼

▲ Oft sind vermögende Springpferde leicht überbaut. Ihr „Motor" ist größer dimensioniert, wie hier bei dem Holsteiner „Come on". Dieser Hengst ist mit viel „Schnabel" konstruiert, was ihn sich trotz des Überbautseins von Jugend an ausbalanciert bewegen ließ. Der deutliche Aufsatz und sein großes Vermögen ließen ihn kaum basculieren.

▲ Anderes Exterieur, andere Stärken: Das Gebäude von „Champion du Lys" verrät seine praktische und patente Art, die eine gewisse Frühreife begünstigte. So ist es kein Zufall, dass er bereits sechsjährig fünf internationale S-Siege errang und Dritter im Mexikanischen Derby war. Ein solches Pferd muß nicht extra durch seinen Reiter geschlossen oder in die Balance gebracht werden, da er dies „von Hause aus" mitbringt. Im Gegenteil: er fordert sogar eine recht freie Galoppade, um seine Möglichkeiten entfalten zu können.

Springpferde-Ausbildung heute

▲ Caletto I und Grandeur: Diese beiden Hengste waren in Sport und Zucht internationales Top-Niveau. Doch nicht immer ist die Eigenleistung auch Garant für überdurchschnittliche Vererbung. Caletto I befand sich auf diesem Foto in etwas mastigem Futterzustand. Doch auch in Sportkondition fiel seine Geschlossenheit auf, dazu die steil abfallende Kruppe und die relativ starke Winkelung des Hinterbeins.

▲ Fast entgegengesetzt gebaut ist Grandeur: länger in der Rippe, höher im Sprunggelenk und knapper liniert in den Hanken. Das unterstreicht mal wieder: Sie gewinnen in allen Formen und Größen. Grandeurs Gesichtsausdruck deutet seine nervliche Belastbarkeit an, wie er sie in zahlreichen schweren und schnellen Springen bewiesen hat.

tes „sich-aufnehmen" nicht so gut vermeiden. Jede Sportpferdezucht strebt ein großrahmiges Pferd an. Rahmen darf allerdings nicht mit Größe verwechselt werden. Ein Pony kann zum Beispiel in größerem Rahmen stehen als ein groß gewachsener Warmblüter, wenn es in Proportion zu seinem Körper über relativ mehr Hals, eine längere Schulter oder ein langlinigeres Darm- und Hüftbein verfügt. Auch bei dem Springpferd wird ein großzügiger Rahmen gerne gesehen, obwohl es hin und wieder internationale Spitzenpferde gibt, deren Exterieurs eine zwingende Notwendigkeit widerlegen.

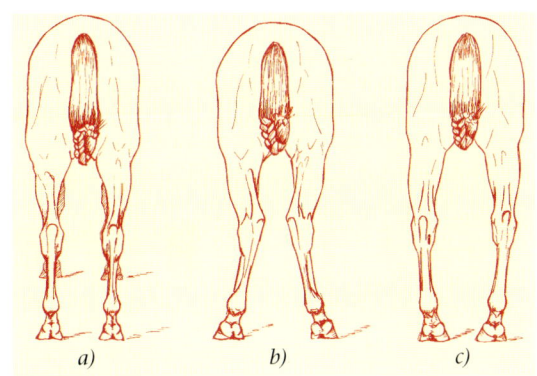

a) regelmäßige Stellung
b) kuhhessige Stellung
c) faßbeinige Stellung

Ein großes, klares, etwas aus dem Kopf heraustretendes Auge ist bei vorsichtigen Springpferden — auf die Gesamtpopulation bezogen — ebenfalls relativ häufig anzutreffen. Ich denke, dass dies nicht nur mit einem vergrößerten Blickwinkel erklärbar ist, sondern dass sich im großen Auge auch ein aufmerksames Interieur widerspiegelt.

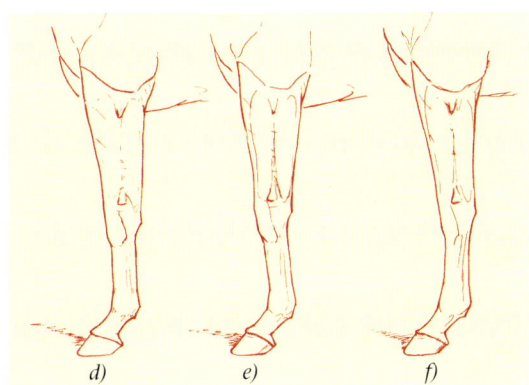

d) regelmäßiges, gut markiertes Vorderbein
e) vorbiegig
f) rückbiegig

Früher behauptete man, dass es keine guten Springpferde mit hoch angesetzten Sprunggelenken gibt[7]. Oder dass der Ellenbogenhöcker eine Hand breit von den Rippen des Brustkorbes abstehen müsste, damit das Pferd genügend Trittsicherheit beim Springen hätte. Vielleicht liegt es daran, dass sich die Rahmenbedingungen (Hindernismaterial, Parcoursdesign, Reitniveau, Bodenverhältnisse usw.) geändert haben, doch kann man heute keine Zusammenhänge mehr zwischen diesen Exterieurmerkmalen und der Springanlage feststellen.

2.2.2 Härte und Belastbarkeit

Die Beurteilung der äußeren Erscheinung ist noch in anderer Hinsicht aufschlussreich: Die Konstruktion des Pferdeskeletts gibt Aufschluss über die Belastbarkeit. Beginnen wir mit der Brücke zwischen Vorder- und Hinter-

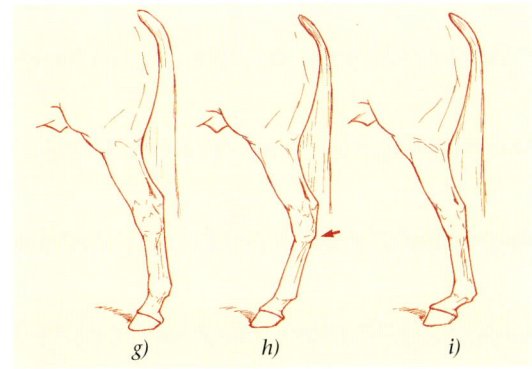

g) regelmäßiges gutes Hinterbein
h) stark gewinkeltes Hinterbein mit Hasenhacke
i) sehr gerades (offenes) Hinterbein mit weicher Fesselung (bärentatzig

[7] Nissen, Jasper (1968): „Springen und was dazu gehört"; E. Hoffmann-Verl. Heidenh. S.51.

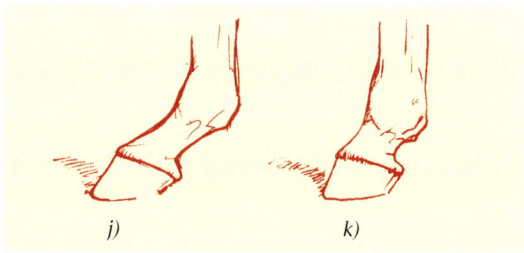

j) lange, schräge Fessel (weich gefesselt)
k) kurze, stumpfe Fessel

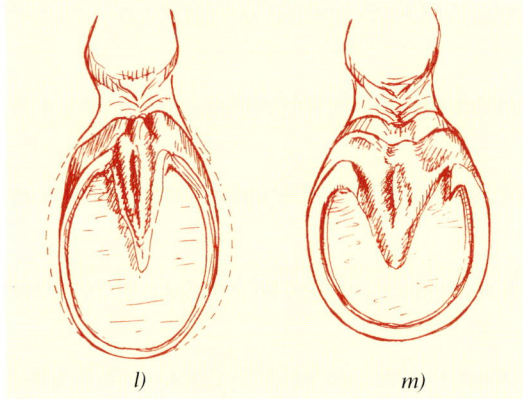

l) Zwanghuf   m) wohlgeformter runder Huf

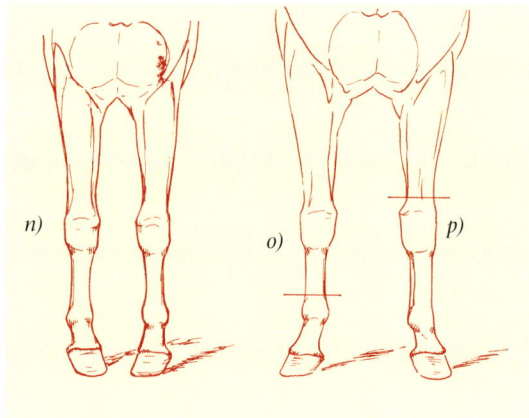

n) nach innen verstellt
o) nach außen verstellt, ab Fesselgelenk
p) nach außen verstellt, ab Karpalgelenk

hand, dem Rücken. Eine weich konstruierte Oberlinie (Senkrücken) steht bei manchen im Verdacht, Rückenprobleme auszulösen. Das kann die Praxis nicht bestätigen: Schädigungen der Wirbelkörper im Bereich der Sattellage treten eher bei Pferden auf, die von Natur aus stark aufgerichtet gehen, zu Verspannungen neigen oder keine Zeit bekamen, sich auf die vermehrten Belastungen des Sports einzustellen. Denn vor allem beim Versammeln und in der Landephase berühren sich die Dornfortsätze, wenn die Muskulatur durch Überforderung erschlafft und das Skelett und die Bänder sämtliche Stöße und Schwingungen auffangen müssen.[8] Doch ein tragfähiger Rücken ist für die Federkraft des Pferdes wichtig. Der von der Hinterhand ausgehende Schwung kann dann besser durch den ganzen Körper fließen. Pferde mit stabiler Oberlinie springen in der Regel kraftvoller — mehr „mit Körper". Ein Beispiel dafür, dass ein Senkrücken erfolgreichen Hochleistungssport nicht verhindert, ist Calido — das Europameisterschaftspferd 2001 des Norwegers Geir Gulliksen.

Was die Extremitäten betrifft: Stark zehenenge bzw. zehenweite, deutlich rückbiegige, fassbeinige oder kuhessige Stellungsfehler bilden tatsächliche Nachteile in bezug auf die Belastbarkeit (Sehnenentzündungen, Spat usw.). Natürlich hängt dies von dem Grad der Verstellung sowie der Belastung ab. Werner Schockemöhle drückte es sinngemäß einmal so aus: „Überall, wo das Wort ,etwas' vor den Exterieurmangel gesetzt werden kann, ist es eine lässliche Sünde; wo jedoch ein ,zu' steht, da handelt es sich um einen lebensverkürzenden bzw. die Reitqualität dauerhaft herabsetzenden Fehler und muss als Todsünde bezeichnet werden". Außerdem wies er darauf hin, dass Gebäudemängel wie Stellungsfehler und Senkrücken die Tendenz haben, sich mit zunehmenden Alter zu verschlechtern. Es kommt außerdem darauf an, um welchen Mangel es sich handelt; eine vorbiegie Stellung hat z.B. noch keinem Springpferd ein vorzeitiges Ende seiner Karriere beschert. Eine „zu" weiche Fesselung dagegen belastet vermehrt den Seh-

---

[8] Friedrich, Gabriele (1986): „Die Erkrankungen des Sportpferdes"; **FN**verlag Warendorf, S. 64-67.

BEURTEILUNG DES SPRINGPFERDES

nenapparat, aber auch den Hufrollenbereich. Eine steile Fesselung strapaziert insbesondere am Vorderbein die Gelenke. Das Pferd kann im Auffußen nicht geschmeidig genug abfedern.

Der Form des Hufes wird große Bedeutung beigemessen. Er muss dem Kaliber des Pferdes entsprechen und darf nicht zu klein sein. Nur ein ausreichend großer, sich nach unten trichterförmig verbreitender Huf mit viel Platz für einen gesunden Strahl kann für genügende Durchblutung des Hufrollenbereichs sorgen. Ein Zwanghuf oder zumindest ein schwach ausgeprägter Strahl steht in kausalem Zusammenhang mit Erkrankungen der Hufrolle. Ein flacher Huf belastet den Hufrollen- und Sehnenbereich vor allem während des Abrollens. Untergeschobene Trachten verursachen einen vermehrten Druck auf die Trachten und damit ein stärkeres Einsinken in der Landephase, was wiederum den Strahlbeinbereich und die oberflächlichen Beugesehnen extrem belastet.

Die Warmblutzuchten versuchen, solchen vererbbaren Fehlern durch Exterieurselektion (auf Körungen und Stutenschauen) entgegen zu treten. Doch keine Warmblutzucht kommt ohne Vollblutzufuhr aus. In der Galopperzucht entscheidet allerdings nur die Rennleistung darüber, welche Pferde züchterisch genutzt werden. Bei hoch im Blut stehenden Pferden finden wir u.a. häufiger ein nicht ideal eingeschientes Sprunggelenk, eine verletzte Linie bis hin zur Hasenhacke. Diese Verdickung am hinteren Teil des Sprunggelenkes deutet allerdings erst dann auf eine Schwäche hin, wenn sie durch Überbelastung erworben und nicht angeboren ist[9]. Sehr flache Sprunggelenke begünstigen Spat. Ein geringer Röhrbeinumfang stellt nach unserer Erfahrung keine nennenswerte Einschränkung für das Springpferd dar.

Ein Springpferd sollte Belastbarkeit und Härte ausstrahlen. Dieses (zugegeben subjektive) Kriterium kann nicht alleine am korrekten Exterieur und an guter Aufzucht festgemacht und auch durch keinen Veterinärcheck ersetzt werden. Eine Ankaufsuntersuchung kann Aufschlüsse über röntgenologische Anomalien bzw. akute Erkrankungen geben, jedoch über die tatsächliche Belastbarkeit oder mögliche Verwendungsdauer. Dieser Aspekt muss vom Reiter selbst eingeschätzt werden. Hinweise darauf sind z.B. „trockene" Beine, also ein klar konturiertes Fundament ohne Schwellungen und Verdickungen. Noch bedeutsamer ist ein beherztes, taktreines Auffußen (ohne „Einlaufphase") auch auf hartem Boden und in Wendungen.

Härte ist außerdem nicht alleine vom Körperbau, von einer guten Aufzucht oder von einwandfreien Röntgenbildern abhängig. Sie hat auch etwas mit dem Interieur zu tun.

2.3 Interieur

Der Begriff des Interieurs umfasst mehr als nur Charakter und Temperament. Der Terminus „Härte" berührt auch die inneren Werte eines Pferdes. Das unterschiedliche Schmerzempfinden der Pferde muss einen wesentlichen Grund dafür bilden, dass manche trotz schlechter Röntgenbilder noch siebzehn-, achtzehnjährig Höchstleistungen vollbringen können, während andere ohne röntgenologischen Befund auch geringe Belastungen nur ein, zwei Jahre aushalten.

Der Sprungablauf und die Trabbewegung (auf der Geraden und in der Wendung) können Hinweise auf die Härte geben. Spätestens nach einem anstrengenden Turnier oder nach langem Transport zeigt sich, ob es noch frisch und tatendurstig energischen Fußes daherkommt, oder ob es klamm und fühlig aus der Boxe tritt. Vermittelt das Pferd über dem Sprung das Gefühl, mit wenig Körper zu springen und schnell

---

[9] Nissen, Jasper (1968): „Springen und was dazugehört"; E. Hoffmann-Verl. Heidenh. S.56.

Springpferde-Ausbildung heute

landen zu wollen, dann ist die Nutzungsdauer oft nur noch sehr kurz. Man findet unter den schwammigen Pferden häufiger weiche Typen als unter den drahtigen.

2.3.1 Temperament

Unter den Begriff Temperament fällt außer der Gehfreudigkeit auch die nervliche Belastbarkeit des Pferdes. Das ideale Springpferd ist feinfühlig und dennoch robust und ausgeglichen im Temperament. Natürlich gibt es auch hier Abweichungen von der goldenen Mitte. Blutpferde besitzen häufig stark ausgeprägten Bewegungsdrang. Aber es ist nicht immer am Pedigree auszumachen, ob ein Pferd „Blut" hat. Temperamentvolle Pferde sind in der täglichen Arbeit zwar durch ihren Eifer zeitaufwendiger und vielleicht auch problematischer.

Eine der weltweit besten Amazonen, Helena Weinberg, sagt dazu:

> „Ich habe gerne Pferde, die ein bisschen blütiger sind. Zu heiß ist mir noch nie einer gewesen... Wenn einer sehr heiß ist, stellt sich nur die Frage, wie man damit umgeht. Man reitet ein wenig anders ab, arbeitet anders zu Hause und pocht nicht auf Sachen, die so ein Pferd nur noch heftiger machen."
>
> „Der Hannoveraner" Nr. 7/76 August 2002

Auf dem Turnier danken sie es aber häufig durch außergewöhnliche Ausdauer und Einsatzbereitschaft. Phlegmatische Pferde hingegen können dafür vom Nerv her häufiger „auf Sieg" geritten werden, da sie im Parcours nicht so schnell hektisch werden und die Übersicht verlieren. Doch meistens entwickeln sie nicht den Kampfgeist eines temperamentvollen Pferdes gleicher Qualität. Sie lassen sich schneller hängen, wenn es anstrengend wird. Hoch im Blut stehende Pferde können körperliche Unannehmlichkeiten besser verdrängen, sobald sie in Wallungen geraten.

2.3.2 Charakter

Gute Pferde „können" nicht nur, sie „wollen" vor allem. Leistungsbereitschaft bildet eine wesentliche Voraussetzung in der Ausbildung eines Springpferdes. Ausgeprägte Persönlichkeiten unter ihnen zeigen im Verlauf der Ausbildung jedoch gelegentlich wenig Bereitschaft, sich dem Willen vor allem weniger starker Reiter unterzuordnen. Da gerade unter den Klassepferden häufig starke Charaktere zu finden sind, ist eine hohe Wachsamkeit des

Aperios Muter Fulda unter ▶ Alois Pollmann-Schweckhorst jun.

Reiters notwendig, um das Pferd nicht plötzlich gegen sich zu haben. Es gilt bei diesen Pferden insbesondere, unverständliche Hilfengebung zu vermeiden und Überforderung auszuschließen.

Leistungspferde sind nicht immer die unkompliziertesten. Wir wollen im Parcours den Sportler mit Kampfgeist. So dürfen wir uns nicht beschweren, wenn dieser stark ausgeprägte eigene Wille am Anfang der Ausbildung noch nicht kanalisiert ist und sich vielleicht auch einmal gegen den Reiter richtet. Mit dem richtigen Maß an Lob, aber auch an Strenge — mit Beharrlichkeit und innerer Gelassenheit lassen sich diese Pferde oft zu ganz besonderen Leistungen führen.

> **Aperios Mutter Fulda war solch eine eigenwillige Persönlichkeit. Sie wurde von unserem Vater ausgebildet. Als junges Pferd war ihr „eigenes Köpfchen" besonders ausgeprägt:** Wenn er sie z.B. im Parcours vor einem Oxer mit dem Sporn unterstützte, flog sie daraufhin im hohen Bogen über den Hoch-Weit-Sprung, um danach sofort stehen zu bleiben und sich keinen Meter mehr zu bewegen. Doch ihre herausragende Qualität am Sprung ließ ihn durchhalten. Mit der Zeit fügte sie sich immer williger und er konnte auf ihr sein letztes S-Springen gewinnen. Danach übernahm sie mein Bruder und wurde auf ihr Deutscher Vizemeister und Mannschafts-Dritter bei den Europameisterschaften in Donaueschingen.

Pferde mit stark ausgeprägtem Willen sind nicht für jedermann zu reiten. Sie brauchen eine sichere und bestimmte Hand, die sie führt. Unsicherheit, Inkonsequenz oder Ungerechtigkeit wird schneller mit Ungehorsam quittiert als beim Durchschnittspferd. Solche Persönlichkeiten darf man nicht mit Pferden verwechseln, denen der nötige Sportsgeist fehlt. Entbehren sie von vornherein der rechten Einstellung, kann das auch ein starker Reiter höchstens für kurze Zeit überbrücken. Das Problem taucht immer wieder auf und solche Pferde bleiben deshalb erfahrungsgemäß nicht lange im Sport. Daran mag man ermessen, wie sehr der Springsport auf Partnerschaft basiert!

Ganz anders ist der Sachverhalt, wenn sich der Schüler anfangs etwas „guckig" zeigt. Junge Pferde schauen zu Dingen, die sie nicht kennen, erst einmal hin. **Eine gewisse Scheu und Ängstlichkeit vor allem Neuen ist ganz natürlich und spricht für Aufgewecktheit und Vorsicht.** Das sind Eigenschaften, die der Springreiter später sehr schätzt und viele Top-Springpferde (z.B. Deister, Fire, Priamos, De Niro, Aperio usw.) waren, wenn nicht zeit ihres Lebens, dann doch zumindest am Anfang ihrer Karriere recht „guckig". Das ist eine gesteigerte Form der Aufmerksamkeit und Skepsis allem neuen gegenüber. Dieser natürliche Instinkt hat das Pferd Jahrmillionen überleben lassen. Und er will abgerufen werden. Sonst staut er sich auf und sucht nach Gelegenheiten, sich zu trainieren. Durch Gelassenheit in abwechslungsreich gestalteter Arbeit und ruhigem Umgang auf dem Turnierplatz können solche Pferde sicherer werden. Mit wachsendem Vertrauen und zunehmender Routine legt sich diese Unart oft. Eine artgerechte Haltung mit viel Bewegung begünstigt die Entwicklung zu einem ausgeglichenen und belastbaren Nervenkostüm.

Wenn jedoch trotz allem eine alltägliche Sache permanent zum Problem wird, obwohl der Reiter keine Auseinandersetzung provoziert (und vor allem in der Lösungsphase bereit ist, über das Problem hinweg zu reiten), so liegt die Ursache oft in einem bodenscheuen, „guckigen" Charakter. Es stellt sich die Frage, ob das Pferd tatsächlich für den Springsport geeignet ist.

Denn es gibt für den Ausbilder nach langjähriger Aufbauarbeit nichts Frustrierenderes, als ein Ausscheiden in einer wichtigen Prüfung, weil seinem Pferd an diesem Tag irgendein Blumentopf nicht gefällt. Stark „guckige" Pferde lohnen meist den langen Weg des Aufbaus nicht.

2.4 Freispringen

Das Freispringen wurde bis Mitte des Zwanzigsten Jahrhunderts als regelrechte Trainingsmethode angesehen. Deshalb besaß z.B. die Kavallerieschule Hannover in den dreißiger Jahren einen Sprunggarten. Eine solche Einrichtung bestand meist aus einem oval angelegten, hoch eingezäunten Weg mit verschiedensten Distanzen und Hindernisfolgen, in dem die Pferde frei springen gelassen wurden. Vor allem wurde hier das eigenständige Taxiervermögen der Pferde geschult. Diese Trainingsmethode war die logische Folgerung eines Springstils, der ein absprungbestimmendes Anreiten noch nicht kannte. Die letzten internationalen Vertreter dieses Systems waren die mexikanischen Springreiter der vierziger und fünfziger Jahre.

Danach wurde der Absprungpunkt immer mehr vom Reiter vorgegeben. Unter den Parcoursdesignern setzten sich betreffend der Abstände zwischen den Hindernissen einheitlichere Normen durch. Die Zahl der Galoppsprünge wurde genau kalkuliert. Im Profisport war es plötzlich nicht mehr gewünscht, dass ein Springpferd den Absprung selbst suchte. Durch diese Fortentwicklung reduzierte sich der Zweck des Freispringens mehr und mehr auf die Talentsichtung ungerittener Pferde.

2.4.1 Aussagekraft

Noch heute bekommen Züchter und Reiter durch das Freispringen die ersten Aussagen über die Springbegabung eines Pferdes. Auf Körungen, Stutenprüfungen und Auktionen ist das Freispringen ein viel beachtetes Selektionskriterium. Aber Vorsicht: Noch längst nicht jeder Künstler im Freispringen ist unter dem Springsattel brauchbar und so manches Weltklassepferd sprang in seiner Jugend schlecht frei!

Helena Weinberg, internationale Springreiterin und Pferdehändlerin bestätigt das:

„Es gibt Pferde, die springen frei ganz anders als unter dem Sattel. Der Sport findet aber unter dem Sattel statt. Zweijährige kann man natürlich anders nicht beurteilen. Viele ‚Gewaltspringer' sieht man später nicht mehr im Sport. Die vermeintlich Kleinen, die vielleicht mit viel Geschick und viel Technik nicht so gewaltig freispringen, weil sie verhalten sind und zu vorsichtig, die kommen beim Freispringen nicht durch. Aber das sind die Pferde, die nachher sechs-, sieben- oder achtjährig im Sport auftauchen."

„Der Hannoveraner" Nr. 7/76 August 2002

◀ Aperio beim Freispringen. An diesem relativ hohen, luftig gebauten Carreé-Oxer verriet er bereits als Vierjähriger seine Qualitäten. Die Manier ist bis heute geblieben: lockere Hinterhand und gut angewinkeltes Vorderbein bei nicht sehr hoch gezogenem Unterarm und geringer Bascule.

BEURTEILUNG DES SPRINGPFERDES

Kapitel 2

▲ Im Freispringen ließ Ratina Z nicht jeden erahnen, daß sie einmal das erfolgreichste Springpferd der Welt werden würde. Ihr ehrgeiziges Temperament verbunden mit ihrer körperlichen Konstruktion ließ sie im Freispringen oft mit wenig „Körper" zu sehr nach vorne springen. Ein guter Aufbau durch exzellente Reiter wandelte ihre vermeintliche Schwäche schließlich zu einer besonderen Stärke.

Das Freispringen hat seine eigenen Gesetze. Den jungen Pferden, die schwierigste Anforderungen mit der Gelassenheit und Selbstsicherheit eines alten Springpferdes absolvieren, fehlt nach einigen Jahren reiterlicher Ausbildung oft der nötige Respekt vor den Stangen. Vorsichtige Pferde dagegen zeigen sich im ersten Freispringen oft schüchtern und zögerlich. Sie entfalten später ihre Qualitäten und erst durch die Sicherheit, die ihnen durch einen guten Reiter und viel Routine verliehen wird.

„Heutzutage werden auf Auktionen dreijährige Pferde als potentielle Cracks für Dressur, Vielseitigkeit und Springen angeboten, im Glauben, dass diese gerade erst angerittenen Pferde in den jeweiligen Disziplinen einmal an die Spitze kommen. Für den erfahrenen Reiter ist dies purer Unsinn. Er weiß, dass der lange Weg von der Grundausbildung zum Spitzensport Geduld fordert."   Dr. Reiner Klimke
(1936-1999)

Trotzdem kann das Freispringen in der Beurteilung des ungerittenen Pferdes wichtige Aufschlüsse geben. Man darf nur nicht das Gleiche sehen wollen wie beim fertig ausgebildeten Springer. Die Manier, mit der ein kleiner Sprung überwunden wird, ist oft aussagekräftiger als das Springen gewaltiger Ausmaße. Außerdem empfiehlt es sich, folgende Gesichtspunkte zu berücksichtigen:

2.4.2 Rahmenbedingungen

Die Lage des Hallenein- und -ausgangs hat großen Einfluss auf das Springen. Junge Pferde fühlen sich in der Halle oft allein und streben deshalb zum Ausgang hin. Zum Anlernen hilft es, wenn in Richtung Hallentüre gesprungen wird. Routinierte und übereifrige Pferde springen hingegen in entgegengesetzter Richtung überlegter. Ausgesprochen ungünstig ist es, wenn der Ausgang seitlich neben der Hindernisreihe liegt: Manche Pferde werden bei dieser Konstellation im Ablauf schwunglos und „machen den Sprung nicht zu Ende".

Ob nun links oder rechts herum gesprungen wird, ist meines Erachtens vom jeweiligen Hallengebäude und vom Pferdetyp abhängig. Manche Ausbilder sind der Ansicht, dass die meisten Pferde lieber auf der linken Hand springen. Doch vielleicht liegt es nur daran, dass die meisten Menschen Rechtshänder sind und sie deshalb die Peitsche in der rechten Hand geschickter führen.

In großen Hallen (ab 20 x 40 m) baut man Springgassen, damit das Tempo nicht zu hoch wird und eine optimale Führung gewährleistet bleibt. Eine Hindernisfolge wird hier seitlich durchgehend mit hohen Fängen eingezäunt. Diese Begrenzungen müssen deutlich höher als die Sprünge selbst sein, damit ein Ausbrechen der Pferde von vornherein tabu ist. Zur besseren Kontrolle des Tempos werden die Pferde an den Einsprung der Distanzfolge herangeführt und je nach Temperament 5 bis 10 m vorher losgelassen. Dabei hat es sich bewährt, einen doppelt gelegten Strick mit der Schlaufe von innen nach außen durch den Trensenring zu ziehen. Diese Schlaufe wird dann wieder zu den beiden Enden des Strickes gelegt und mit Zeige- und Mittelfinger gehalten. Im Moment des Freilassens wird nur die Schlaufe losgelassen und dadurch der Fluss des Pferdes nicht gehemmt.

An den Sprüngen lässt man eine Lücke zwischen den Fängen, sodass der Peitschenführer jederzeit eingreifen kann. Neigt ein Pferd zu eiligem Springen, so können Galoppstangen zwischen den Hindernissen zu überlegterem Überwinden führen. Die Springstraße mündet in einer Art Sackgasse, deren seitlich gelegener Ausgang von derjenigen Person, die das Pferd wieder einfängt, leicht versperrt werden kann. Dieser Auslauf sollte so lang sein, dass das Pferd flüssig landet und nicht bereits über dem Aussprung verzögert.

Solche Hindernisreihen sind vor allem für Pferde geeignet, die bereits erste Erfahrungen im Freispringen über einzelne Hindernisse gesammelt haben. Sie bestehen meist aus drei Sprüngen, wobei nur der letzte in seinen Abmessungen variiert wird. Die ersten beiden dienen dazu, Rhythmus und Tempo und Absprungspunkt zu regulieren. Aus dem selben Grund werden Abstände von einem Galoppsprung zwischen den Hindernissen bevorzugt. Der letzte Sprung ist in der Regel ein Hoch-Weit-Sprung. Zur besseren Beurteilung der Qualität empfiehlt es sich, nach dem letzten Überwinden eines Oxers diesen noch einmal als Steilsprung springen zu lassen. Die massive Bauweise eines Hoch-Weit-Sprungs (z.B. rot-weiße Triplebarre) kann die Beintechnik schneller und besser erscheinen lassen, als sie in Wirklichkeit ist. Für eine treffsichere Beurtei-

BEURTEILUNG DES SPRINGPFERDES

lung eines freispringenden Pferdes sind naturfarbene Stangen bei nicht zu fülliger Bauweise empfehlenswert.

Welche Eigenschaften man beim Freispringen sehen will, ist natürlich von dem gewünschten Einsatzgebiet des Pferdes abhängig. Für Amateurpferde kann es zum Beispiel auch einmal interessant sein, sie über eine einzelne Stange ganz ohne Füllmaterial und Absprunghilfe springen zu lassen, um ihr Taxiervermögen zu prüfen. In jedem Fall braucht es eine ruhige und entspannte Atmosphäre, damit die Anlagen eingeschätzt werden können.

2.5 Beurteilung unter dem Sattel

Auch wenn man ein Pferd unter dem Sattel probiert, will man seine Anlagen mit größtmöglicher Sicherheit beurteilen. Folgende Vorgehensweise hat sich daher bewährt: Zuerst überprüft man die dressurmäßigen Voraussetzungen (entlang der Ausbildungsskala) oder versucht zumindest, ein Einvernehmen herzustellen. Ausbildungslücken kann ein geschickter Reiter manchmal überbrücken. Das darf allerdings nicht dazu verführen, die Beurteilung schön zu reden. Ganz nach dem Motto: „Wenn der erst einmal richtig gearbeitet wird, dann springt er auch besser." Es sollte vernünftigerweise nur das beurteilt (und damit bezahlt) werden, was man sieht.

2.5.1 Rittigkeit

Eine angeborene Rittigkeit kommt den heutigen Parcours mit ihren hohen technischen Anforderungen entgegen. Patente Pferde gehen auch in Situationen nervlicher Anspannung ohne Widerstände auf die Hilfen des Reiters ein.

Gutmütige, unkomplizierte Pferde bereiten ihrem Reiter wenig Probleme. Doch meist fehlt diesem Pferdetyp der gewisse Esprit. Kämpfertypen, wie sie der Profi gerne reitet, sind gerade in ihrer Jugend oft recht „giftig" in der Arbeit, kämpfen auch schnell gegen den Reiter. Hier sind Einfühlungsvermögen und geduldige Springdressur gefragt. Eine Arbeit, welche die Schwächen ausgleichen will, ohne auf ihnen „herumzureiten". Denn ein absolut fehlerfreies Pferd gibt es nicht. Das Ziel ist, die Stärken zu fördern und die Schwächen auszugleichen. Aber für den anspruchsvollen Turnierreiter gilt leider auch das, was Franke Sloothaak treffend formulierte: „Mit einem Problem kann man leben, mit Zweien kann man schon nicht mehr gewinnen."

2.5.2 Grundgangarten

Einem jungen oder untrainierten Pferd kann man mangelnde Leichtfüßigkeit in den Bewegungen vielleicht noch verzeihen. Denn durch gymnastizierende Entwicklung der Schub- und Tragkraft kann in der Ausbildung einiges verbessert werden. Bewegt sich ein ausgebildetes Pferd jedoch noch plump und schwerfällig, so wird ihm auch am Sprung der letzte „Pfiff" fehlen.

Der **Trab** ist in der Springpferdebeurteilung interessant, um einen ersten Eindruck von der Härte zu bekommen. Über die Springanlage sagt er nicht viel aus. Gewisse Zusammenhänge gibt es vielleicht zwischen Knieaktion und schneller Vorderbeintechnik bzw. zwischen flachen Bewegungen und mangelndem Anwinkeln des Unterarms über dem Sprung. Es gibt nur wenig ältere Springpferde mit takt- und schwungvollem Trab. Kurze, rollende, schwunglose Tritte können auf gewisse Verschleißerscheinungen hindeuten. Doch oft liegt es einfach nur daran, dass in der Springausbildung kein Wert auf einen ausdrucksvollen Trab gelegt wird. Es wird getrabt, um die Losgelassenheit – nicht aber den Ausdruck zu fördern. So manche von Natur aus ansprechende Trabbewegung wird dabei regelrecht weggeritten.

Ein Pferd mit raumgreifenden **Schritt** hat in der Regel auch genügend Übersetzung im Galopp – und eine große Galoppade steht in enger Verbindung mit vermögendem Springen. Die Übersetzung lässt sich gut in einer Kombination auf einen Galoppsprung beurteilen. Will man über schwere Parcours reiten, so kann ein guter Reiter eher eine zu große Galoppade als eine kleine Übersetzung in Kauf nehmen. Die große Übersetzung bringt man durch die Springdressur unter Kontrolle, während man eine kleine Galoppade nicht mit dauerhaftem Erfolg in besseren Prüfungen ausgleichen kann.

Der **Galopp** ist für das Springpferd die wichtigste Gangart. Er soll rund, fließend, leichtfüßig und raumgreifend (vorwärts-aufwärts gesprungen) sein. Ein kopflastiger Bewegungsablauf ist nicht selten mit Mängeln in der Vorderbeintechnik verbunden. Zudem fällt es solchen Pferden schwer, eine unpassende Distanz vor dem Sprung mit einem schnell eingelegten kleinen Galoppsprung auszugleichen. Pferde mit stolzem Gang, viel Aufsatz und weggedrücktem Rücken können sich dagegen zwar besser verkürzen, baskulieren und „öffnen" sich am Sprung dagegen schlechter.

▲ *Gralshüter (Deckhengst im Besitz des NRW-Landgestüts, Warendorf) ist eines jener Pferde, das durch planmäßige Aufbauarbeit des besonnenen Reiters (Heinrich-Wilhelm Johannsmann) erfolgreich Höhen überwand, die ihm anfangs kaum jemand zugetraut hätte. Im heutigen Sport ist ein vorsichtiges und handliches Pferd wertvoller als ein kapitaler Kraftspringer, dem vielleicht die letzte Cleverness fehlt. Die internationalen Leichtbau-Parcours sind mit ihren hohen technischen Anforderungen für patente, vorsichtige Pferde wie geschaffen – auch wenn ihnen das letzte Vermögen fehlt. Dagegen gibt es für den idealen Springpferdetyp der siebziger Jahre heute leider nur noch wenig Einsatzmöglichkeiten.*

2.5.3 Vorsicht

Hinterlässt das junge Pferd bei raumgreifender Galoppade einen vorsichtigen und intelligenten Eindruck, so kann man es getrost in Ausbildung nehmen, auch wenn es noch nicht das letzte Vermögen erkennen lässt. Wird das Pferd nun über Jahre kontinuierlich von einem sicheren Reiter aufgebaut, so wird das zunehmende Vertrauen auch das Vermögen des Pferdes wachsen lassen. Dagegen sind Pferde, die vier- und fünfjährig über S-Höhen springen und das alles mit der Gelassenheit eines Routiniers erledigen, mit Vorsicht zu betrachten. Oft fehlt es ihnen später nach Jahren der Ausbildung am nötigen Respekt vor den Stangen. Sie sind dann vielleicht nur noch in Spezialprüfungen wie Mächtigkeitsspringen erfolgreich einzusetzen.

Während also, solange die Übersetzung stimmt, in punkto Vermögen bei der Auswahl junger Pferde durchaus Kompromisse eingegangen werden dürfen, so ist Vorsicht vor allem bei Pferden für professionelle Ansprüche unabdingbar. Ausnahmen bilden Amateurpferde und Pferde für Spezialprüfungen wie Rekordspringen und Puissancen. Hier ist ein Übermaß an Intelligenz und Vorsicht eher hinderlich.

2.5.4 Fair probieren

Bei einem Amateurpferd macht es vielleicht noch Sinn, eine sehr große oder dichte Distanz zu probieren. Im Vergleich dazu wird ein Pferd für gehobenere Ansprüche mit gemäßigter Einwirkung aus mittlerem Tempo zum idealen Absprungspunkt geritten. So kann man beurteilen, ob es über entsprechende Grundqualitäten verfügt. Stärkere Einwirkung könnte dagegen mangelnden Mut überdecken oder die Beintechnik besser erscheinen lassen, als sie von Natur her ist. Unpassendes Hinreiten würde eine Schocksituation erzeugen, aus der ein nicht so vorsichtiges Pferd bessere Reflexe als gewöhnlich entwickelt. Ein Qualitätspferd könnte sich dabei verkrampfen und unter Wert präsentieren. In dem, was man vom Pferd verlangt, muss man immer die Konstitution, Kondition und den Ausbildungsstand berücksichtigen. Das ist dem Pferd gegenüber nicht mehr als selbstverständlich.

Die Tricks und Kniffe, die ein Verkäufer auffahren kann, sollen in diesem Zusammenhang nicht thematisiert werden. Zu groß ist die Palette der möglichen Manipulationen. Vor möglichen Betrügereien kann sich der Käufer bei aller Vorsicht nicht hundertprozentig absichern. Oft ist es entscheidend, von wem das Springpferd angeboten wird und welchen Werdegang es gehabt hat. Es ist auch interessant zu fragen, unter welchen Umständen eventuelle Erfolge zustande gekommen sind. Es gibt deutliche regionale Unterschiede in Bauweise, Leistungsniveau usw.

> **Das Wichtigste ist jedoch, dass das Pferd zum Reiter passt — zu seinen Stärken und Schwächen. Deshalb: Erkenne dich zuerst selbst!**

Kapitel 3
Spring-dressur

Wenn das ganze Leistungspotential entfaltet werden soll, dann ist nicht nur das Reiten wichtig: Das Gesamtpaket muss stimmen! Doch in der Grundausbildung werden die Weichen gestellt. Hier werden ungeahnte Fähigkeiten entwickelt — oder nicht wieder gut zu machende Schäden angerichtet.

Was beeinflusst die Leistung des Springpferdes?

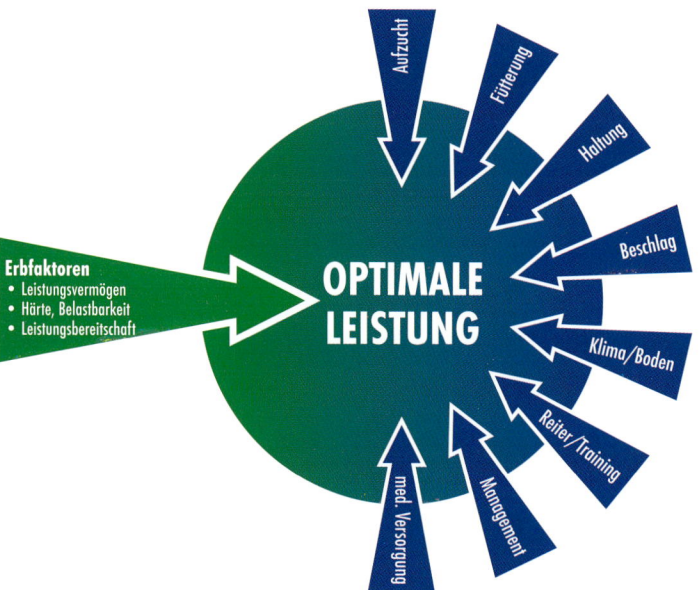

3.1 Trainingsreize

Die genetische Anlage kann sich erst durch kontinuierliches Aufbautraining entfalten. Wiederholte erhöhte Beanspruchung wirkt als Reiz und steigert die Leistung. Die Wirkungen leistungssteigernder Trainingsreize lassen sich in zwei Kategorien einteilen:

1. Das Training des Muskelsystems fördert Kraft, Schnelligkeit, Ausdauer.
2. Das Training des Nervensystems verbessert Fertigkeiten wie Gewandtheit, Bewegungsfolge, Konzentration.

Besonders in den ersten Abschnitten der Springpferdeschulung liegt das Hauptaugenmerk neben kognitivem und motorisch — koordinativem Training auf der Verbesserung der Durchlässigkeit. Die neuen und ungewohnten Übungen trainieren den Organismus in den ersten Jahren bereits weitestgehend von selbst. Täglich eine Stunde Reiten, zusätzlich eine halbe Stunde Schritt jeweils vor und nach der Arbeit (für die Blutzirkulation und zur Lockerung der Muskulatur) konditionieren genug, um einen M-Parcours erfolgreich zu springen. Denn durchschnittlich acht bis vierzehn Hindernisse (Hindernishöhe: 1,20 bis 1,40 m; Parcourslänge: 300 bis 350 m) bilden konditionell keine wirkliche Herausforderung an ein modernes Warmblutpferd. Überspitzt gesagt ist die bessere Kondition eher eine angenehme Begleiterscheinung seiner dressur- und springmäßig gymnastizierenden Weiterbildung.

Hat das Springpferd sein „ABC" gelernt, so muss es „nur noch" fit gehalten werden. Außer gelegentlichen gymnastischen Übungen oder speziellem problemorientierten Training reicht das Springen auf den Turnieren, um in Kondition zu bleiben. Ein regelrechtes Kraft- und Ausdauertraining wird erst interessant, wenn die letzten Reserven mobilisiert werden sollen.

SPRINGDRESSUR

Das Muskelsystem des Pferdes stellt sich innerhalb weniger Wochen auf vermehrte Belastung ein. Diese Tatsache verleitet dazu, einem talentierten und leistungsbereiten Pferd nach kurzer Trainingszeit bereits Aufgaben eines erfahrenen Turnierpferdes abzuverlangen. Doch die Sehnen, Knochen und Bänder (aber auch die Psyche) brauchen längere Zeit kontinuierlichen Aufbaus, um dauerhaft belastbar zu sein. Bei dem jungen Pferd wird schwerpunktmäßig Durchlässigkeit, Technik, Konzentration und Reaktionsfähigkeit verbessert. „Technische Fertigkeiten werden durch ständiges Üben der Bewegungsabläufe … erworben und beinhalten einen Lernvorgang, der auf dem Einschleifen von Reflexen beruht."[10]

Das gilt nicht nur für das reine Springtraining, sondern auch für die Springdressur: Hier geht es vornehmlich darum, die Voraussetzungen für die bestmögliche Entfaltung im Parcours zu schaffen. Das Bild im Parcours soll von Effizienz, Leichtigkeit und Harmonie geprägt sein. Dazu sind unauffällige Hilfen notwendig, die auf dressurmäßiger Arbeit und gegenseitigem Einklang basieren.

3.2 Ausbildungsskala des Reiters

Bis ein Reiter junge Pferde richtig ausbilden kann, durchläuft er selbst diverse Ausbildungsstufen. Er muss sich auf die unterschiedlichsten Charaktere und Probleme der Pferde erfolgreich einstellen können. Das verlangt mehr als nur Talent. Denn durch nichts lernt ein junges Pferd einfacher als durch einen routinierten „Jockey" im Sattel. Und nichts kann es schneller durcheinander bringen als ein ungeübter Reiter.

> „Junge Reiter auf erfahrene Pferde, erfahrene Reiter auf junge Pferde!"

Die Ausbildungsskala des Reiters ist meiner Ansicht nach mit „Sitz-Hilfen-Gefühl-Einwirkung" nur unvollständig beschrieben. Eine ausführlichere Einteilung könnte so aussehen:

Ausbildungsskala des Reiters:
Nachreiten eines Pferdes:
- Wissen über Sitz und Bewegung
- Gefühl für Sitz und Bewegung
- Wissen über Hilfen und Techniken
- Gefühl für Anwendung der Hilfen bzw. Techniken
- **Ergebnis: Einwirkung**

Ausbilden eines Pferdes:
- Wissen über Physiologie, Psychologie und Entwicklungsgeschichte
- Gefühl für Verfassung, Entwicklungsstand und -potential eines Pferdes
- **Ergebnis: Pferdeverstand / horsemanship**

In der Praxis gestalten sich diese Übergänge in der Regel fließend, da sich die meisten Reiter schon früh (meist von erfahrenem Ausbilder unterstützt) mit jungen Pferden beschäftigen. Voraussetzung dafür, diesen Weg erfolgreich absolvieren zu können, ist ein gewisses Talent und jede Menge Fleiß.

Vielleicht ist das Einfühlungsvermögen — gepaart mit Entschlossenheit — die wichtigste Gabe, die einen guten Springreiter auszeichnet. Ohne dieses Gefühl für das jeweilige Pferd und die jeweilige Situation ist kein theoretisches Gedankengebäude etwas wert. Aber ohne theoretisches Wissen kann er nur nach dem System „Versuch und Irrtum" verfahren und verliert viel Zeit im Labyrinth der Irrwege. Die elementaren Erkenntnisse der klassischen Dressur sind disziplinübergreifend und zeitlos gültig. Es ist der bewährteste Weg, um das Potenzial eines jeden Pferdes zu entwickeln. Deshalb wird die Springpferdeausbildung hier anlehnend am bewährten Denkmodell der Dressurausbildung beschrieben.

---

[10] Launer/Mill/Richter: „Krankheiten der Reitpferde"; (1990) Verlag Eugen Ulmer; S.74-78

SPRINGPFERDE-AUSBILDUNG HEUTE

„Die Reiterei ist zugegebenermaßen eine Wissenschaft; jede Wissenschaft gründet sich auf Prinzipien, Lehrsätze sind unerlässlich, denn was wirklich richtig und schön ist, kann nicht auf Zufällen basieren." EARL OF PEMBROKE

3.3 Springdressur und Dressursport

Doch die Springdressur setzt ganz andere Schwerpunkte als das turniermäßige Dressurreiten. Bei dem Dressurpferd ist zum Beispiel der Ausdruck der Bewegung entscheidend, bei dem Springpferd aber nebensächlich. Die Dressurprüfung verlangt die Erfüllung eines relativ straffen Schemas. Ausbilder und Richter haben eine genau festgelegte Vorstellung von jeder einzelnen Bewegung des Pferdes, und diese ist Maßstab jeder Bewertung. Der absolute Maßstab im Springsport ist der schnellste Ritt ohne Abwurf. Egal, welche „Faxen" unterwegs eingelegt werden.

Trotzdem sind die Basiselemente in Dressur und Springen gleich. Selbst ein Versammlungsgrad wie er im Dressursport verlangt wird, ist in der Springdressur denkbar. Der große Unterschied liegt in der **Dauer und Intensität der starken Versammlung sowie dem Streben nach Kadenz**. Ein kadenzierter Bewegungsablauf, also die Verlängerung der Schwebephase, ist in der Springdressur schlicht unnütz. Dennoch sind Dressursport und Springdressur zwei Äste ein- und desselben Stammes.

Im Kapitel 3 „Springdressur" wird anhand dressurmäßiger Systematik die heutige Springpferdearbeit erläutert. Doch diese Arbeit an den Grundlagen wird von vornherein vom Springtraining begleitet — von den allerersten Anfängen an. Sobald das Pferd den Reiter trägt, kann z.B. über eine Bodenstange geritten — oder das Pferd „mit Reiter freispringen" gelassen werden. Wenig später kann bereits ein kleiner Sprung aus dem Trab (jedoch erst einmal ohne irritierende Trabstange) gesprungen werden. Vielleicht mit Führpferd vorweg, um den Herdentrieb auszunutzen. Für das Pferd ist das Springen eine ganz natürliche Bewegung. Die Springarbeit geht ständig mit der dressurmäßigen Fortentwicklung einher.

3.3.1 Unorthodoxe Gedanken zur Skala

Die Ausbildungsskala wird als eine logische und systematische Gliederung der einzelnen Trainingsabschnitte und Ausbildungsstufen verstanden. Sie soll kurzfristige Ziele wie den Aufbau einer Stunde genau so aufzeigen wie mittel- und langfristige Einteilungen in der Grundausbildung.

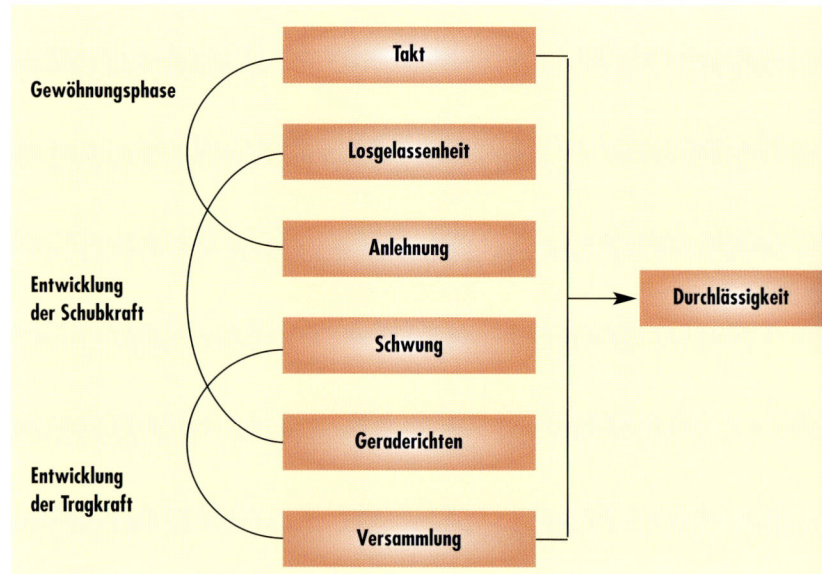

SPRINGDRESSUR

Die Skala in ihrer Gesamtheit und Zielrichtung ist weit über die Grenzen Deutschlands hinaus anerkannt und geschätzt. Jede seriöse Springdressur arbeitet — ob bewusst oder nicht — nach diesem Schema, denn die Aufgabenlösungen im Parcours können heute nicht mehr dem Zufall überlassen werden.

Nur über die Reihenfolge der einzelnen Punkte geriet schon jenes Gremium in Streit, welches die Ausbildungsskala erarbeitete. Bis heute bietet sie Anlass zur Diskussion. Es kristallisierte sich in den letzten Jahren noch ein weiterer Kritikpunkt heraus: Das hierarchisch strukturierte Bild der Skala will nicht recht zu dem Netz an gegenseitigen Verknüpfungen passen, wie es die tägliche Praxis lehrt.

■ Verschiedene Blickwinkel

Ohne Zweifel sind die Elemente der Skala auch die elementaren Grundpfeiler jeder Ausbildung. Jede Stunde, jede Korrektur konzentriert sich erst einmal auf die Schwerpunkte Takt, Losgelassenheit, Anlehnung — um daraufhin Schwung, Geraderichten und Versammlung zu verbessern.

Eine hierarchische Reihenfolge ist als allgemeingültige Richtschnur für die Ausbildung wichtig. Doch wirken in der **täglichen** Arbeit alle Punkte von Beginn an auch nebeneinander und ineinander. Bereits mit der ersten Zirkellinie wird an Takt, Anlehnung oder vielleicht auch schon am Geraderichten gearbeitet oder z.B. mit der ersten Parade versammelnd eingewirkt. Jeder einzelne Punkt kann nur über die anderen verbessert werden. Müsste man sich deshalb nicht eine zweite Perspektive denken, um die Skala in ihrer ganzen Bedeutung erfassen zu können? Eine Art Vogelperspektive, von der aus alle Punkte gleichberechtigt nebeneinander stehend und ineinander übergehend betrachtet werden.

Der andere Blickwinkel — sozusagen die seitliche Perspektive, welche eine hierarchische Gliederung betont — wirft weitere Fragen auf:

■ Takt vor Losgelassenheit?

Der Takt wird zum Beispiel mit dem Argument an erster Stelle platziert, dass kein Ausbildungsschritt, keine Lektion richtig sein kann, wenn dabei der Takt leidet. Könnte dieses Argument nicht genauso für die Losgelassenheit gelten? Manche behaupten auch, der Takt müsse an erster Stelle geführt werden, da er leichter zu beurteilen wäre. Doch ist das ein stichhaltiges Argument? Im Dressursport gibt es zwar immer wieder starke Reiter, die Mängel in der Losgelassenheit kaschieren können. Doch disziplinübergreifend betrachtet gibt es klare Merkmale (Gesichtsausdruck, Rückentätigkeit, Schweifhaltung usw.) für ein verspanntes Pferd.

Verfechter der etablierten Reihenfolge führen außerdem ins Feld, der Takt sei das Erste, was der Reiter zu verbessern sucht. Ist dem wirklich so? Hierzu ein Zitat aus dem Buch des Praktikers Christian Pläge „Den richtigen Draht finden": „In Bezug auf den Takt muss man wissen, dass ein Gleichmaß nur möglich ist, wenn durch die Losgelassenheit ein innerer Zustand der Ruhe einkehrt." Ist dann die Losgelassenheit nicht vor dem Takt einzustufen?

Nehmen wir einmal einen Fall aus der Praxis: Ein junges Pferd wird nach einem Stehtag gesattelt in die Halle gebracht, prustet, hebt den Schweif bis auf den Rücken und bewegt sich nur in zackelndem Schritt und in Schwebetritten. Führt hier nicht Bewegungsmangel und vielleicht auch falsche Fütterung (zu viel Hafer) zu fehlender Losgelassenheit, die sich negativ auf den Takt auswirkt? Ist hier wirklich nur geschicktes Reiten gefragt oder schafft nicht eher eine tiergerechtere Haltung die bessere psychische Voraussetzung zur Leistungsentfaltung?

Oder: Eine sensible Stute verkrampft sich durch Situationsstress (z.B. ausgelöst durch hektischen, gefühllosen Umgang im Stall oder beim Aufsitzen) und geht gebunden oder zackelt, kurz: sie bewegt sich aus einem Misstrauen heraus nicht im gewünschten Takt. Wird hier der erfahrene Pferdemann wirklich zuerst auf den Takt achten, oder wird er nicht zuallererst die innere Losgelassenheit verbessern wollen? Er wird auf sie eingehen und sie loben: Atmosphärische Störungen beseitigen, um **durch eine verbesserte Losgelassenheit** den taktmäßigen Bewegungsablauf zu ermöglichen. Die Losgelassenheit spannt ihren Bogen von den Rahmenbedingungen (Umgang, Haltung usw.) bis zum Reiten, sie resultiert aus dem grundsätzlichen gegenseitigen Vertrauen von Mensch und Tier. **Sie ist die Brücke zwischen Stall und Reitplatz.**

Ist nicht auch die äußere Losgelassenheit, die unverkrampft an- und abspannende, gut durchblutete Muskulatur die Voraussetzung für jeden weiteren Ausbildungsschwerpunkt? Begleitet sie nicht alle Stufen der Skala? Was wäre ein regelmäßiger Takt ohne Losgelassenheit (wenn es den überhaupt gibt) denn wert? Wenn man die Losgelassenheit als psychische wie physische Voraussetzung zur Leistungsentfaltung definiert, dann gehört sie meiner Ansicht nach noch vor den Takt **an die erste Stelle** eines theoretischen Denkgebäudes.

Nach Knopfhart könnte man auch: „...die Durchlässigkeit als höhere Stufe der Losgelassenheit bezeichnen."[11] Das unterstreicht: Die Ausbildung vollzieht sich im Spannungsbogen des ersten Vertrauensverhältnisses bis zur Durchlässigkeit. **Losgelassenheit und Durchlässigkeit sind das Alpha und Omega der Skala.**

■ Schwung vor Geraderichten?

Eine andere Ungereimtheit: Der Schwung wird vor dem Geraderichten eingeordnet. Wie aber soll das Pferd wirklich Schwung entwickeln, wenn durch mangelndes Geraderichten immer ein Teil der Kraft am Schwerpunkt vorbei verpufft? Wenn es nicht durch gerade richtende Arbeit beiderseits der Längsachse gleichmäßig gestärkt ist? Setzt eine optimale Schwungentwicklung nicht das Geraderichten voraus? Meiner Meinung nach ist es unlogisch, das Geraderichten hinter den Schwung zu rangieren.

In diesem Zusammenhang fällt ein missverständlicher Ausdruck auf: Ist es nicht ein sprachliches Paradoxon, wenn sich ein Pferd auch in der Längsbiegung „geradegerichtet" zeigen soll? Der Begriff „Geraderichten" würde meines Erachtens besser durch „Ausrichten" (... der Vorhand auf die Hinterhand) ersetzt, da sich der Erfolg der „geraderichtenden" Arbeit nicht nur auf der Geraden, sondern auch auf der gebogenen Linie zeigt. Natürlich gibt es in allen Bereichen Fachbegriffe, deren Bedeutung erlernt und verstanden werden will. Doch ist es nicht so, dass klare, unverwechselbare Termini die allgemeine Verständlichkeit fördern?

Auch die Einteilung in Gewöhnungsphase, Schub- und Tragkraftentwicklung ist nicht ganz schlüssig. Darf man wirklich Punkte wie Takt und Versammlung aus der Schubkraftentwicklung ausklammern? Wo doch jeder Schwung ohne Takt ein Beweis ist für mangelnde Losgelassenheit! Bekannt ist auch der klassische Grundsatz: „Die Verstärkung ist das Resultat der Versammlung." Und sie ist gleichzeitig die Kontrolle, ob die versammelnde Arbeit richtig war. Muss dann die Versammlung nicht auch als Element der Schubkraftentwicklung angesehen werden? Sind Schub und Schwung nicht dann erst vollkommen, wenn durch die versammelnde Arbeit das Pferd gelernt hat, auch in der Verstärkung „auf den

---

[11] Knopfhart, Alfred: „Elemente der Reitkunst"; (1977) Verlag Paul Parey, Berlin und Hamburg; S. 65

SPRINGDRESSUR

eigenen Beinen zu bleiben"? Oder: Baut die Tragkraft nicht **auch** auf den Punkten „Losgelassenheit, Takt und Anlehnung" auf? Wäre für die Pferdeausbildung eine Tragkraft ohne diese Punkte nicht wertlos?

■ Alternative Skala

Folgende Zeichnung veranschaulicht vielleicht eher das Ineinandergreifen der Skala, ohne dabei eine Rangordnung der Arbeitsschwerpunkte ganz aufzugeben:

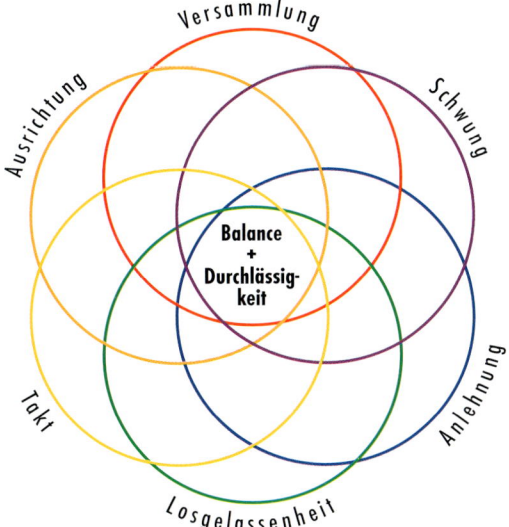

▲ Könnte die zukünftige Ausbildungsskala so aussehen? Bei dieser Zeichnung kann sich der Betrachter eine zweite Dimension vorstellen: Denkt man sie sich aus der Vogelperspektive, so wird die gleichberechtigte Vernetzung aller Punkte deutlich. Stellt man sich eine Seitenansicht vor, so tritt ihr hierarchischer Charakter hervor: Dann ist die Reihenfolge der Schwerpunkte von unten nach oben gegliedert. Außerdem wären Losgelassenheit die Ausgangsbasis und der Schwung nicht mehr dem Geraderichten (Ausrichten) vorgeordnet.

In Fachkreisen wird immer häufiger darüber geklagt, die Ausbildungsskala sei schwer vermittelbar. Ich denke, eine Überarbeitung birgt die Chance, sie vielleicht noch schlüssiger und damit verständlicher werden zu lassen. Es geht in der Kritik an der Skala nicht darum, Altbewährtes für Neues zu opfern. Die Absicht ist genau gegenteilig: Weil die Skala der Ausbildung über Jahrzehnte Hilfe und Orientierung gegeben hat, hat sie sich von ihrer Grundstruktur als stabil und wertvoll genug erwiesen, um erneut überprüft zu werden und damit für weitere Jahrzehnte Maßstab sein zu können. Stets kann doch unser Bestreben nur dahin gehen, der Wahrheit möglichst nahe zu kommen. Wer behauptet, sie zu besitzen, verwandelt seine Sicht der Dinge zum Dogma, welches von der Realität irgendwann überholt wird.

Dass die Reihenfolge trotz gewisser Widersprüche immer noch besteht, könnte folgende Gründe haben:

1. Der Streit ist eher theoretischer Natur. Die Ungereimtheiten der Reihenfolge fallen in der Praxis nicht so auf, da schon recht bald alle Punkte ineinander greifen. Will man den einen verbessern, so geht dies nur über die andern. Erst wenn man die Ausbildungsskala aus zwei Blickwinkeln betrachtet und die Perspektive „von oben herab" gedanklich ausklammert, kann die hierarchische Struktur klarer analysiert werden.

2. Jedes Pferd ist anders. Die meisten haben von Natur aus mit einigen Punkten ihre Probleme, während andere ihnen so leicht fallen, dass man sie direkt übergeht. Der Praktiker setzt bei jedem Pferd andere Prioritäten. Er weicht im individuellen Fall auch schon mal von der Reihenfolge ab. Deshalb sind die theoretischen Widersprüche in einer allgemein gültigen Anordnung nicht einfach zu erkennen.

3. In der Praxis ist man sich einig: Alle Bestandteile der Skala sind unumstritten die elementaren Grundpfeiler der Ausbildung. Die verschiedenen Denkmodelle der Ausbildungsskala — Rangordnung hin oder her — münden in ein einziges, von allen akzeptiertes und angestrebtes Gesamtziel: dem gehorsamen, zwanglosen und somit harmonischen Reagieren auf die Hilfen des Reiters, also der Optimierung von Balance und Durchlässigkeit.

Deswegen wird in den weiteren Ausführungen die Skala in ihrer etablierten Reihenfolge (als die zur Zeit bestehende offizielle Lehrmeinung) beibehalten.

3.3.2 Takt

Der Begriff Takt ist vom lateinischen „tactus", der Schlag, abgeleitet. Erklärt wird er mit: „Regelmäßiger Schlag oder regelmäßiger Wechsel von Betonung und Nichtbetonung." Für den Bewegungsablauf des Pferdes bedeutet es das naturgegebene Wechselspiel des Auf- und Abfußens. Denn Maßstab für den angestrebten Takt ist die natürliche Form des Ganges (also: Vier-, Zwei- und Dreitakt). Der Takt soll in der reiterlichen Ausbildung neu gefunden und gefestigt oder vielleicht sogar optimiert werden. Der Begriff „Takt" umfasst im Reitsport aber noch mehr als nur das regelmäßige Auf- und Abfußen. Taktfehler können in vier Arten eingeteilt werden:

Störungen des Gleichmaßes der natürlichen Bewegung durch
- schleppende,
- eilige (hektische) sowie
- räumlich (kurz-lang) oder
- zeitlich unregelmäßige Bewegungen (Zackeln).

Manche vertreten die Auffassung, dass ein schleppender oder eiliger Bewegungsablauf dennoch taktrein sein könne. Ich möchte jedoch den Fachbegriff „Takt" weiter gefasst wissen, damit er seiner Bedeutung für die Ausbildung gerecht wird. Denn eilige sowie auch schleppende Bewegungen zeugen stets von mangelnder Durchlässigkeit. Mehr noch: Die Ausbildungsskala wäre nicht vollständig, wenn der Terminus „Takt" nicht auch die Bedeutung des Wortes „Rhythmus" einschließen würde, wie nachfolgend noch näher erläutert wird.

■ Takt der Grundgangarten

Im Schritt bewegt sich das Pferd von Natur aus im Viertakt. Er ist reiterlich schwer zu verbessern, doch leicht zu verschlechtern. Pferde mit einem sehr raumgreifenden Schritt neigen manchmal schon an der Hand zu passartigen Schritten. Der Schritt wird von vielen Springreitern als nebensächlich angesehen. Dabei lassen sich Probleme in der Durchlässigkeit und somit später im Parcours oft schon im Schritt erkennen. Nur der gelassene, taktreine, durch den gesamten Pferdekörper fließende Schritt strahlt Ruhe, aber dennoch Dynamik aus. Er ist damit besonders für die Losgelassenheit und Konzentration des Springpferdes wichtig.

Im Trabe (Zweitakt) sind Taktfehler bei einem gesunden Pferd ausbildungsbedingt (meistens mangelnde Losgelassenheit bzw. schlechte Anlehnung!). Ungleiche Tritte während des Tempowechsels können dagegen auf unterentwickelte Schub- und Tragkraft hindeuten. Springpferde werden im Trab überwiegend lösend, aber auch längsbiegend gearbeitet. Dabei wirkt eine Entwicklung des Schwunges taktfördernd und kräftebildend. Das wäre dann auch gute Vorarbeit für einen federnden, athletischen Galoppsprung.

Im Galopp ist der Dreitakt die Maßgabe der Natur (Ausnahme ist der Renngalopp. Hier setzt das normalerweise zeitgleich auffußende diagonale Beinpaar zeitlich versetzt auf, was einem Viertakt gleich kommt.). Ein Viertakt müsste schon in den niedrigeren Tempi regelrecht herangeritten werden, indem die Hinterhand im Ausbildungsverlauf nicht mehr aktiv gehalten wird.

Dem Galopp kommt die größte Bedeutung zu, denn schließlich ist er die Gangart, aus welcher die Aufgaben des Parcours bewältigt werden sollen. Eine aktive, taktreine und leichtfüßige Bergauf-Galoppade macht dem Reiter das

SPRINGDRESSUR

Passend-Reiten leichter. Dennoch sieht man gelegentlich sehr gute Springpferde mit schlechtem Galopp. Sobald der Reiter das Tempo verkürzen will, scheinen sie sich einen Knoten in die Beine zu machen. Das muss nicht immer Ausdruck mangelnder Losgelassenheit sein: manchmal ist es eine Art „Körperbehinderung". Dann muss der Reiter nach vorne ausgleichen bzw. versuchen, rechtzeitig vor dem Sprung wieder zum Reiten zu kommen. Er wird immer versuchen, die schlechte Galoppade durch geschicktes Reiten so gut es geht zu kompensieren, denn nichts ist ihm wichtiger als die Springanlage.

Aus den Vereinigten Staaten und Kanada sah man in den siebziger und achtziger Jahren Beispiele internationaler Top-Reiter, die im Hinblick auf eine möglichst entspannte Gemütsverfassung ihrer Pferde einen Viertakt zuließen. Das kann seine Ursache darin haben, dass jeder Amerikaner in der Regel erst einmal auf Vollblütern das Reiten erlernt. Bei diesen Pferdetyp ist die innere Losgelassenheit besonders schwer herzustellen, aber dennoch so wichtig wie für unseren Warmblüter die Durchlässigkeit.

Der hektische bzw. cholerische Typ ist unter den Veredlerrassen häufiger anzutreffen als unter den Warmblütern. Wo ist der Schlüssel zu einem leicht erregbaren Pferd? Man versucht es zu beruhigen (siehe: Losgelassenheit). Unter den Warmblütern ist neben dem nervenstarken und dennoch fleißigen Normaltyp auch der Phlegmatiker gelegentlich anzutreffen; ihn muss ich entschlossen zur Mitarbeit auffordern. Der Einfluss des Reiters auf den Takt kann also beruhigende wie aktivierende Wirkung haben, ganz von dem gewünschten Ziel abhängig. D.h., phlegmatische Pferde versucht man zu einem fleißigeren Takt anzuregen, übereifrige oder fahrige werden eher etwas „untertourig" geritten.

Durchgesetzt hat sich der taktvernachlässigende amerikanische Stil jedoch nicht. Zum einen lag es wohl an der Tatsache, dass in Übersee zum Springen immer mehr europäische Warmblüter verwendet wurden. Zum anderen tendierte der Parcoursbau zu immer trickreicheren Distanzen, die ein durchlässiges Pferd erforderten. Und ohne Takt gibt es nun mal keine reelle Durchlässigkeit.

■ Takt und Rhythmus im Springtraining

Welche Konsequenzen hat ein mangelhafter Takt für das Springreiten? Zum Beispiel ist in zu ruhiger, schleppender Bewegung das Springpferd nur schwer „vor dem Reiter" zu halten, entwickelt keinen Schwung, keine Balance. Ein übereilter Bewegungsablauf hingegen geht mit mangelnder Losgelassenheit einher und bedingt ein unüberlegtes, hektisches Springen.

Ein taktmäßiger Bewegungsablauf ist neben der Losgelassenheit und der Anlehnung einer der ersten Schwerpunkte der Ausbildung. Junge Springpferde werden parallel zur dressurmäßigen Arbeit auch am Sprung weitergebildet. So verwendet man anfangs einfache Trabsprünge, später mit anschließenden leichten Hindernisreihen oder passend gestellten Hindernisfolgen (evtl. mit Galoppstangen ausgelegt), um den taktmäßigen und rhythmischen Bewegungsablauf auf den Sprung zu übertragen.

Der Begriff **Rhythmus** (vom griechischen rhein: ›fließen‹) bezeichnet das Zusammenfügen zeitlicher Vorgänge zu einem gestalthaften Ganzen. Besonders im Springsport wird dieser Begriff oft und gerne verwandt. Denn der Begriff „Takt" alleine trifft nicht immer das, was gemeint ist: zum einen unterbricht der Sprungablauf den Takt des Galopps (zwischen dem eigentlich zeitgleichen Auffußen des diagonalen Beinpaares wird eine weitere Schwebe-

43

SPRINGPFERDE-AUSBILDUNG HEUTE

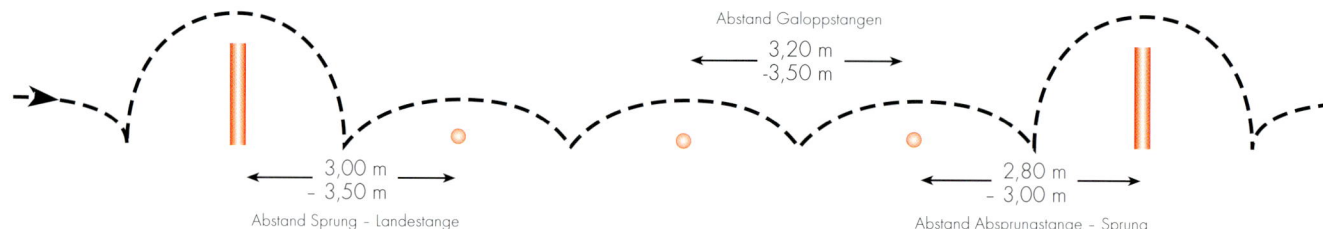

Solche Galoppstangen in einer Hindernisfolge helfen jungen Pferden, die sich nach dem Sprung noch „auseinander laufen" oder übereifrig werden, ihren Rhythmus zu finden.

phase — der Sprungablauf — eingelegt). Zum anderen setzt sich ein Parcours aus vielen Galoppsprüngen von unterschiedlicher Länge zusammen. Selbst wenn diese Galoppsprünge alle taktrein sind, kann trotzdem der Rhythmus fehlen — er kristallisiert sich so recht erst in geschmeidigen und unauffälligen Tempiwechseln heraus: im durchgehenden Fluss der Bewegung. Während der Takt das Auf- und Abfußen innerhalb eines stets wiederkehrenden Bewegungsablaufs (z.B. des Galoppsprunges) bezeichnet, umschreibt der Begriff „Rhythmus" den gleichmäßigen Bewegungsfluss beim Überwinden eines einzelnen Sprunges, aber auch eines ganzen Parcours.

Sobald das Pferd im Galopp ein mittleres Tempo beibehalten kann, werden die ersten Sprünge aus dem Galopp angeritten. „In der Wendung liegt der Segen" ist ein Leitsatz in der reiterlichen Ausbildung. Was damit gemeint ist: Die Wendung bereitet das Anreiten des Sprunges vor. Taktfehler in Wendungen (z.B. durch zu starke Einwirkung am inneren Zügel) unterbrechen den Rhythmus durch mangelnden Vorgriff der inneren Schulter beziehungsweise durch Muskelverkrampfung. Solche Taktfehler müssen aber nicht unbedingt falsche Einwirkung als Grund haben. Abgesehen von gesundheitlichen Problemen (z.B. Wendeschmerz) können sie auch aus mangelnder Durchlässigkeit entstehen. Das Pferd geht dann nicht auf die Längsbiegung ein und verspannt sich, was keine gute Vorbereitung auf den Sprung ist. Da hilft dann dressurmäßige Längsbiegearbeit nach dem Prinzip „innerer Schenkel — äußerer Zügel" weiter.

Es gibt noch eine andere Art der Taktstörung vor dem Sprung: der im Springreiterjargon genannte „Wackelkontakt" ist ein mangelndes Gleichmaß, ein mangelnder Rhythmus der Galoppade. Verursacht wird er durch Verspannung, ungleichmäßige Anlehnung — sprich: mangelnde Durchlässigkeit. Das Pferd entzieht sich beim Aufnehmen dem Herantreten an das Gebiss, in dem es die Vorderbeine für einen kurzen Augenblick der Bewegungsrichtung entgegenstemmt, und/oder mit beiden Hinterbeinen auf gleicher Höhe auffußt, also „hackt". Der Reiter hat sein Pferd im selben Augenblick nicht mehr vor sich, treibt plötzlich in Sorge um die passende Distanz zum Sprung. Danach erfolgt ein erneutes Aufnehmen und

▲ *Ein typisches Problem temperamentvoller oder unausbalancierter Pferde: Sie werden vor dem Sprung eiliger. Hier können u.a. Galoppstangen vor und hinter dem Sprung helfen, Takt und Rhythmus zu finden. Strenge wäre hier unangebracht, denn Übereifer kann besser durch ruhige und geduldige Arbeit in die richtigen Bahnen gelenkt werden.*

SPRINGDRESSUR

▲ Ein prominentes Beispiel für die Problematik des „Hackens" war das erfolgreichste Pferd der Welt: Ratina Z. Obwohl sie sehr temperamentvoll, ja fast „heiß" war, ritt Ludger Beerbaum sie gelegentlich mit scharfen Sporen. Dadurch „hackte" sie bei verhaltenden Hilfen nicht mehr und zog vor dem Sprung wieder durch. Er konnte sie dann wieder rhythmischer „an den Sprung heranlaufen" lassen, den Absprungpunkt also dicht ans Hindernis verlegen. Denn Ratina Z benötigte stets diese dichte Distanz, da sonst ihre Flugkurve aufgrund ihres Vorwärtsdranges schnell flach wurde. Hier ist sie auf dem Aachener Abreiteplatz vor ihrem letzten Parcours.

so weiter. Takt, Rhythmus und Schwung sind verloren. Ein konzentriertes, losgelassenes und präzises Überwinden des Sprunges wird unmöglich.

Aber nicht nur vor und nach dem Sprung sind Takt und Rhythmus erwünscht: Die Forderung nach einer Bewegung, die weder eilig noch schleppend ist, lässt sich auch auf den Sprungablauf an sich übertragen. Wie der Reiter eine Optimierung dieser Springbewegung erreicht, wird im Kapitel „Springtraining" näher erläutert.

Alle Punkte der Ausbildungsskala stehen in ständiger Korrelation zueinander. Will man den einen Punkt verbessern, so geht es nur mit der Hilfe der anderen. Besondere Beachtung verdient aber die Losgelassenheit.

3.3.3 Losgelassenheit

Die Ziele einer unsichtbaren Verständigung zwischen Pferd und Reiter und dem Ausdruck von Leichtigkeit sind unauflösbar mit Losgelassenheit verknüpft. Der Begriff Losgelassenheit wird manchmal mit völliger Entspannung verwechselt. Doch er bezeichnet nicht das vollkommen „relaxte", sondern das unverkrampfte Pferd. Diese Abwesenheit von Verkrampfung bezieht sich auf den Geist wie auch auf den Körper. Ohne Losgelassenheit gibt es keine reelle Durchlässigkeit.

„Die Losgelassenheit ist der Schlüssel zum Erfolg", sagt Dr. Schulten-Baumer, ehemals Springreiter und erfolgreichster Dressurtrainer des 20. Jahrhunderts.

Im Springsport gibt es natürlich häufiger Pferde, die durch ihren Erfolg den einen oder anderen Punkt der Ausbildungsskala in seiner zwingenden Notwendigkeit widerlegen. Nur auf die Losgelassenheit kann man im heutigen Sport am wenigsten verzichten, wenn man dauerhafte Erfolge erreichen will. Man unterscheidet zwischen der inneren und äußeren Losgelassenheit: Innere Losgelassenheit ist der **psychische Zustand optimaler Lern- und Leistungsbereitschaft.** Die äußere Losgelassenheit ist dagegen die **physische bzw. körperliche Voraussetzung zur Leistungsentfaltung.**

■ **Innere Losgelassenheit**
Der erste Ansatz muss bei einem gesunden Pferd immer der Psyche des Pferdes gelten. **Ohne sie gibt es keine äußere Losgelassenheit.** Der erste Einfluss auf die innere Losgelassenheit beginnt bereits lange vor dem Aufsitzen mit dem grundsätzlichen Vertrauen zum Menschen. Die Haltungsformen unserer Sportpferde sind geprägt von den Zielen, die wir Menschen verfolgen und oft zu wenig nach den grundlegendsten Bedürfnissen des ur-

sprünglichen Herden- und Steppentieres ausgerichtet. Scheuen, Übermut, Übereifer oder ganz einfach mangelnde Konzentration sind oft die Symptome nicht artgerechter Haltung. Vor allem sensible Blutpferde vermissen oft:
- ausgeprägte Sozial- und Sichtkontakte zu Artgenossen (keine Isolationshaft),
- freie, ungezwungene Bewegungsmöglichkeiten (Paddock oder Koppel),
- ausgedehnte, abwechslungsreiche, ruhige Bewegung (Entspannungsphasen, Schritt im Gelände),
- ruhiger, stressfreier Umgang durch Reiter und Pfleger (Sach- und Pferdeverstand)
- Individuell abgestimmte Fütterung (sonst „sticht der Hafer"),
- Bewegung mit fallengelassenem Hals und aufgewölbtem Rücken, so wie es die Nahrungssuche in der Steppe für den überwiegenden Teil des Tages erforderlich machte.

▲ Innere Losgelassenheit beginnt bereits im Stall: Die Haltungsform und das Bewegungskonzept muss sich vor allem bei hoch im Blut stehenden Pferden möglichst nah an die natürlichen Bedürfnisse anlehnen.

Außerdem muss sich ein junges Pferd hin und wieder frei austoben dürfen. Ein Pferd, welches sich nur unter dem Reiter (und dann bitte stets gehorsam) bewegen darf, erreicht die innere Losgelassenheit und den Gehorsam oft nur über ein strapazierendes Ermüden. Bereits in den Zeiten der Kavallerieschule Hannover war trotz aller militärischer Disziplin das Freilaufen Praxis. So schrieb Major von Busse 1940: „Ein Kunstgriff, gespannte und ungezogene Pferde zu vermeiden: Man lasse das junge Pferd vor der Arbeit gesattelt 5 bis 10 Minuten, je nachdem man Zeit hat, in der leeren Reitbahn umherspringen. Man wird verblüfft sein, wie friedlich und gelöst das Pferd dann ist."[12] Doch Vorsicht: Um Verletzungen vorzubeugen, muss vor dem Laufen lassen die Durchblutung zumindest durch Schrittführen angeregt werden. Niemals ein kaltes Pferd toben lassen!

▬ Äußere Losgelassenheit

Der inneren folgt die äußere Losgelassenheit, welche als **die physische Voraussetzung zur Leistungsbeanspruchung** zu verstehen ist. Nicht nur die Psyche, auch der Organismus stellt sich auf die kommende Leistung ein. Ein innerlich verspanntes Pferd kann im Wechselspiel der Muskulatur zwischen Anspannen und Entspannen nicht oder nicht schnell genug wieder loslassen. Eine verspannte, verkrampfte Muskulatur jedoch kann sich nicht optimal entwickeln. Auch wenn in der Praxis innere und äußere Losgelassenheit meist parallel erarbeitet werden: Erst wenn das Pferd sich innerlich loslässt, kann z.B. durch ein „Über-den-Rücken-reiten" die äußere Losgelassenheit erarbeitet werden.

Zur äußeren Losgelassenheit muss auch eine gewisse „Betriebstemperatur" erreicht werden. Das bezieht sich nicht nur auf eine gut durchblutete Muskulatur. Gelenke, Sehnen und Bänder brauchen längere Vorbereitungszeit, bis sie

[12] „Das deutsche Reiterbuch"; Rolf Roeingh (Hrsg.), Deutscher Archiv-Verlag Berlin 1940

SPRINGDRESSUR

Betriebstemperatur

Losgelassenheit darf nicht mit vollkommener Entspannung verwechselt werden. Das unverkrampfte An- und Abspannen der Muskulatur kann je nach Pferdetyp auf verschiedenen Wegen erreicht werden: Faule Pferde werden aufgeweckt und nervöse beruhigt, bevor sie in optimaler Aufnahmebereitschaft sind.

größeren Belastungen ausgesetzt werden dürfen. Doch das ist nicht alles: Die gesamte Ausbildungsskala wird dann erst wirklich schlüssig, wenn das Pferd ständig zwischen dem Loslassen der Muskulatur einerseits und einer positiven Körperspannung andererseits wechseln kann. Diese Körperspannung setzt eine gewisse Gehfreude voraus – das Pferd muss „am Bein sein", wie es im Fachjargon heißt.

Jedes Pferd hat Stärken und Schwächen und so gibt es auch in punkto Losgelassenheit typbedingte Unterschiede. Wir kennen lockere und festere Typen. Während die einen fast schon losgelassen aus dem Stall kommen, benötigen die drahtigen Modelle mit kurzem, festem Rücken erfahrungsgemäß mehr Zeit, um sich zu lösen. Ihnen hilft die tägliche geduldige, aber konsequente dressurmäßige Gymnastizierung, um die Muskulatur zu lockern.

Zu jeder Zeit und nach jeder Lektion muss der Reiter in der Lage sein, das Pferd in die Dehnungshaltung zu versetzen. Erst dann kann er sicher sein, ein durchlässiges Pferd unter dem Sattel zu haben. Die „Vorwärts-Abwärts-Tendenz" mit locker schwingendem Rücken ist ja letztlich auch das, was man über dem Sprung (Bascule) erreichen will.

■ Hilfslektionen

Durch das Reiten von gebogenen Hufschlagfiguren nach dem Prinzip „innerer Schenkel – äußerer Zügel" entwickelt sich im Pferd die Tendenz zum Weg in die Tiefe. Reagiert es prompt und zuverlässig auch auf die leichtes-

▲ *Die Dehnungshaltung ist eine Schlüssellektion in der Springdressur: Das Aufwölben und Schwingen des Rückens erfolgt nur bei entspannter Psyche und unverkrampfter Muskulatur. Dieselbe Bewegung wird schließlich auch über dem Sprung angestrebt.*

ten treibenden Hilfen, so lassen sich Stellung und Biegung hauptsächlich durch Gewichts- und Schenkelhilfen erreichen. Der innere Zügel leitet die Biegung in Verbindung mit dem inneren Schenkel lediglich ein. Der äußere Zügel führt, während treibender innerer — und eine Handbreit zurück liegend — verwahrender äußerer Schenkel die Biegung erhalten. Will sich das Pferd daraus vorwärts-abwärts strecken und der Reiter eine Dehnungshaltung zulassen, so sorgen eine sofort nachgebende Hand und ein Wechsel in den Entlastungssitz für eine vorwärts — abwärts — Tendenz mit locker schwingendem Rücken. Die Aktivierung der Hinterhand darf in dieser Kontrolllektion der Losgelassenheit nicht nachlassen, da der Bewegungsablauf sonst an Balance verliert.

Losgelassenheit am Sprung

In der täglichen Praxis wird die Losgelassenheit als Erstes angestrebt. Sie bildet den Grundstock für ein nervenstarkes, konzentriertes und zufriedenes Springpferd. Sie ist deshalb für eine dauerhafte Entfaltung aller Möglichkeiten der vielleicht wichtigste Punkt der Ausbildungsskala.

„Wenn zu viel Druck auf das Pferd ausgeübt wird, verliert es die Konzentration auf die oberste Stange", so Paul Schockemöhle. Oder wie John Whitaker sagt: „Nur ein relaxtes Pferd ist ein gutes Pferd." Gerade bei der heutigen Leichtbauweise, wo im Topsport fast jedes Berühren der Stangen zu Strafpunkten führt, kommt erst durch die Losgelassenheit die nötige Präzision, um die gestellten Aufgaben erfolgreich zu meistern. Vor allem das moderne, vorsichtige Blutpferd liebt es, in bequemer Körperhaltung, d.h. locker und entspannt, flüssig zum Sprung zu galoppieren. Bereits das permanente „Zu-dicht-reiten" kann bei sehr vorsichtigen Pferden zu Verkrampfungen führen, die sich z.B. negativ auf das Sprungvermögen auswirken.

Der Typ des schwereren Warmblutpferdes wird dagegen vor dem Sprung gerne zusammengestellt, „in Spannung" gebracht. Bei diesem Pferdetypus (häufig auch etwas lang und schlaksig, manchmal sogar langweilig am Sprung) ist das „Dicht-reiten" oft angebracht, da er dadurch zu permanenter Konzentration und Bascule aufgefordert ist. Dieses „in-Spannung-versetzen" ist als **eine positive Anspannung der Muskulatur und des Geistes** zu verstehen und sollte nicht mit „Ver"-spannung verwechselt werden.

Wie erkenne ich mangelnde Losgelassenheit am Sprung? Deutliche Zeichen sind:
- drehender oder geklemmter Schweif vor und über dem Sprung,
- bodenscheues, „guckiges" Verhalten mangelndes „Sich-öffnen",
- unökonomische Flugkurve (zu hohes Springen oder zu weites Landen),
- verspannte Muskulatur (verkrampfter Bewegungsablauf, weggedrückter Rücken),
- „eiliger-werden" im Anreiten, im Ablauf oder im Landen,
- ungeschmeidiges, hartes Landen,

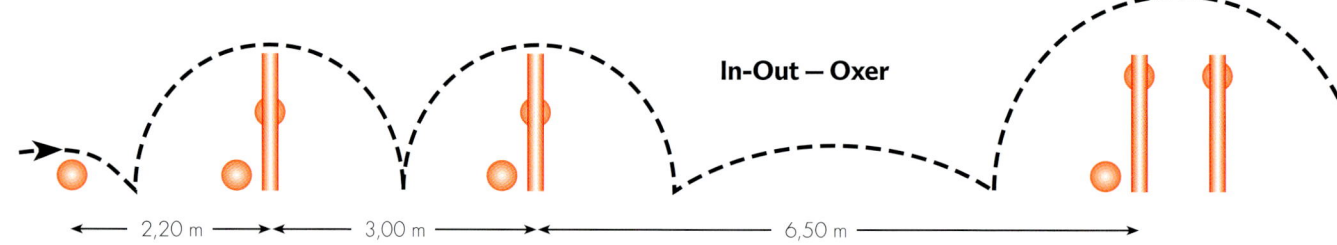

Wenn das junge Pferd gelernt hat, ein einzelnes Hindernis zu springen, kann die In-Out-Oxer-Reihe ins Visier genommen werden. Sie ist die klassische Übung, um am Anfang der Ausbildung schon Rhythmus, Losgelassenheit und Technik zu schulen.

SPRINGDRESSUR

- unrhythmisches Atmen, Luftanhalten (Atmung ↔ Galopprhythmus),
- Angelegte Ohren[13].

Wie erreiche ich nun die Losgelassenheit im Springtraining? Voraussetzung ist wiederum die psychische Aufnahmebereitschaft des Pferdes durch möglichst natürliche Umweltbedingungen und vertrauensvollem Umgang. Daraus wird erst die äußere Losgelassenheit (als Hauptmerkmal der Durchlässigkeit) angestrebt: z.B. werden in die Längsbiegearbeit und Entwicklung der Dehnungshaltung Stangen- bzw. Cavalettiarbeit integriert. In jedem Fall wird sich der Reiter in seiner Einwirkung zurückhalten, damit sich sein Pferd loslässt. Wenn er aus dem Trab über ein kleines Kreuz oder etwas später über eine Gymnastikreihe (z.B. In-Out — Oxer) springen lässt, kann er sich dabei auf geringste Hilfen beschränken. Aus dem Trab ist es leichter, ein junges Pferd gerade, passend und im richtigen Tempo an den Sprung zu bringen. Mit dem erfahreneren Pferd kann auch aus dem Galopp über ein kleines Kreuz gesprungen werden. Das Kreuz bringt das Pferd dazu, von sich aus die Mitte des Sprunges zu suchen, wodurch der Reiter wieder weniger Hilfen geben muss. Vor allem das Überwinden von kleinen und kleinsten Hindernissen fördert die Entspannung im Springtraining.

Losgelassenheit fördert den ökonomischen Kräfteeinsatz und die Übersicht des Pferdes im Parcours.

Alles, was später an Leistung abverlangt wird, baut auf einem entspannten und trotzdem aufmerksamen Geist sowie dem unverkrampften Wechselspiel der Muskulatur auf.

3.3.4 Anlehnung

„Die Leichtigkeit im Maul geht der Leichtigkeit des ganzen Pferdes voraus…"
SALOMON DE LA BROUE
(1530 – 1620)

Durch eine leichte, stete und dennoch federnde Zügelverbindung zwischen Reiterhand und Pferdemaul können **die Hilfen des Reiters in verfeinerter Form** gegeben werden. Sie **werden vom Pferd besser auf- und angenommen.** Das gilt nicht nur für die Springdressur: Das präzise Reiten und die Harmonie im Parcours wird durch eine korrekte Anlehnung entscheidend erleichtert.

Ist die Zügelführung zu locker, dann kann sich das Pferd vor der Wiederaufnahme der Verbindung erschrecken, oder es fehlt ihm in kritischen Parcourssituationen an Führung. Auch

▲ Basis aller Leistungsentfaltung ist die Losgelassenheit. Wie ernst dieses Thema von den weltbesten Reitern genommen wird, kann man auf den Abreiteplätzen großer Turniere beobachten. Hier wird „Calvaro" von Willi Melliger in Aachen sichtlich entspannt über einen lösenden Sprung geritten. Der Reiter verlangt noch kein energisches Abfußen und kraftvolles Abdrücken – kein Anwinkeln der Beine. Denn zuerst muss das Fundament stimmen: die Losgelassenheit.

---

[13] Wenn beide Ohren im Nacken liegen, dann ärgert sich das Pferd in der Regel über die reiterliche Einwirkung. Solch aggressiv-kämpferischer Ausdruck kann bei selbstbewussten Kämpfernaturen nicht immer abgestellt werden. Wird nur ein Ohr immer wieder zurückgelegt, dann kann es ebenfalls an der deutlichen Einwirkung des Reiters liegen. Meist drückt sich darin jedoch eine gewisse Unsicherheit, ein Unwohlsein des Pferdes aus.

SPRINGPFERDE-AUSBILDUNG HEUTE

die zu starke Anlehnung ist nachteilig: Gibt das überempfindliche Pferd nur dem steten Druck des Gebisses nach, so wird es sich am Sprung auch vor dem plötzlich nachgebenden Zügel erschrecken, sich herausheben und den Rücken wegdrücken. Das weniger empfindsame wird sich während des Anreitens auf das Gebiss legen, je nach Temperament heftig oder kopflastig werden und sich dadurch in eine zu dichte Distanz hineinschieben. Deshalb ist auch für das Springpferd die **leichte, selbsttragende Anlehnung** von entscheidender Bedeutung, und der Reiter stets verpflichtet, sich dieser zu vergewissern. Das Überstreichen bildet die sichtbare Kontrolle dieser Selbsthaltung, auch im Anreiten vor dem Sprung.

■ Anlehnung und Beizäumung

Die Anlehnung ist Voraussetzung einer sicheren Beizäumung. Der Begriff Beizäumung, also die Kopfhaltung in senkrechter Nasenlinie, wird oft mit dem Begriff „Anlehnung" vermischt. Die Beizäumung ist im Vergleich zur Anlehnung im Parcours nicht bei jedem Typ Pferd zwingend erforderlich. Vor allem die patenten, von Natur aus rittigen Pferde dürfen ohne weiteres den gesamten Parcours mit natürlicher Kopfhaltung überwinden.

Je unpraktischer ein Pferd ist, desto mehr wird der Reiter zwischen den Sprüngen die Beizäumung wieder herstellen. Allerdings springt nicht jedes Pferd durch eine Beizäumung vor dem Sprung besser. Manche (vor allem die blutgeprägten Springpferde) bevorzugen eine erhobene, ungezwungene Kopfhaltung. Hier entscheidet das Gefühl des Reiters, mit welcher Art sich sein Pferd besser entfalten kann.

Balance und Durchlässigkeit im Parcours erfordern wohl Anlehnung, aber nicht immer Beizäumung.

In der Springdressur war in den siebziger Jahren ein tiefes Einstellen der Pferde hinter die Senkrechte häufig zu sehen. Die Pferde wurden so eng eingestellt, dass sie sich in die Brust zu beißen schienen. Folgende Gründe wurden hierfür angeführt: Es sollte durch das Aufwölben des Rückens die Losgelassenheit fördern — durch das Engmachen die Durchlässigkeit und den Gehorsam steigern. Diese Form der Beizäumung wurde z.B. von Alwin Schockemöhle in exzessiver Form praktiziert. Seine herausragenden springsportlichen Erfolge auf durchlässigen Pferden ließen vermuten, dass der „Stein der Weisen" hinter dieser markanten Methode verborgen lag. Hunderte von Nachahmern scheiterten allerdings kläglich in ihren Versuchen, diesen „Mühlener Stil" zu imitieren. Sie zogen den Pferden mit Schlaufzügeln den Kopf zwischen die Beine, doch sobald sie abgenommen wurden, waren die Probleme größer als zuvor.

◀ *Nicht jedes Springpferd muß „durchs Genick treten": Marc Leone demonstriert hier auf „Legato", dass die Anlehnung für das Springpferd wichtiger als die Beizäumung ist.*

SPRINGDRESSUR

▲ Hier ist „Lajos" (unter dem Verfasser) mit seiner Nasenlinie zwar hinter der Senkrechten, aber dennoch in der Balance, in selbsttragender Haltung und sichtlich losgelassen, durchlässig und zufrieden. Dann ist in der Springdressur gegen einen solchen Grad der Einstellung nichts einzuwenden, auch wenn die Stirnlinie hinter der Senkrechten ist.

Dazu ein Interview-Auszug mit dem Olympiasieger Alwin Schockemöhle, rund 25 Jahre nach seiner aktiven Zeit:

„Auf jedem ländlichen Turnier sah man mit Schlaufzügeln überfrachtete Pferde." „Schckemöhle macht's auch so". Alwin Schockemöhle lacht darüber. „Das stimmt. Aber die haben alle nicht gesehen, dass ich die Schlaufzügel nur zwei Minuten dran hatte und 28 Minuten nicht."
„Der Hannoveraner", Nr. 2/74. Jahrgang April 2002

Wird das Pferd leicht hinter die Senkrechte geritten, bewegt sich dabei aber ausbalanciert mit aktivem Hinterbein und in leichter Anlehnung, dann ist ein tieferes Einstellen ohne Nachteile. Das enge Einstellen oder

▲ Anders ist diese Art der Beizäumung. Hier wird das Überbautsein des Pferdes durch die enge Halseinstellung zur „Bergab-Tendenz". Der frei getragene Schweif deutet zwar noch auf eine gewisse Losgelassenheit hin. Doch ein Bewegungsfluss, der vom aktiven Hinterbein über einen schwingenden Rücken nach vorne heraus und genauso auch zurück geht, wird mit dieser engen Beizäumung deutlich erschwert.

das stärkere Abstellen des Pferdehalses ist dagegen eine der strengsten Formen zur Überprüfung von Gehorsam und Durchlässigkeit. Es birgt jedoch die latente Gefahr, sich „fest zu ziehen", also durch zu starke Handeinwirkung den Bewegungsfluss vom Hinterbein über den Rücken nach vorne heraus zu blockieren, was einer Sackgasse in der Ausbildung gleichkommt. Eine Einstellung des Halses bis sich das Pferd „in die Brust beißt" ist wohl eher missverstandene „Beherrschung", also Ausdruck einer herrischen Geisteshaltung zum Pferd.

Anlehnungsfehler

Die richtige Form der Anlehnung, welche vom Pferd gesucht, vom Reiter gestattet werden soll, bedeutet neben Akzeptanz der Zügelhilfen auch Wohlbefinden, Zufriedenheit des Pferdes und Verständnis fürs Pferd. Die für das Springreiten gravierendsten Fehler in der Anlehnung sind:

- **Kopfschlagen.** Das Kopfschlagen entspringt, Zahn- oder Gebissprobleme einmal ausgenommen, meist folgender Fehlerquelle: Permanent starker Druck auf Kinnlade und Zunge führt zur Ausweichreaktion, wenn die Beizäumung mit zurückwirkender Hand erzwungen und das Pferd nicht an das Gebiss herangetrieben wird. Es nimmt einen kurzzeitig stärkeren Schmerz im Maulbereich in Kauf, um durch das Hochreißen des Kopfes dem Dauerdruck auszuweichen. Oder die annehmenden und nachgebenden Zügelhilfen setzen im falschen Moment ein und sind dadurch für das Pferd unverständlich.
  Gelegentlich kann das Kopfschlagen auch die Folge davon sein, dass Zaumzeug bzw. Gebiss Druck- und Scheuerstellen verursacht haben. Es sei der Vollständigkeit halber erwähnt, dass das Kopfschlagen nicht zwangsläufig reiterliche Ursachen haben muss: headshaking ist auch ein Krankheitsbild; als pathologische Stereotypie zeigt es sich dann jedoch nicht nur beim Reiten.

- **Auf das Gebiss legen.** Das „Auf's-Gebiss-legen" deutet auf eine mangelhafte Balance bzw. auf schlechte Rittigkeitswerte. Es ist oft mit untätigem Maul verbunden. Für den Springreiter bedeutet das konkret: das Pferd zieht sich am Sprung in eine dichte Distanz, der Reiter kann schlecht den optimalen Absprungpunkt erreichen. Enge Hindernisfolgen werden zum Problem. Tempounterschiede und Übergänge innerhalb der Gangarten bei entsprechendem Zusammenspiel der Hilfen helfen hier weiter (siehe Kap. 3.3.7 Versammlung). Wenn jedoch versucht wird, dem Übel durch verstärkte Zügeleinwirkung Herr zu werden, so kann sich dieses „Auf's-Gebiss-legen" bis zum Pullen steigern. Hierbei nimmt das Pferd, ähnlich wie bei dem Kopfschlagen, einen kurzfristig stärkeren Schmerz im Maul in Kauf, in der Hoffnung, sich so des lästigen Zügelanzuges zu entledigen. Natürlich gibt es auch gewisse Erblichkeiten für ein „totes Maul". Gerd Wiltfang sagte einmal über die Nachkommen des Hengstes „Goldlack": „Die können mit ihrem Maul eine Karre Mist aus dem Dreck herausziehen!" Dennoch hatte er mit Goldika und Gordon, beide von Goldlack abstammend und nicht gerade rittig, große Erfolge erzielen können. Auch Giulietta, mit der mein Bruder u.a. den Großen Preis von Neumünster gewann, war in dieser Hinsicht ein typisches Produkt ihres Vaters.

Eine ganz andere Ursache für ein schlechtes Maul wird oft zu spät erwogen: Ein sich einschleichendes „Mauliger-werden" in Verbindung mit stumpfer werdendem Bewegungsablauf kann erstes Anzeichen für eine Entzündung des Hufrollenbereiches sein.

SPRINGDRESSUR

- **Einseitiges Festmachen.** Ist das Pferd nur auf einer Seite fest bzw. verwirft sich im Genick, so wird die geraderichtende Längsbiegearbeit diesen Mangel beheben können. Hieran zeigt sich wieder, wie stark die einzelnen Punkte der Skala miteinander verwoben sind, wie sehr sie als ein zusammenhängender Komplex betrachtet werden müssen.

- **Maulsperren.** Das Sperren des Mauls ist kurz vor dem Sprung relativ häufig zu beobachten. Vor allem, wenn Paraden mit starker Handeinwirkung gegeben werden (grobe Einwirkung durch sehr enge Distanz zum Sprung oder mangelnde Durchlässigkeit). Entscheidend hierbei ist es gerade bei jungen Pferden, dass spätestens im letzten Galoppsprung eine Zufriedenheit mit der Zügeleinwirkung wieder hergestellt ist, um einen losgelassenen Sprungablauf zu gewährleisten. (Reifere Pferde können diesen Fehler eher kompensieren.) Mangelnde Bascule bzw. Hinterhandfehler sind sonst häufig die Folge. Aber nicht nur am Sprung, auch in der Springdressur ist das Maulsperren in der Regel ein Resultat von dominierender Handeinwirkung bzw. mangelnder Balance bzw. Tragkraft. Der Reiter muss die Selbsthaltung des Pferdes erreichen. Die Zügel dürfen nur im Zusammenspiel der Hilfen und kurzzeitig (als eine Art Signalwirkung) eingesetzt, nicht als mechanische Kraftübertragung wie eine Handbremse missbraucht werden.

- **Verkriechen.** Das ist häufig ein Problem unerfahrener, „grüner" Pferde. Wird die Anlehnung vom Pferd gar nicht erst gesucht, verkriecht es sich also hinter dem Gebiss, ist es dem Reiter praktisch unmöglich, innerhalb eines gesamten Parcours den Rhythmus zu halten. Das Pferd ist nicht mehr vor dem Reiter, weshalb er den Galoppsprung nicht mehr präzise verlängern oder verkürzen kann. Es entsteht der gefürchtete „Wackelkontakt". Zudem lässt sich mit diesem Anlehnungsfehler auch keine positive Körperspannung aufbauen. Oft hilft ein Wechsel zu einem milderen Gebiss (Gummi- oder Ledergebiss). Zähne kontrollieren!

- **Zunge über das Gebiss nehmen.** Dieser Fehler ist in der Regel die Folge von andauernd starker Zügeleinwirkung. Besonders junge oder unrittige Pferde sind hier empfindlich. Sie weichen dem permanenten Druck des Mundstücks aus, indem sie ihre Zunge erst zurückziehen und dann über das Gebiss legen. Durch diese Unart ist keine elastische Anlehnung möglich, das Pferd reagiert schlechter auf die Hilfen. Der erste Ansatzpunkt zur Korrektur ist es, die reiterliche Einwirkung zu überprüfen: wird zu starke Aufrichtung, Versammlung verlangt? Werden die Zügelhilfen kurz genug gegeben und genügend mit den treibenden Hilfen unterstützt, damit sich das Pferd möglichst schnell am Gebiss wieder abstößt? Oder ist es ein technisches Problem? Ist das Gebiss tatsächlich so hoch geschnallt, dass sich jeweils zwei Falten in den Maulwinkeln bilden? Wenn nichts mehr hilft, dann ist ein Gebisswechsel (z.B. Löffelgebiss oder Zungenstrecker) erfolgversprechend.

> Piet Raymakers versuchte allerdings einmal, aus der Not eine Tugend zu machen: Als er die Olympiasiegerin „Classic Touch" mit 14 Jahren in den Stall bekam, schnallte er das Gebiss so tief, dass es die Schneidezähne des Unterkiefers berührte. Er meinte, dass die temperamentvolle Stute so besser auf seine Zügelhilfen reagieren würde. An ihre früheren Erfolge konnte er jedoch nicht mehr anknüpfen.

SPRINGPFERDE-AUSBILDUNG HEUTE

■ Korrektur von Anlehnungsproblemen

Das sich „In-die-Tiefe-strecken" mit locker schwingendem Rücken (im Idealfall mit in etwa senkrechter Nasenlinie) ist für das Springpferd deshalb so wichtig, da es auch am Sprung nur dann sein ganzes Potential entfalten kann, wenn es losgelassen ist und sich nicht im Rücken festhält.

Trotzdem sollte nicht ausschließlich vorwärts-abwärts geritten werden (Ausnahme: wenn das Pferd einen labilen Rücken hat). Spätestens eine enge Distanz bzw. Hindernisfolge fordert Aufrichtung, allerdings ohne ein „Gegen-die-Hand-drücken". Deshalb ist die tägliche Arbeit ein stetes Wechselspiel zwischen Aufrichtung und Dehnungshaltung, zwischen Versammlung und Verstärkung — zwischen Anstrengung und Entspannung.

Das enge Einstellen hinter die Senkrechte oder das deutliche Abstellen des Pferdehalses muss nicht schädlich sein, solange es dem Reiter gelingt, die Aktivität der Hinterhand und somit die Balance des Pferdes sowie seine Selbsthaltung zu erhalten. Doch wie wenige Reiter können wirklich auf das Hinterbein Einfluss nehmen und beherrschen dabei das rechtzeitige Nachgeben! Ohne vermehrtes Engagement der Hinterhand führt das tiefe Einstellen jedoch zur Verkrampfung bzw. zu einem „zähen" Maul. Dann hilft nur der Schritt zur erneuten Grundlagenarbeit.

Ganz allgemein sind bei Korrekturpferden die meisten Anlehnungsprobleme darin begründet, dass mangelndem Schenkelgehorsam eine Passivität der Hinterhand folgte und dadurch das Ausbalancieren verhindert wurde. Ein Symptom dieses Ausbildungsfehlers: Das Pferd geht nicht in selbsttragender Haltung. Was bedeutet das? Wenn die vom Reiter gewünschte Haltung des Pferdes scheinbar wie von selbst beibehalten wird, spricht man von Selbsthaltung. Dies ist nicht zu verwechseln mit „hinter dem Zügel verkriechen", denn das Pferd soll in jeder vom Reiter gewünschten Position ans Gebiss herantreten. Eine Anlehnung darf nicht fehlen, aber sie muss weich sein. Bereits Xenophon wusste: "...wenn sich das Pferd belästigt fühlt, bekommt es gespannte Tritte; gibst du ihm aber, nachdem du es in Feuer versetzt hast, den Zügel nach, so trägt es sich in edler Haltung, weil es bei dieser weichen Führung vom Gebiss befreit zu sein glaubt."[14] Das bedeutet nichts anderes als: „Hinterhand aktivieren (ans Gebiss herantreiben) und die Bewegung über den Rücken nach vorne herauslassen."

Guérinière (1688 – 1751) nannte die leichte Zügelführung, die durch kurze Paraden und anschließendem Nachgeben die selbsttragende Haltung fördert „descente de main": „Die descente de main... ist ein hervorragendes Mittel, um das Pferd zu beruhigen und seine Maultätigkeit anzuregen sowie bei der Überwindung bestimmter Schwierigkeiten im Maul. Schon die kleinste Irritation im Maul kann dazu führen, dass das Pferd den Unterkiefer anspannt (das Maul sperrt, d. Verf.); das völlige Loslassen mit der Hand stellt für gewöhnlich die vollständige Harmonie wieder her; das Pferd wird sofort zufrieden nachgeben und auf dem Gebiss kauen. Das Wesentliche dabei ist, dass das Pferd weder seine Kopfhaltung noch sein Tempo auch nur im Geringsten verändert. (...) Es ist darauf zu achten, dass das Nachgeben mit der Hand oder die descente nicht erfolgt, wenn das Pferd auf der Vorhand geht; beides muss nach einer halben Parade und dann erfolgen, wenn der Reiter fühlt, dass das Pferd mit der Hinterhand untertritt. Dann muss der vorsichtig mit dem Zügel nachgeben oder die descente de main

---

[14] Mayer, Anton: „Das Reiterbuch"; Rheinische Verlags Anstalt GmbH Wiesbaden; S.35

SPRINGDRESSUR

ausführen. Die Schwierigkeit, hierfür den genauen Zeitpunkt zu finden, lässt diese Hilfe zu einer der feinsten und nützlichsten in der Reiterei werden; ... wenn die Anlehnung in dem Moment, in dem das Pferd untertritt, unterbrochen wird, muss es zwangsläufig leicht in der Hand werden, da es keine Stütze mehr für den Kopf hat."

Der Schenkelgehorsam ist die Basis jeder Korrektur. Um ihn zu überprüfen bzw. zu verbessern, beginnt man z.B. auf der linken Hand mit dem Schenkelweichen rechts. Denn bei einer starken Vorwärtstendenz des jungen oder Korrektur-Pferdes kann sich so die Zügeleinwirkung durch die Hilfe der Bande auf das Geringste beschränken, was schneller zur Zufriedenheit des Pferdes führt.

Bei Pferden, die in ihrer Ausbildung schon etwas weiter vorangeschritten sind, wird der Schenkelgehorsam insbesondere durch Lektionen wie Aus-dem-Schritt-angaloppieren, Aus-dem-Halten-antraben, Verstärkungen und Seitwärtsgänge verbessert. Entscheidend ist hierbei, dass ein Pferd dazu animiert wird, bereits auf die leisesten Schenkelhilfen direkt zu reagieren. Dadurch löst sich manches Maulproblem bereits von selbst, der Schwung wird entwickelt und das Pferd lässt sich jetzt „ans Gebiss herantreiben".

Gebogene Hufschlagfiguren mit vorherrschender innen treibender Hilfe und führendem äußeren Zügel (bis hin zum Schulterherein auf der Zirkellinie[15]) sind weitere wertvolle Lektionen, um über geraderichtende Längsbiegearbeit die Anlehnung zu verbessern. Daraus lässt sich insbesondere bei Pferden mit festem Rücken am besten die Dehnungshaltung entwickeln. Denn die Losgelassenheit besitzt wiederum positiven Einfluss auf die Anlehnung.

■ „In-die-Hand-springen-lassen"

Die **Anlehnung vor und über dem Sprung** gibt jungen Pferden – besonders in Kombinationen und Hindernisfolgen – Führung, Halt und Sicherheit. Sie ist in der Springpferde-Ausbildung sehr wichtig, da sie viele Missverständnisse und Irritationen zwischen Pferd und Reiter zu vermeiden hilft.

Der Könner besitzt die Möglichkeit, durch ein Anstehenlassen der Hilfen über dem Sprung sein Pferd nicht nur in Anlehnung, sondern auch in Beizäumung zu behalten. Im Fachjargon wird diese Technik auch als „in-die-Hand-springen-lassen" bezeichnet.

Sie wird meist im Training angewandt, und dann, um die Durchlässigkeit zu verbessern (siehe auch Kap. 3.3.7 Versammlung). Aber

▲ *„In-die-Hand-springen-lassen": Ein derart deutliches Einrahmen des Pferdes ist im Parcours eher selten zu sehen. Es dient dazu, das Pferd am Sprung geschlossen zu halten bzw. das Abfußen zu beschleunigen, ohne dabei die Flugkurve verflachen zu lassen. Manchmal wird damit auch eine enge Wendung vorbereitet. Eine solche Beizäumung ohne vorherrschend treibende Hilfe würde den schwungvollen Ablauf bzw. die Bascule beeinträchtigen.*

---

[15] Diese Lektion hat interessanterweise auf alle Punkte der Ausbildungsskala eine verbessernde Wirkung.

auch in bestimmten Parcours-Situationen findet sie gelegentlich Verwendung: z.B. um ein Aufnehmen oder Wenden des Pferdes nach einem Hindernis vorzubereiten. Das Pferd wird dadurch nicht von einem plötzlichen Zügelaufnehmen nach dem Sprung überrascht und kann sich darüber hinaus auf die kommende Aufgabe bereits über dem Sprung einstellen. Ein bestimmter Pferdetyp (z.B. der sich gerne am Sprung „auseinander läuft" oder der nicht von sich aus durch den Körper springt) entwickelt mit dieser Hilfe gelegentlich einen verbesserten Ablauf bzw. bleibt ausbalancierter (...fällt am Sprung nicht mehr so leicht auseinander).

Hier ist es wie in der Springdressur wichtig, dass **„mit dem Pferd geritten"** wird. Eine Zügeleinwirkung ohne gleichzeitigen bzw. verhältnismäßigen Einsatz des Schenkels würde die Wirkung verfehlen; das unempfindliche Pferd würde sich vermehrt aufs Gebiss legen, während sich das sensiblere Pferde gestraft fühlt und die Bascule verliert. Diese Technik macht außerdem nur in Verbindung mit einem dichten Absprungpunkt Sinn, denn durch sie soll die Flugkurve nach oben hin zur Halbovalen umgeformt werden. Ein weit vorgelegter Absprungpunkt würde eine vermehrte Streckung des Pferdes nötig machen und eine Beizäumung würde dieser natürlichen Bewegung entgegenwirken.

■ „Positive Körperspannung"

Die Anlehnung des Springpferdes muss dahingehend gefördert werden, dass der Reiter jederzeit zwischen einer leichten, lockeren, selbstgetragenen Haltung und einer gewissen Spannung wechseln kann. Diese Art Anspannung des Pferdekörpers möchte ich als „positive Körperspannung" bezeichnen, da sie nicht mit Versammlung oder gar Verkrampfung verwechselt werden darf.

Sie erfolgt aus einem gesteigerten Druck des Gebisses auf die Kinnlade des Pferdes, erzeugt durch ein „in-die-Hand-treiben" bei gleichmäßig aushaltender Hand. Der Reiter muss auf einem in Spannung versetzten Pferd beim Anreiten das Gefühl haben, vom Pferd zum Sprung hingezogen zu werden. So kann er dem Pferd zum Beispiel an furchterregenden Sprüngen mehr Sicherheit geben. Bei manchen Pferden ist eine gewisse Dosis an Körperspannung auch für ein schnelleres Abfußen oder ein „sich öffnen" (siehe Kap. 4.1.5 Gesamtablauf) förderlich. Auch für Weitsprünge ist sie in der Regel unerlässlich.

Damit das Pferd im Parcours nicht zu stark wird, muss es so gut geritten sein, dass die Körperspannung jederzeit durch wenige Paraden wieder abgebaut werden kann. Die Selbsthaltung wird erreicht, indem man auch die geringste Zügeleinwirkung zeitgleich mit den treibenden Hilfen verbindet und anschließend sofort nachgibt. Dadurch stößt sich das Pferd schneller am Gebiss ab. Diese Einwirkung wiederholt sich intervallartig im Rhythmus der Bewegung, so dass das Pferd keine Gelegenheit mehr findet, sich auf das Gebiss zu legen. Allerdings gibt es zwei Ausnahmen: Bei ganz jungen Pferden ist die Kombination der Hilfen in der Parade verwirrend und bei ganz erfahrenen oft nicht mehr nötig. Das gerade angerittene Pferd würde dieses Zusammenspiel der Schenkel- und Zügelhilfen noch nicht verstehen. Es wird anfangs vorsichtig nur am Zügel „gebremst". Das geschulte und erfahrene Pferd hat gelernt, sich in der Parade ausbalanciert zu bewegen und tritt oft schon automatisch unter den Schwerpunkt, ohne auf die Hand zu drücken.

Die Selbsthaltung ist für das Springpferd besonders wichtig, wenn es ausbalanciert und losgelassen springen soll.

SPRINGDRESSUR

3.3.5 Schwung

Wie der Leichtathlet im Hochsprung durch elastisch federndes Anlaufen bessere Ergebnisse erzielt, so ist der Schwung für das Springpferd von ähnlichem Wert. Der Begriff „Schwung" wird von Anfängern in der Dressur wie im Springen oft mit verstärktem Tempo verwechselt. Oberst Podhajsky drückte es einmal treffend aus: „Die meisten Reiter glauben, Schwung sei da, wenn der Wind um die Ohren pfeift. Tatsächlich zeigt sich der wahre Schwung aber erst in der Versammlung."

■ Anlage und Ausbildung

Nun gibt es Pferde, die sich von Natur aus mit viel Schwung bewegen. Der für die Durchlässigkeit wichtige Schwung muss jedoch **herangeritten, nicht herangezüchtet** werden. Ein Seitenblick in den Dressursport unterstreicht diese These. Hierzu ein Zitat von Christian Pläge: „Insbesondere die typischen Materialpferde mit übergroßer Grundgangart im Trab haben bei gesteigerter Versammlung häufig Probleme, weil sie nicht in der Lage sind, den Raumgriff bei gleich bleibendem Takt, Losgelassenheit und Schwung zu verändern. Die Bewegung wirkt zwar durch den enormen Schub sehr dynamisch, die Umwandlung der Schubkraft in echte Tragkraft fällt diesen Pferden aber oft sehr schwer."[16] Für den Springreiter bedeutet das im Galopp und am Sprung: Die Bewegung des Pferdes geht gegen den Reiter, er kann nicht „mitreiten", kommt auf Kosten der Losgelassenheit nicht zum Nachgeben. Das Pferd zieht dichter an den Sprung heran oder die Flugkurve wird weiträumiger als gewünscht.

Im Gegensatz dazu ist die **erarbeitete** Art von Schwung mit dem weiteren Anwinkeln des Sprunggelenks und Vorschwingen des Hinterfußes verbunden. Er hat nichts mit spannungsgeladenen Bewegungsabläufen gemein, in denen das Hinterbein weiter nach hinten heraustritt und dabei das Sprunggelenk nach oben gezogen wird (...wie ein Huhn auf der Flucht). Erst ein elastisch tätiger Rücken gewährt dem Hinterfuß das Vorschwingen und bildet damit die Voraussetzung für eine reelle Versammlung und schließlich auch für die Durchlässigkeit.

Wie erreiche ich diesen Schwung in der Springdressur? Zunächst hilft alles, was das Hinterbein aktiviert und den Rücken zum Schwingen bringt. Lektionen wie **Galopp – Trab – Galopp – Übergänge, Tempounterschiede im Trab und Galopp und Schulterherein** nehmen auch hier Schlüsselfunktionen ein. In der versammelnden Arbeit ist darauf zu achten, dass im Anschluss an die Versammlung stets eine Verstärkung der Gangart erfolgt. So ist es leichter, den Schwung (und die Tendenz „von-hinten-nach-vorne", das „Mit-dem-Pferd-reiten") **im darauf folgenden verkürzten Bewegungsablauf zu bewahren bzw. zu verbessern.**

Bei manchem jungen Pferd ist der Schwung auch während dem Sprungablauf noch unkontrolliert. Durch Routine und Durchlässigkeit kann die Flugkurve vom Reiter beeinflusst werden.

des rohen Pferdes

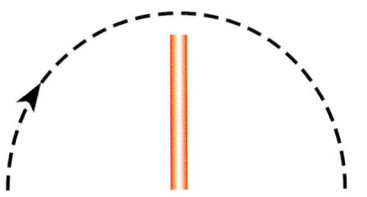

des losgelassenen, routinierten Pferdes

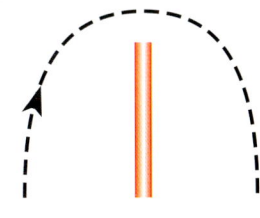

des versammelten Pferdes

[16] Christian Pläge: „Den richtigen Draht finden", S.71; Fachverlag Fraund, Mainz 1995

■ Schwung — nicht Kadenz

Ein schwungvoller Bewegungsablauf ist durch einen deutlichen Moment der freien Schwebe im Trab und Galopp zu erkennen. Dieser Schwung darf nicht mit Kadenz gleichgesetzt werden. Eine kadenzierte Bewegung, also eine Verlängerung des Schwebemoments, ist im Dressursport gerne gesehen, da er zu einem erhabeneren Ausdruck führt. In der Springdressur ist die Kadenz unerwünscht, da sie die Ökonomie der Motorik beeinträchtigt. Überspitzt gesagt: In der Dressur dient die Durchlässigkeit der Schönheit, im Springsport dem fehlerfreien und schnellen Überwinden des Parcours.

■ Mit Schwung zum Sprung

Der Springreiter wird durch eine schwungvolle Galoppade in die Lage versetzt, vor dem Sprung länger abwarten zu können. **Aus einem federnden Galoppsprung heraus lässt sich in fast jeder Situation eine gute Distanz gewinnen.** Fehlt dieser Schwung, verfällt der unerfahrene Reiter nur zu leicht in den Fehler, das Pferd zum Sprung hin „auseinander zu reiten". Oft hört man dazu die lautstarke Hilfe des Trainers: „Mehr Grundtempo!", obwohl „Mehr Schwung!" die treffendere Korrektur wäre. Denn erst der Schwung schließt das Pferd, woraus es flüssiger abspringt und sich bereitwilliger fliegen lässt. Ein höheres Grundtempo bewirkt nur, dass die Hindernisfolgen und Distanzen enger werden, was wiederum den Fluss hemmt.

Eine zu dichte Absprungdistanz behindert die Schwungentfaltung **im Sprungablauf**. Vor allem bei groß übersetzten jungen Pferden, die in der Versammlung noch nicht gefördert sind. Die Sorge des Pferdes, die vordere Stange des Hindernisses zu berühren, führt zum Verzögern des Ablaufs. Deshalb wird in solchem Ausbildungsstadium gerne mit Reihen und passend stehenden Distanzen gearbeitet, bzw. bei unpassender Abmessung nach vorne ausgeglichen. Vorgezogene Grundlinien als Taxierhilfen entwickeln den Schwung genau so gut wie Tripplebarres oder Oxer, deren vordere Stange niedriger hängt. Auch das Zulegen nach einem Sprung kann den Ablauf der darauf folgenden Sprünge schwungvoller gestalten.

■ Schwungvoller Sprungablauf

Für das Springpferd bedeutet Schwung auch, dass es am Sprung „durchzieht", den Sprung „zu Ende macht". Dieser Springreiter-Jargon legt plastisch dar, dass der Schwung während des Sprungablaufs nicht unterbrochen werden darf. Nicht nur im Galopp bei dem Anreiten des Sprunges — nein — während des gesamten Sprungablaufs benötigt das Springpferd einen schwungvollen Bewegungsablauf. Nur wenn es den Schwung am Sprung mutig nach oben und vorne umsetzt, kann es Vermögen entwickeln. Und dieser Schwung im Sprungablauf ist, wie in der Springdressur auch, erst dann für den Reiter wertvoll, wenn er heran**geritten** wird. Denn nur **dieser** Schwung ist für den Reiter jederzeit kontrollierbar.

> Nachdem mein Bruder Alois mit „Aperio" einige Prüfungen der schweren Klasse gewonnen hatte, wurde sein damaliges Erstpferd „Power Light" krank. Die Zeit war aber auch reif, um Aperio die ersten Grand-Prix-Prüfungen gehen zu lassen. Jetzt kristallisierte sich ein Problem heraus, was sich zwar schon seit längerem bemerkbar machte, aber bisher in den kleineren Prüfungen folgenlos geblieben war: In Kombinationen, besonders bei hoch-weiten Aussprüngen, verlor Aperio an Schwung. Am einzelnen Oxer gab er dem Reiter ein sehr vermögendes Gefühl. Lediglich aus einer Zweifachen oder Dreifachen heraus brach er über dem Ausprung ab, rutschte mit dem Bauch über die hintere Stange, ließ sich nicht genügend fliegen.

SPRINGDRESSUR

Dieser Mangel ließ sich nicht durch vermehrte Schenkelhilfen im Absprung beheben. (Aperio war schon als junges Pferd so, dass er auf verstärkte treibende Hilfen im Absprung mit einer steileren Flugkurve reagierte.) Also wurde im Training eine hohe Kombination geübt. Nichts ungewöhnliches, nur: Der Schwung wurde jetzt nicht von oben, sondern von einem geschickten Peitschenführer vom Boden aus gefordert. Und siehe da: Aperio verstand nach zweimaligem Peitscheneinsatz plötzlich, worum es ging! Er zog jetzt durch! Von dem Tag an hatte er ein für alle Male begriffen, dass es für ihn viel leichter ist, wenn er den Schwung auch in Kombinationen beibehält.

Immer wieder wird deutlich, wie alle Punkte der Ausbildungsskala untereinander verbunden sind: Der Schwung z.B. basiert auf dem lockeren Muskelspiel des An- und Abspannens, der **Losgelassenheit**. Diese wird wiederum durch den geregelten, fleißigen **Takt** des Bewegungsablaufs gefördert. Der Takt zeigt auch an, ob der Schwung, den wir erreiten, auch der richtige ist. Denn ein Schwung, der Taktfehler mit sich zieht, ist nicht losgelassen und kann nicht zur Durchlässigkeit führen. Die Anzeichen von Losgelassenheit, Takt und Schwung sind jedoch erst durch eine korrekte **Anlehnung** zu erreichen. Und nur ein **geradegerichtetes** Pferd geht auf beiden Händen in der richtigen Anlehnung. Um den Schwung herauszureiten, sind Tempounterschiede das Mittel der Wahl. Die dazu nötige **Versammlung** setzt das Geraderichten voraus.

3.3.6 Geraderichten

So sind Schwung und Geraderichten ebenfalls ineinander verzahnt: Wir wünschen uns am Sprung ein kraftvoll abfußendes, vermögend springendes Pferd. Erst das Geraderichten sammelt die Kräfte, erst hierdurch fußen die Hinterbeine im Absprung genau unter den Schwerpunkt.

Grundsätzlich: Die wenigsten Pferde gehen von Natur aus mit Vorder- und Hinterhand in einer Spur. Um das Paar Reiter/Pferd in eine einheitliche Balance zu bringen, ist das Geraderichten die Basis. Das Geraderichten ist, betrachtet man die Ausbildung insgesamt, die Voraussetzung für die Versammlung, die treffend als „an den Schwerpunkt heran treten" bezeichnet wird. „Das Pferd ist gerade gerichtet, wenn es auf beiden Seiten gleichmäßig biegsam ist und die Hinterfüße auf geraden wie auf gebogenen Linien stets in der Spur der Vorderfüße folgen"[17]. Nur durch die gleichmäßige Dehnung und Kräftigung beiderseits der Längsachse kann das Pferd seine Möglichkeiten voll entfalten.

■ **Hilfreiche Dressurlektionen**

Zum Geraderichten kann der gymnastizierende Effekt der Längsbiegung genutzt werden. Das Prinzip „innerer Schenkel — äußerer Zügel" ist der Leitfaden für die **gerade richtende Längsbiegearbeit**. Das Schulterherein ist z.B. eine Lektion, die das Geraderichten auf dieser Basis fördert. Hierzu Dr. Reiner Klimke: „Der Ausbildungswert der Übung Schulterherein besteht auch darin, dass der Reiter durch die diagonalen Hilfen das Geraderichten des Pferdes verbessern kann. Diagonale Hilfen bedeuten hierbei, dass der Reiter das Pferd mit dem inneren Schenkel gegen den verwahrenden äußeren Zügel herantreibt und das Pferd dadurch in sich gerade richtet".[18] Aber nicht nur das Biegen hilft: Die gerade richtende Wirkung eines korrekt gerittenen Außengalopps wird in der Springdressur leider noch viel zu wenig genutzt.

Auch wenn das Pferd auf einer bestimmten Hand mehr Schwierigkeiten hat, so ist den-

---

[17] Müseler, Wilhelm: „Reitlehre" (1968) Verlag Paul Parey, Berlin und Hamburg; S.74
[18] Klimke/Ernst: Von der Schönheit der Dressur. (1991) Franckh-Kosmos Verlags GmbH & Co., Stuttgart; S.24

noch darauf zu achten, dass auf beiden Händen gleich viel gearbeitet wird. Zum einen kommt der Reiter auf der „Schokoladenseite" vermehrt zum loben, was dem Pferd die Freude an der Arbeit vermittelt; zum anderen ist nur so eine gleichmäßige Gymnastizierung und Entwicklung der Muskulatur gewährleistet.

Ein überwiegender Teil der Fachliteratur erklärt das Problem der mangelhaften Längsbiegung mit einer Verkürzung der Muskulatur auf der „hohlen Seite" (so z.B. die Richtlinien für Reiten und Fahren, Bd. 1, **FN***verlag*). Dem Pferd, was links „fest" sei, müsse also die Muskulatur der rechten Körperhälfte durch Übungen gedehnt werden. Das kann man, muss man aber nicht so sehen. Wenn sich das Pferd rechts wie links mit dem Hinterbein am Kopf kratzen kann, unter dem Reiter jedoch sich gegen die geringste Biegung wehrt, so wird klar, dass die Ursache woanders liegen muss. „Fast alle Varianten des Verrittenseins haben ihre Ursache in einer mangelhaft, zu spät oder gar nicht erfolgten Bearbeitung der Hinterhand,"[19] stellt Kurt Albrecht, ehemaliger Leiter der spanischen Reitschule Wien, fest. So auch hier: Der erste Ansatzpunkt ist der Schenkelgehorsam. Erst wenn auf leichten Schenkeldruck hin sich das jeweilige Hinterbein vorwärts bzw. vorwärts-seitwärts bewegt, kann der Reiter „um den inneren Schenkel biegen". Deshalb lösen sich in der Praxis die meisten Probleme in der Längsbiegung bzw. Anlehnung oft schon durch geschicktere Einwirkung.

▪ Geraderichten am Sprung

Junge Pferde tendieren während des Springens häufig zu einer bestimmten Seite. Die Arbeit des Geraderichtens ist somit Teil des Trainings über den Sprüngen. Folgende Probleme unterstreichen ihre Notwendigkeit:

- Junge Pferde laufen schneller am Sprung vorbei, wenn sie vor dem Hindernis schief sind. Sie drängen über die äußere Schulter.
- Das Vorbeitreten am Schwerpunkt verhindert einen ausbalancierten Galopp und damit einen optimalen Sprungablauf. Ein im Absprung ausbalanciertes Pferd (ohne Kopflastigkeit) ist in der Regel schneller im Vorderbein.
- Springt das Pferd schräg über den Sprung, so setzt es im Absprung nicht seine ganze Kraft in die Vorwärts-Aufwärts-Bewegung um, sondern ver(sch)wendet einen Teil der Energie zur Seite.
- Ein Schrägspringen von einem ohnehin breiten Oxer würde diesen noch breiter werden lassen und somit unnötig an der Kraft zehren.
- Es ist z.B. in einer dreifachen Kombination äußerst unangenehm, wenn sich das Pferd durch die Seitwärtstendenz immer mehr den Ständern nähert oder sogar herausläuft.
- Eine Bogendistanz verändert ihren Schwierigkeitsgrad, sobald durch Schrägspringen die Ideallinie verlassen wird.
- Ein seitliches Ausweichen am Sprung in die falsche Richtung kann wertvolle Zehntelsekunden kosten.
- Eine sehr kurze Wendung zu einem Sprung kann sich nur der Reiter leisten, dessen Pferd nicht nach außen driftet.
- Ein „In-die-Wendung-fallen" kann eine früh als passend erkannte Distanz zu dicht werden lassen.

Wie kann dieses Wegdriften, Schwimmen oder Schrägspringen verhindert werden? Je weiter das dressurmäßige Geraderichten voranschreitet, desto eher lässt sich dieses Ziel auch am Sprung umsetzen: **Zuerst einmal beginnt jeder Sprung mit dem Anreiten aus einer Wendung. Zuerst muss die Wendung abgeschlossen werden, dann kann der Sprung kommen.** Wer sein Pferd vor dem Sprung über die Schulter gehen lässt, darf sich über ein Schrägspringen oder Vorbeilaufen nicht wun-

---

[19] Albrecht, Kurt: „Ausbildungshilfen für Pferd und Reiter"; (1992); BLV München; S.96-97

SPRINGDRESSUR

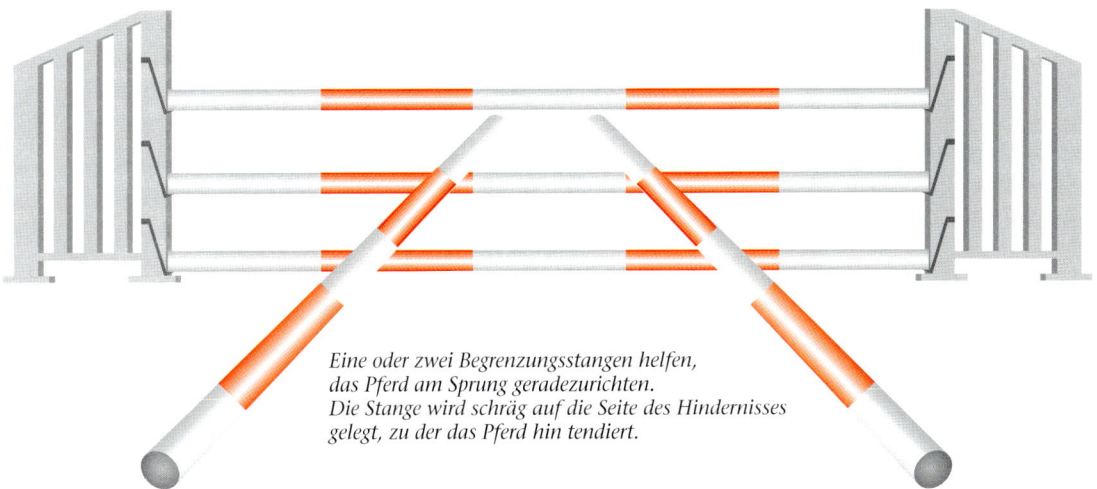

Eine oder zwei Begrenzungsstangen helfen, das Pferd am Sprung geradezurichten. Die Stange wird schräg auf die Seite des Hindernisses gelegt, zu der das Pferd hin tendiert.

dern. Das Geraderichten am Sprung beginnt mit dem geradegerichteten Anreiten. Es sind auch hier die diagonalen Hilfen, die nach jeder Wendung dafür Sorge tragen, dass die Vorhand auf die Spur der Hinterhand ausgerichtet wird.

Über dem Sprung kann der Reiter nur mit den Gewichts- und Schenkelhilfen gegensteuern. Eine Richtungskorrektur durch den inneren Zügel würde die Bascule gefährden, ohne das eigentliche Problem zu beseitigen. Denn auch hier gilt der Grundsatz: **„Wer innen zieht, geht nach außen weg."** Der Einsatz des inneren Zügels erlaubt es dem Pferd, nur noch mehr über die äußere Schulter auszuweichen.

Also: Springt das Pferd zum Beispiel nach links, so belastet der Reiter im Absprung und über dem Sprung vermehrt den rechten Bügel und treibt mit dem leicht zurück verlagerten linken Schenkel. (Mit den gleichen Hilfen lässt sich auch das Landen auf der gewünschten Hand bestimmen). Driftet das Pferd auf dem Weg zum Sprung zu einer Seite, so kommen dafür verschiedene Ursachen in Frage:
- keine Führung am äußeren Zügel,
- Pferd ist nicht an den Hilfen,
- Pferd ist in der dressurmäßigen Arbeit noch nicht genügend geradegerichtet.

Der erfahrene Springreiter nimmt bereits in den allerersten Trainingseinheiten Einfluss auf das Geraderichten: Bereits das Überwinden eines kleinen Kreuzes animiert das Pferd dazu, die Mitte zu suchen. Er achtet kontinuierlich darauf, **nach dem Sprung geradeaus zu reiten**. Besonders bei jungen Pferden ist das bewusste Geradeausreiten nach dem Hindernis ein wichtiger Schritt. Denn wer sein Pferd nach dem Hindernis stets selbstständig in die Wendung hineinlaufen lässt, fördert unbewusst ein Schrägspringen.

Natürlich können auch bewusst gerittene Wendungen geraderichten. Tendiert das Pferd in der Arbeit z.B. dazu, nach links zu springen, so wird einige Male nach dem Sprung eine Rechtswendung eingeleitet.

Das Springen eines zwei Meter schmalen Sprungs ist eine Art der Kontrolle all dieser Punkte. Außerdem ergänzt diese Aufgabe das Training auf sinnvolle Weise, da ein schmales Hindernis spätestens ab einem Parcours der Kategorie A zu erwarten ist.

Das Schrägspringen kann sich auch durch Ausbildungsfehler entwickeln. Wenn mit einem Pferd, das sich im Absprung noch nicht so gut aufnehmen kann, stets zu dicht geritten wird, so wird es zum Schrägspringen animiert. Aus Furcht vor einem Fehler will es sich etwas mehr

Platz zur vorderen Stange verschaffen und versucht, im Absprung seitlich auszuweichen. Denn ein „sich — aufnehmen" verlangt Versammlungsfähigkeit.

3.3.7 Versammlung

Zum Geraderichten braucht man versammelnde Lektionen — so wie kein Punkt der Ausbildungsskala auf einen anderen verzichten kann. Der „Vater der französischen Reiterei" entdeckte den Zusammenhang von Takt (Rhythmus), Versammlung und Durchlässigkeit, lange bevor die Skala entwickelt wurde:

> *„Diese Lektion (die Versammlung), richtig ausgeführt, macht das Pferd leicht und erhebt es, setzt es auf die Hinterhand und schiebt es zusammen, verleiht seinem Rhythmus Sicherheit und lässt es die Hilfen der Hand und des Beines willig annehmen. Dadurch wird es die von ihm verlangten Übungen besser ausführen können, was die ganze Sache wesentlich erleichtert."*
>
> ANTOINE PLUVINEL
> (1555 – 1620)

■ Braucht ein Springpferd Versammlung?

Benötigt ein Springpferd denn tatsächlich die versammelnde Arbeit, um gut springen zu können? Gelegentlich hört man dazu: „Ein guter Reiter kann doch nach vorne ausgleichen!" Tatsächlich gab es in der Vergangenheit immer wieder Weltklasse-Reiter, die in diesem Bereich eklatante Schwächen ihrer Pferde durch geschicktes Reiten überbrücken konnten. Heute ist der Parcoursbau technisch anspruchsvoller und verlangt ein gut gerittenes Pferd. Folgende Argumente sollen den Wert der versammelnden Arbeit für das Springpferd weiter verdeutlichen:

- Grundsätzlich hilft die Entwicklung der Tragkraft, ein Sportpferd gesund zu halten[20]. Es trägt bereits ohne Reiter von Natur aus durchschnittlich 57% seines Gewichts auf der Vorderhand. Wird in der Springdressur nicht die Hinterhand zur vermehrten Lastaufnahme angeregt, so ist ein frühzeitiger Verschleiß der Vorhand oft die Folge. Durch das dressurmäßige Gymnastizieren und Kräftigen lässt sich die Zahl der konditionierenden Trainingssprünge (mit vorhandbelastendem Landen) reduzieren.

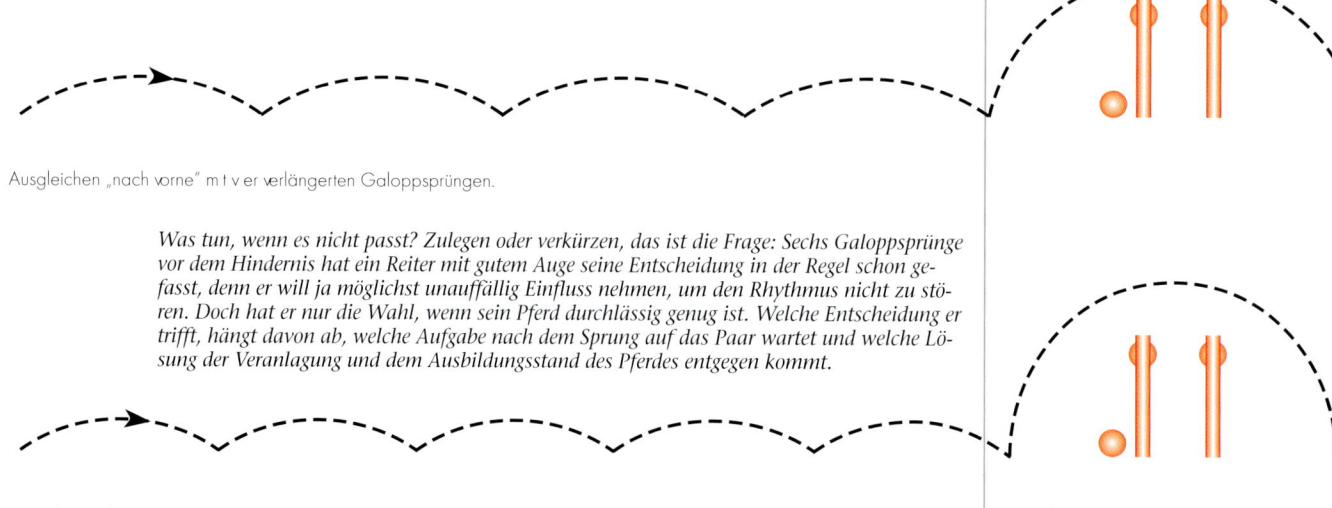

Ausgleichen „nach vorne" mit verlängerten Galoppsprüngen.

Was tun, wenn es nicht passt? Zulegen oder verkürzen, das ist die Frage: Sechs Galoppsprünge vor dem Hindernis hat ein Reiter mit gutem Auge seine Entscheidung in der Regel schon gefasst, denn er will ja möglichst unauffällig Einfluss nehmen, um den Rhythmus nicht zu stören. Doch hat er nur die Wahl, wenn sein Pferd durchlässig genug ist. Welche Entscheidung er trifft, hängt davon ab, welche Aufgabe nach dem Sprung auf das Paar wartet und welche Lösung der Veranlagung und dem Ausbildungsstand des Pferdes entgegen kommt.

Ablauf nach fünf kadenzierten Galoppsprüngen.

---
[20] Siehe: Steinbrecht, Gustav: Gymnasium des Pferdes. (Aufl. 1989) Verlag Dr. Rudolf Georgi, Aachen; S.44-51

SPRINGDRESSUR

- Versammelnde Lektionen verbessern die Kontrolle zwischen den Sprüngen. In den Aufbauprüfungen wird manche Distanz noch nach vorne ausgeglichen oder das Pferd macht es sich durch einen kleinen Galoppsprung „passend". Rhythmus ist noch wichtiger als der optimale Absprungpunkt. Bei der Höhe der Sprünge ab Klasse M wird ein genaueres Anreiten erforderlich, was mitunter ein Verkürzen der Galoppade bedeutet. Dazu ein typisches Beispiel: Sieht der Reiter vier Galoppsprünge vorher, dass ihm geschätzte zwei Meter zum idealen Absprungpunkt fehlen, so wird er sich bei einem nicht versammlungsfähigen Pferd dazu entschließen, die Galoppsprünge um jeweils einen knappen halben Meter zu verlängern. Der erfahrene Springreiter weiß, dass er bei dem in der Tragkraft nicht entwickelten Pferd durch das „Ausgleichen nach vorne" auf weniger Widerstand stößt. Springt er jedoch in eine Distanz oder Kombination hinein, so verlagert er das Problem mit der Verlängerung der Galoppade nur auf den nächsten Sprung. Zumindest besteht die Gefahr, dass sein Pferd durch den plötzlich stark erweiterten Galoppsprung am darauffolgenden Hindernis heftig beziehungsweise flach wird. Ein gut geschultes Springpferd lässt zu, die vier Galoppsprünge kurzfristig um einen weiteren zu ergänzen, indem jeder der nunmehr fünf Galoppsprünge um ca. 30 cm verkürzt wird, oder er verkürzt die ersten vier Galoppsprünge noch etwas stärker, um im letzten Galoppsprung wieder zum Vorwärtsreiten zu kommen. Bei einem durchlässigen Pferd ist dies im Vergleich zur Erweiterung um einen halben Meter wohl die elegantere Lösung, zumal der Reiter hierbei sein Pferd geschlossen behält.
  Voraussetzung ist hierfür, dass in der versammelnden Arbeit neben den anderen Elementen der Ausbildungsskala der Schwung erhalten bleibt. Erst durch die Federkraft, die der Schwung vermittelt, bekommt der Reiter die Sicherheit, vor dem Sprung ruhig noch einmal „abwarten" zu können. Er spürt, dass sich aus einer solchen Galoppade aus jeder Situation heraus ein kraftvoller Sprung entwickeln lässt.

- Im Turniersport muss mit unpassenden Distanzen oder Kombinationen gerechnet werden (siehe Kap. 4.3 Kombinationen und Hindernisfolgen).
  Dazu Helena Weinberg:
  „Mit sechsjährigen Pferden kommt irgendwann der Punkt, an dem man schwierige Distanzen reiten muss, an dem man anfangen muss, rückwärts zu reiten. In unserem Sport besteht heute die Schwierigkeit, dass Pferde auch aus dem Rückwärts Distanzen springen können müssen. Die Springpferdeprüfungen werden gebaut, damit alles vorwärts geht. Immer nach vorne galoppieren, immer nach vorne ausgleichen. Das ist zwar wunderbar für einen Vier- oder Fünfjährigen, aber sechsjährig müssen die Pferde anfangen, sich auch einmal zu verkürzen und zu versammeln."
  „Der Hannoveraner" Nr. 7/76 August 2002
  Das gut ausgebildete Pferd wird sich selbst zum Aussprung einer Dreifachen verkürzen lassen.

- Die Versammlung kann den Sprungablauf beeinflussen. Aus selbstgetragenem, gesetztem Galopp heraus fällt es vor allem den längeren oder Berg-ab-Pferden leichter, am Sprung im Gleichgewicht zu bleiben. Sie „schieben" nicht mehr ins Hindernis, es ist mehr Platz zur vorderen Stange. Durch das vermehrte „unter den Schwerpunkt treten" kann die Flugkurve am Steilsprung über der

oberen Stange ihren Scheitelpunkt finden. (Bei jungen, noch nicht ausbalancierten Pferden liegt er meistens etwas dahinter). Den Springpferden, die von Hause aus wohl vorsichtig, jedoch nicht mit vorbildlicher Vorderbeintechnik ausgestattet sind, wird diese Ausbildung zu einem gleichmäßigeren und sicheren Vorderbein verhelfen[21]. Hinterhandfehler an der vorderen Stange haben übrigens ihre Wurzeln oft in demselben Problem (siehe Kap. 4.1.4 Hinterbeintechnik).

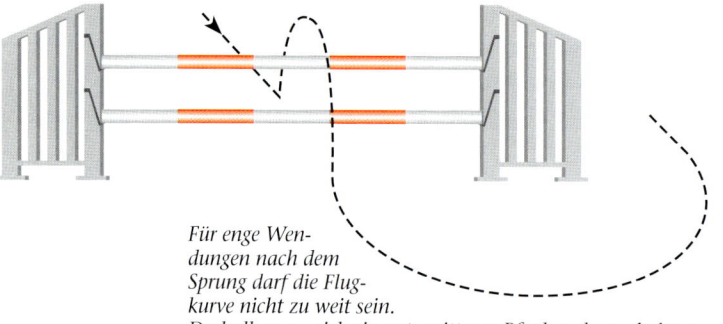

Für enge Wendungen nach dem Sprung darf die Flugkurve nicht zu weit sein.
Deshalb muss sich ein gut gerittenes Pferd auch aus hohem Tempo vor dem Sprung wieder versammeln lassen, ohne sich dabei zu verspannen.

● Die größere Wendigkeit im Springen gegen die Uhr ist oft der kleine Unterschied zwischen Sieg und Niederlage. Trotzdem genügt es nicht, ein Pferd zu reiten, das jederzeit auf die Längsbiegung eingeht und sich bereitwillig wenden lässt, wenn wirklich schnell geritten werden soll. Gesetzt den Fall, dass im Stechen nach einer langen Galoppstrecke auf einen Steilsprung eine Richtungsänderung um 180° zu vollziehen ist: Das Pferd ohne entwickelte Tragkraft wird nicht in hohem Tempo zum Steilsprung geritten werden können, um die Flugkurve nicht zu lang und flach werden zu lassen. Sonst würde man einen Abwurf riskieren. Außerdem müsste jeder weitere Galoppsprung, der nach dem Sprung durch den vermehrten Schwung entsteht, nach der Kehrtwendung ja auch wieder zurückgeritten werden. Das würde also doppelt Zeit kosten.

Das ausgebildete und somit versammlungsfähige Pferd kann in hohem Tempo zum Sprung geritten werden. Es lässt sich in den letzten Galoppsprüngen derart verkürzen, dass sich die Flugkurve von der halbkreisförmigen zur halbovalen hin verändert. Daraus lässt sich die Wendung bereits über dem Hindernis einleiten.

▪ Versammeln — aber wie?

„Vergesst nie, dass die Fortbewegung (das Vorwärts) die Seele der Reitkunst ist und der Impuls dazu von der Hinterhand des Pferdes ausgeht."
LUDWIG SEEGER
(1794 – 1865)

Wie erreicht man nun diese Versammlungsbereitschaft bei dem Springpferd? Und welcher Grad an Versammlung ist für das Parcoursreiten notwendig?

Beginnen wir mit der dressurmäßigen Vorbereitung. Bevor das Verkürzen des Tempos auf der Geraden geschult wird, bieten sich einige Übungen an, um das Pferd behutsam an die Versammlung heranzuführen. Bereits das Angaloppieren aus dem Schritt fordert in den ersten Galoppsprüngen Tragkraft und kann schon lange vor dem ersten Galopp-Schritt-Übergang geritten werden. „Bergauf" gerittene Übergänge innerhalb der schwunghaften Gangarten, d.h. Paraden vom Galopp zum Trab, sind außerdem sehr wertvoll.
Manche behaupten, ein Springpferd müsse nur lernen, im Galopp zu bleiben, und halten deshalb diese Übergänge für sinnlos. Doch gut gerittene Trab — Galopp — Trab — Wechsel begünstigen nicht das Ausfallen. Das Pferd lernt vielmehr, im Aufnehmen mit dem Hinterbein aktiv, im Rücken tätig und in der Balance zu bleiben. Bei einem losgelassenen Pferd gehen sämtliche Paraden vom tätigen Maul über einen locker schwingenden Rücken bis zur

---

[21] Siehe: Morris, George H; Springreiten im vollendeten Stil. (1984) Albert Müller Verlag, AG, Rüschlikon-Zürich; S.115

SPRINGDRESSUR

▲ Die Längsbiegearbeit gymnastiziert nicht nur in der Längsachse. Durch diagonale Hilfengebung kann die Vorhand gut auf die Spur der Hinterhand ausgerichtet werden. Wenn das Pferd nicht hauptsächlich durch den inneren Zügel, sondern um den inneren Schenkel gebogen wird, kann der innere Hinterfuß so weit unterschwingen, wie es hier demonstriert wird. Dadurch wird das Pferd auch in seiner Querachse ausbalanciert.

Hinterhand. Ein fließender Übergang in die fleißig ausgeführte nächst niedrige Gangart bei Erhaltung der Balance zeigt an, dass die Parade gelungen ist. Gut ausgeführte Paraden sind also der Grundstein für jede Art von stärkerer Versammlung, Grundstein für jedes Verkürzen vor dem Sprung.

Die Kurzkehrtwendung wie auch die Hinterhandwendung unterstützen die Bemühungen um Versammlung genauso wie die des engen Wendens im Parcours. Im Kapitel „Geraderichten" ist bereits klar geworden: Soll der Sprung präzise angeritten werden können, so muss bereits die Wendung gelingen. Das Pferd darf dabei nicht über die Schulter drängen oder sogar in den Trab fallen, soll das Gleichgewicht behalten und willig auf die Längsbiegung eingehen. Im Bereich der Springpferdeprüfungen sind die Wendungen innerhalb des Parcours noch einfach angelegt, doch das sechsjährige Pferd wird sich schon mit engeren Wendungen auseinander setzen müssen. Die Arbeit richtet sich zwangsläufig nach den jeweiligen Anforderungen des Parcours.

Die Längsbiegearbeit ist neben ihrem gymnastizierenden Effekt gleichzeitig dazu geeignet, das Pferd zu versammeln. Durch das Reiten von Schlangenlinien, Zirkel-verkleinern-und-vergrößern und Volten wird die Tragkraft allmählich verbessert. Besonders die Volte führt zu einem vermehrten Lastaufnehmen des inneren Hinterfußes und versetzt den Reiter dabei in die Lage, in der Tempoverkürzung zum Treiben zu kommen.

Schulterherein ist eine weitere wertvolle Lektion im Bestreben, das junge Pferd an die Versammlung heranzuführen. Durch die Konzentration auf das innere Hinterbein wird die Versammlung dem jungen Pferd leichter verständlich als auf der Geraden. Wie im folgenden noch näher erläutert wird, empfiehlt sich das Schulterherein auch bei Pferden, die dazu neigen, zum Sprung hin zu stark zu werden, sich der Kontrolle zu entziehen bzw. kopflastig zu werden. Über kleine Sprünge, die im Schultervor oder Schulterherein angeritten werden, lernen sie, in der Balance zu bleiben — nicht mehr „loszuschießen".

Nebenbei bemerkt: Wenn der äußere Zügel die Schulter begrenzt und der innere Schenkel biegt und das Hinterbein aktiv hält, kann der nachgebende innere Zügel die Bewegung nach vorne herauslassen. Diese Hilfen fördern nicht nur die Versammlung, sondern tragen im Parcours dazu bei, dass das Pferd „auf den Füßen" bleibt. Ausrutschen und Stürze in den Wendungen (gerade bei glattem Boden) werden meistens erst durch ein Ziehen am inneren Zügel ausgelöst.

■ Zeitpunkt der versammelnden Hilfen

Die Phasen des Galoppsprungs enden in einer Nickbewegung. Kopf und Hals holen Schwung für die erneute Schwebephase. Wird diese Abrollbewegung durch falsch platziertes Parieren oder durch starre Handhaltung behindert, so wird das Pferd „maulig", ohne Tragkraft zu entwickeln. Treibende Hilfen während des Abdrückens der Hinterbeine oder Zügeleinwirkungen in der Nikkbewegung provozieren nur Widerwillen. Wenn dagegen die vom Pferd bei jedem Galoppsprung aufs Neue ausgelöste Bergauf-Bewegung kurz unterstützt und verstärkt und das Abrollen zugelassen wird, geht die Versammlung nicht auf Kosten der Losgelassenheit und Balance. Die versammelnden Hilfen müssen also die natürliche Bewegung des Pferdes ausnutzen. Im Galopp wirken die versammelnden Hilfen kurz vor der Schwebephase am effektivsten. Die halbe Parade sollte nach dem Abrollen gegeben werden, in dem Moment, wo das Hinterbein wieder untergreift und das Pferd sich neu aufrichtet. Das Nachgeben zwischen den einzelnen Paraden erfolgt dagegen am günstigsten in der letzten Hälfte des Galoppsprungs.

■ Versammelnde Springübungen

- **Volte über dem Sprung:** Stellt die Galoppvolte in der dressurmäßigen Arbeit kein Problem mehr dar, so kann sie in einen kleinen Sprung eingebunden werden. Dadurch wird das Pferd sich vor bzw. nach dem Sprung nicht mehr „auseinander laufen", das heißt es wird ausbalancierter. Zudem gewöhnt es sich an die Hilfen für enge Wendungen vor und nach dem Sprung (siehe Kap. 4.5 Springen „gegen die Uhr").

- Alternativ dazu können auch ca. drei **Cavaletti** im Abstand von jeweils maximal drei Metern auf die Zirkellinie gelegt werden. In beiden Übungen ist das Pferd über den Stangen bzw. Cavaletti beigezäumt und

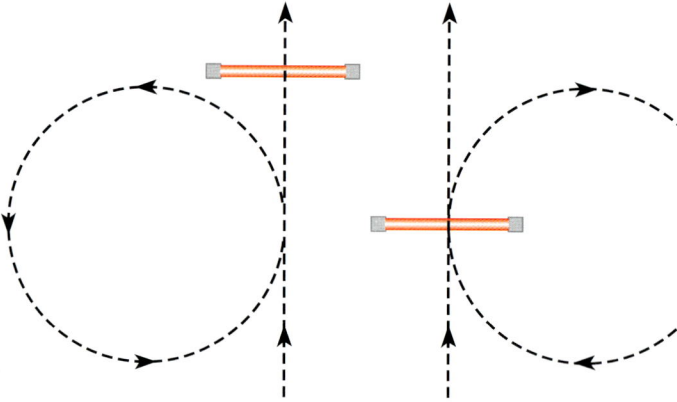

Die Volte vor dem Sprung verbessert die Durchlässigkeit in den letzten Galoppsprüngen vor dem Sprung. Die Volte über dem Sprung hilft außerdem, das Pferd auch im Sprungablauf gerade zu richten und zu versammeln.

SPRINGDRESSUR

längsgebogen. Durch diese und ähnliche Längsbiegearbeit wird es nicht nur gerade gerichtet und gymnastiziert, sondern auch geschlossen.

- **Parade und Rückwärtsrichten:** Die **Durchlässigkeit am Sprung** kann auch durch folgende Übung verbessert werden: Vor, nach oder zwischen den Hindernissen wird das Tempo verkürzt, daraus eine ganze Parade entwickelt oder — je nach Entwicklungsstand — in das Rückwärtsrichten übergegangen. Nach vier bis sechs Rückwärtstritten wird dann erneut angaloppiert. Die Parade vor bzw. nach dem Sprung verbessert die Balance, das Pferd bleibt mehr an den Hilfen. **Wichtig ist vor allem bei der ganzen Parade nach dem Sprung, dass nicht „gegen das Pferd" eingewirkt wird. Es muss die Idee von dem, was der Reiter verlangt, im Pferd keimen dürfen.** Es soll nicht vor der starken Einwirkung weglaufen wollen. Nur dann erreicht man, dass sich das Pferd bei dem nächsten Sprung nicht mehr „auseinander läuft".

Das **Rückwärtsrichten** nach dem Halten ist die Kontroll-Lektion der Durchlässigkeit und verstärkt zudem die versammelnde Wirkung der Parade. Denn wenn die Übergänge noch nicht zufriedenstellend sind, wirkt es oft Wunder, wenn im Anschluss an die Parade ganz in Ruhe rückwärts gerichtet wird. In

▲ *Das Anreiten im Schultervor oder Schulterherein ist eine sehr gute Übung, um Rhythmus, selbsttragende Haltung bzw. Balance in den letzten Galoppsprüngen vor dem Hindernis zu verbessern. Dabei muss der Sprung nicht unbedingt so hoch sein wie hier abgebildet – zur Gewöhnung reicht bereits eine Galoppstange.*

den darauffolgenden Paraden wird das Pferd aller Erfahrung nach dann schon viel besser in der Balance bleiben. Das Rückwärtsrichten ist gelungen, wenn es bei diagonaler Fußfolge raumgreifend und willig und ohne Widerstand im Fluss der Bewegung erfolgt.

Dies ist eine Übung, um das Pferd am Sprung an eine verstärkte Versammlung heran zu führen. Fällt es dem Pferd noch schwer, im letzten Galoppsprung versammelt zu bleiben, so kann man vor der Galoppstange noch eine Volte einlegen bzw. den Sprung dicht an die kurze Seite bauen und aus der Ecke heraus springen (denn jede Ecke ist eine Viertel-Volte). Im Idealfall läßt man das Pferd kurz hinter der ersten Galoppstange auffußen, damit genügend Platz zum Sprung behalten wird. Ziel ist es, in diesen verkürzten Galoppsprüngen immer noch „mit dem Pferd" zu reiten.

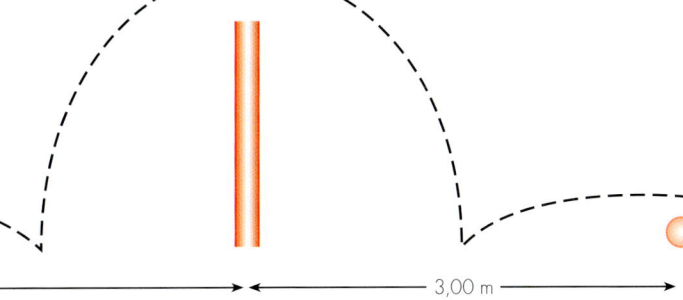

- **Schulterherein zum Sprung:** Eine interessante Übung ist das Anreiten eines Sprunges im Schulterherein. **Es verbessert Selbsthaltung, Rhythmus und Balance.** Zur Vorbereitung wird eine Galoppstange im Schultervor oder Schulterherein überwunden. Danach wird ein kleines Kreuz aufgebaut, in der Wendung zum Sprung eine Volte eingelegt und das Schulterherein aus der Volte heraus entwickelt. Wichtig ist es, das Schulterherein bis zum Absprung beizubehalten.

- Eine bis zu fünf Meter vor den Sprung und eine weitere drei Meter dahinter gelegte **Galoppstange** verlangen gesetzte Galoppsprünge bis zum Absprung. Die Flugkurve kann sich nun von der halbrunden zur halbovalen verändern. Bei jungen Pferden empfiehlt sich, die erste Galoppstange aus der Wendung (Viertelvolte) bzw. aus der Volte anzureiten, um den für diesen Abstand notwendigen Versammlungsgrad zu erreichen.

„Nur die Dosis macht das Gift"

Das **Ziel der Versammlung ist es nicht, jedes Engagement des Pferdes vor dem Sprung zu unterdrücken.** Es soll auch weiterhin zum Hindernis etwas hinziehen dürfen. Aber der Ehrgeiz des Pferdes darf nicht zwangsläufig mit dem Verlust der Balance verbunden sein, genauso wie der Galoppsprung jederzeit kontrollierbar bleiben muss.

Die Kontrolle darf nicht auf Kosten von Takt (Rhythmus) oder Losgelassenheit verbessert werden wollen. Auch wenn z.B. kurz aufeinander folgende Übergänge grundsätzlich die Durchlässigkeit verbessern können, so sollten zwischendurch immer wieder längere gleichmäßige Trab- und Galoppreprisen eingelegt werden. Auch bei Tempounterschieden innerhalb einer Gangart darf das Pferd mit den Hilfen nicht überfallen werden. Denn wenn die rhythmische Galoppade während der Ausbildung nicht entwickelt werden kann, so bleibt das **optimale Anreiten** eines Sprunges Glückssache.

Einen hohen Versammlungsgrad kann man nicht im Handumdrehen erwarten, denn dieser Reifeprozess dauert Jahre, wenn das Pferd nicht durch die neue und daher zuerst **ungewohnte Belastung** überfordert werden soll. Eine Gewöhnung muss in kleinen Schritten stattfinden, denn diese neue Stufe der Ausbildung belastet vor allem Rücken und Hinterhand in bisher ungewohnter Weise[22].

Die Mahnung zur Vorsicht bezieht sich jedoch nicht nur auf den körperlichen Bereich. Diese Arbeit ist sehr anstrengend und sollte sich deshalb immer mit Entspannungsübungen ablösen, (wie im Parcours auch Anspannung und Entspannung in permanentem Wechsel stehen) damit das Perd auch psychisch nicht überlastet wird. Die Arbeit soll Freude bereiten, denn nur ein zufriedenes und ausgeglichenes Springpferd wird sich vollkommen entfalten.

3.3.8 Durchlässigkeit

„Schwierigkeiten müssen gelöst werden, indem man der Muskulatur des Pferdes genügend Zeit gibt, sich zu kräftigen. Deshalb halten viele die Dressurreiterei für Zeitverschwendung. Die gymnastizierenden Übungen, die wichtig sind, um Losgelassenheit, Gleichgewicht, Gehorsam und Versammlung zu erreichen, sollten nicht vernachlässigt werden. Ohne diese Übungen wird kein Pferd gute, freie Bewegungen zeigen (...) ungeachtet dessen, wozu das Pferd dienen soll – für Fuchsjagden, Springen, das Reiten komplizierter Bahnfiguren oder für all diese Zwecke zusammen." GUÉRINIÈRE (1688-1751)

---

[22] Müseler, Wilhelm: „Reitlehre". (1968) Verlag Paul Parey, Berlin und Hamburg; S.100

SPRINGDRESSUR

Durchlässigkeit bedeutet das willige Annehmen aller Hilfen, die zwanglose Harmonie zwischen Reiter und Pferd. Das ist nicht mit Zwiebelei und Knebelei, mit Unterordnen zu verwechseln. Die höhere Rangordnung soll zwar am Anfang der Ausbildung vom Pferd erst einmal akzeptiert werden. Doch daraus muss gleichberechtigte Partnerschaft wachsen, denn Pferde müssen letzten Endes glücklich und zufrieden sein, um ihr ganzes Leistungspotential entfalten zu können.

Die Zwanglosigkeit ist in dem Zusammenhang ein elementares Erkennungsmerkmal der Durchlässigkeit. Zu diesem Thema bemerkte Helena Weinberg folgendes:

„...das Wichtigste ist die Einstellung des Pferdes im Parcours. Ein Pferd muss mitdenken und mitkämpfen. Ich überlasse meinen Pferden sehr viel Eigencharakter. Ich dominiere sie nicht, sondern ich versuche, sie auf meine Seite zu bekommen. Ich bin 1,60 m groß, ich kann ein Pferd gar nicht zu irgendwas zwingen – das klappt nicht. Auf Dauer geht mit Kraft überhaupt nichts."

„Der Hannoveraner" Nr. 7/76 August 2002

Dressur darf nichts mit „dressieren", also drillen, abrichten gemein haben. Ziel ist es, über die Kontrolle zum Vorwärtsreiten zu kommen; ganz nach dem Motto: **Über Gehorsam zur Freiheit – über Durchlässigkeit zum Vorwärts!** Die taktreinen Verstärkungen und Versammlung, die Paraden und das Rückwärtsrichten sind ihre Prüfsteine der Durchlässigkeit; das gilt für die Springdressur wie für den Dressursport. Erst wenn der Reiter in der Lage ist, den Sprung aus jeder Lage ohne **erkennbare Hilfen** anreiten zu können, ist das Pferd wirklich durchlässig. Ein solches Pferd kann präziser über den Parcours geritten werden und sich besser entfalten.

▲ Franke Sloothaak demonstriert hier, wie ein perfekt ausbalanciertes Pferd aussieht. Aus solchem Bergauf-Galopp – an den Hilfen und dennoch mit leichtester Verbindung zum Pferdemaul – wird dem Pferd das Springen leicht gemacht.

Walzerkönig, unter Franke Sloothaak in den achtziger Jahren von aller Welt bewundert, ist das Paradebeispiel eines Pferdes, welches durch verbesserte Durchlässigkeit zur Weltklasse heranreifte. Für seinen vorherigen Reiter war er mehr ein vermögendes Puissance*-Pferd, denn von Hause aus fehlte ihm im Grunde genommen die letzte Qualität – der Instinkt, Gefahrensituationen frühzeitig zu erkennen und Fehler durch „Mitdenken" zu vermeiden. So musste Sloothaak jeden Zentimeter bestimmen können, um selbst in einer Kombination auf einen Galoppsprung mit der Parade noch durchzukommen und ihn „von der Stange weg zu halten". Ebenso wenig war er von Natur aus wirklich rittig, praktisch oder pa-

* Puissance = Mächtigkeitsspringen

tent. Doch dank seines Vermögens, seines Willens und der dressurmäßigen Gymnastizierung gehörte er schließlich zu den wenigen Pferden, die das Jahrhundertpferd Milton auch einmal schlagen konnten.

▲ „In der Wendung liegt der Segen": Aperio ist um den inneren Schenkel gebogen und schaut so frühzeitig auf die kommende Aufgabe. Er geht mit dem Genick als höchsten Punkt bei senkrechter Nasenlinie in gewünschter Anlehnung. Das weit unterschwingende Hinterbein deutet auf gute Balance hin. Sein zufriedener und konzentrierter Gesichtsausdruck und der frei getragene Schweif verraten Losgelassenheit. Jetzt kann der Sprung ruhig kommen!

Wer die Mühen und Belastungen des Turniersports auf sich nimmt, sei es in der Freizeit oder aus beruflichen Gründen, will auch Erfolg haben. Dieser Erfolg muss sich nicht zwangsläufig in einer goldenen Schleife ausdrücken; jeder Ausbilder kennt das beglückende Gefühl, einmal das Optimale aus einem Pferd herausgeholt zu haben. Oder ein Pferd durch gelungene Runden auf größere Aufgaben vorbereitet zu haben, auch wenn kein Sieg heraussprang. Dieser Erfolg im Parcours ist stark von der Durchlässigkeit abhängig. **Je unhandlicher ein Springpferd ist, desto mehr ist der Erfolg vom Zufall abhängig bzw. desto entscheidender sind dann die ausgleichenden Qualitäten des Pferdes oder des Reiters.**

■ Drei Achsen der Springpferde-Balance

Die dressurmäßige Arbeit fördert also das bereitwillige Annehmen der Hilfen. Doch ihre zwanglose und leichte Ausführung kommt erst mit der Balance. Auch wenn bei dem heutigen Niveau der Zucht immer weniger Pferde ein gravierendes Problem mit ihrem Gleichgewicht haben, so bleibt sie doch ein elementarer Aspekt der Ausbildung. Wir können uns bis zu drei Achsen vorstellen, nach denen das Springpferd ausgerichtet wird: zuerst einmal wären

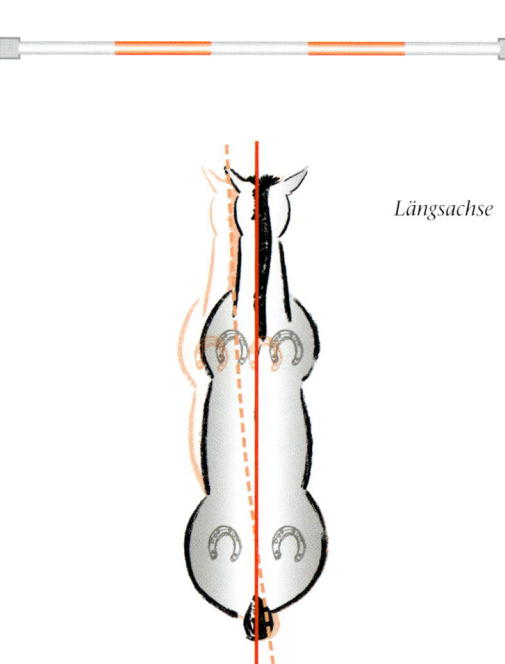

Längsachse

Wenn das Pferd im Absprung nicht geradegerichtet ist, tritt die aus der Hinterhand entwickelte Kraft nicht an den Schwerpunkt heran und drückt die Vorhand seitlich weg. Will es dagegen trotz der Schiefe noch geradeaus springen, so muss es sich mit einseitig reduzierter Kraft abdrücken.

SPRINGDRESSUR

▲ *Manche Pferde verdrehen sich am Sprung in der Frontalachse, wenn sie aus einer unausbalancierten Galoppade heraus in eine dichte Absprungdistanz kommen. Hier hilft es, in der dressurmäßigen Arbeit Selbsthaltung und Tragkraft zu verbessern und am Sprung zum „mitreiten" zu kommen.*

Die Vorteile einer ausbalancierten Querachse beschränken sich nicht nur auf die dressurmäßige Arbeit: Von Natur aus kopflastige Pferde werden im Absprung schneller im Vorderbein. Außerdem wird das „Sich-aufnehmen" bei einer dichten Absprungdistanz (welches bei jungen Pferden oft noch mit Schwungverlust verbunden ist) deutlich flüssiger. Das Pferd, welches in der Versammlung geschult ist, kann sich aus einer dichten Distanz heraus besser fliegen lassen.

Über dem Sprung kann sich das Pferd auch in der Frontalachse bewegen: Kommt es dicht an einen Sprung und dreht dabei die Vorhand im Absprung zur Seite anstatt zu basculieren, dann ist das ein Zeichen für mangelnde Balance und Stabilität der Längs- und Querachse. (Ausnahme: Der Reiter verlagert sein Gewicht über dem Sprung so stark zur Seite, dass er sein Pferd zu einer Ausgleichbewegung nötigt.) Deshalb wirkt ein Austarieren der Frontalachse erst, nachdem das Pferd geradegerichtet ist und sich versammeln lässt. Ansonsten kann der Reiter das Problem nur umgehen, indem er stets dichte Absprungpunkte vermeidet.

da die Längsachse (Geraderichten) und Querachse (Versammlung). Obwohl für das Geraderichten versammelnde Lektionen benutzt werden, hat das Geraderichten als Schwerpunkt Priorität vor der Versammlung. Denn nur ein geradegerichtetes, d.h. beiderseits der Längsachse gleichmäßig gestärktes und gymnastiziertes Pferd tritt optimal an den Schwerpunkt heran.

Von Natur aus kopflastige Pferde können sich nach ausbalancierter Querachse am Sprung besser aufnehmen.

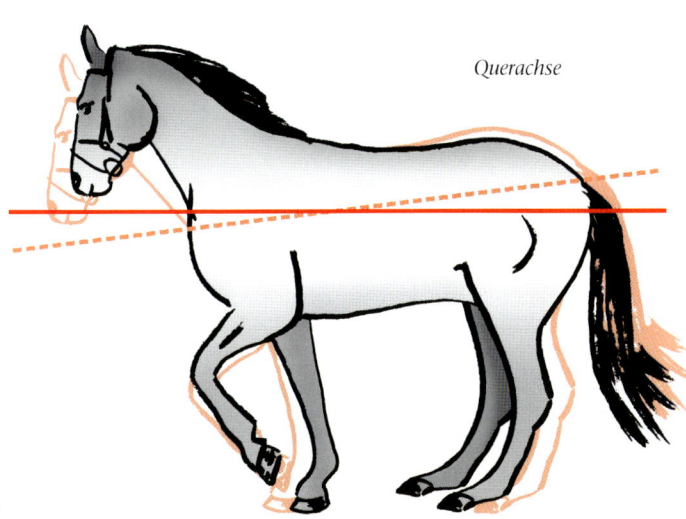

Querachse

Springpferde-Ausbildung heute

Einfach gebrochene Wassertrense
Es ist das Standardgebiss der Reitpferde-Ausbildung im europäischen Raum. Man kann es in allen Ausbildungsstufen verwenden. Auch in problematischen Phasen der Ausbildung birgt dieses Gebiss nur wenig Gefahr, sich in eine Sackgasse hinein zu bewegen. Alle schärferen Gebisse geben dem Reiter u.U. schneller ein gutes Gefühl, doch täuschen sie eine Durchlässigkeit oft nur vor.

■ Gebisse und Zäumungen

Im Zusammenhang mit der gewünschten Durchlässigkeit im Parcours wird immer wieder nach der passenden Zäumung gesucht. Denn sobald das Pferd sich z.B. hinter dem Gebiss „verkriecht", lässt sich zum Sprung keine Spannung mehr aufbauen oder der Rhythmus leidet. Einem zu starken „Auf-den-Zügel-drücken" folgt hingegen oft ein zu dichtes Heranlaufen an den Sprung. Eine für das jeweilige Pferd passende Zäumung zu (er-)finden, ist eine Wissenschaft für sich, denn hier sind ab der Kategorie A der Phantasie keine Grenzen mehr gesetzt. Deshalb sollen hier nur kurz die Gebisse und Zäumungen der Hauptfunktionsgruppen vorgestellt werden:

Wassertrense (mit lefzenschonenden Gummischeiben) und englischem Reithalfter, dazu ein Martingal. Erfahrene Ausbilder greifen bei Anlehnungsproblemen und Schwierigkeiten in der Durchlässigkeit immer wieder auf das Trensengebiss zurück. Es ist der Garant für solide Ausbildungsfortschritte ohne „Nebenwirkungen" oder Sackgassen.

SPRINGDRESSUR

Gedrehte Schenkeltrense

Interessanterweise ist bei uns die einfache Wassertrense, in Amerika die gedrehte Schenkeltrense (früher Knebeltrense) das Standardgebiss. Aber auch bei uns findet sie mehr und mehr Verbreitung. Mit ihrer Hilfe soll im amerikanischen System das ungewollte Auftreten von Spannung durch ein „aufs Gebiss legen" vermieden werden. Durch diese schärfere Zäumung soll das Pferd sich schneller am Gebiss abstoßen und dadurch die Balance finden (im Gegensatz zur klassischen Auffassung, die ein Ausbalancieren über eine vermehrte Lastaufnahme der Hinterhand anstrebt). Es wird allerdings, das muss man hinzufügen, in Übersee nicht nur mit weicherer Hand, sondern generell mit zarterer Einwirkung geritten, um jede Erregung des Blutpferdes zu vermeiden.

Ring-Wassertrense

Durch Hebelwirkung verstärkt sich der Druck auf die Kinnlade. Je kürzer das Backenstück geschnallt wird, desto schärfer ist ihre Wirkung. Sie wird gerne bei undurchlässigen bzw. bei kopflastigen Pferden verwendet, die ihr Gleichgewicht suchen, indem sie sich auf das Gebiss stützen. Die großen Nachteile der Ring-Wassertrense: In der Wendung fühlen die Pferde sich schneller „gekniffen" oder rollen sich auf. Die während des Springens gelegentlich erwünschte Spannung lässt sich nicht immer erreichen, weil sich das Pferd gerne hinter diesem Gebiss „verkriecht".

Aufziehtrense

Die Aufziehtrense ist in ihrer Funktion sehr ähnlich, aber verträglicher. Zwischen den Paraden muss man das Gebiss durch eine nachgebende Zügelhilfe wieder fallen lassen, damit es nicht immer höher gezogen wird.

Pelham

Dieses Gebiss verbindet durch Hebelwirkung einen verstärkten Druck auf die Laden mit

▲ *Aufziehtrense mit Converter: Durch die Teilung des Zügels behält ein Großteil der Zugkraft nur die normale Wirkung auf den Trensenring. Dadurch wird das Gebiss nicht mehr so stark nach oben gezogen.*

▲ *Die hier abgebildete Springkandare ist in ihrer Funktion und Bauweise dem Pelham sehr ähnlich, wirkt jedoch etwas schärfer. Ein hannoversches Reithalfter lässt in diesem Fall die Springkandare noch schärfer wirken.*

Druck auf die Kinngrube. Ist die Kinnkette zu scharf eingestellt, so basculieren manche Pferde schlechter. Aus diesem Grund ist es empfehlenswert, anstelle der Kinnkette ein locker verschnalltes Sporen- oder Lederriemchen zu verwenden. Besonderer Beachtung bedarf es der Aufzäumung: Die Lefzen dürfen bei Zügelanzug nicht zwischen Gebiss und Kinnkette eingeklemmt werden. Deshalb wird die Kinnkette oft auch durch die Ringe des Pelhams gezogen.

Hackamore (nur in Kategorie A erlaubt)
Das große Hackamore wird zum Beispiel bei Pferden verwendet, die sich durch ein Drücken auf das Trensengebiss beim Anreiten in eine ungewollt starke Spannung versetzen und sich infolgedessen in eine unerwünscht dichte Distanz ziehen. Mit dieser gebisslosen Zäumung schieben sich viele Pferde nicht mehr so stark gegen die Hand des Reiters in den Sprung hinein, bleiben besser bei ihm. Es kann aber auch in der genau gegenteiligen Situation passen: Wenn ein normales Gebiss bereits zu scharf wirkt, sodass sich das Pferd hinter das Gebiss verkriecht, kann ein kurzes Hackamore wieder für **die vom Pferd gesuchte Anlehnung** sorgen. Ein weiteres Einsatzgebiet: Bei Zahnproblemen oder Verletzungen im Maulbereich ermöglicht erst diese Zäumung weiteren sportlichen Einsatz.

Das Hackamore sollte gut gepolstert sein (die Scharniere dürfen keine Hautfalten einziehen) und darf vor allem bei einseitigem Zügelanzug nicht an den Backenknochen drücken (deshalb das Verbindungsstück am unteren Ende der Schenkel). Die oberen Schenkelenden sind bei einem guten Hackamore aus demselben Grund leicht nach außen gebogen. Es muss einerseits so verschnallt sein, dass bei Anzug die Atemwege frei bleiben (also nicht auf den unteren, nachgebenden Teil des Nasenbeins drückt). Lautere Atemgeräusche bzw. häufigeres Prusten des Pferdes deuten auf einen zu tiefen Sitz hin. Andererseits soll es auch nicht so hoch geschnallt werden, dass bei Anzug die Jochbeine berührt werden.

Erfahrungsgemäß benötigen die meisten Pferde eine Eingewöhnungszeit, wenn das erste Mal diese gebisslose Zäumung benutzt wird. Bevor also ein Urteil darüber abgegeben wird, ob sich dieses oder jenes Pferd für das Hackamore eignet, sollte man ihm einige Tage Zeit geben, sich damit vertraut zu machen. In manchen Kreisen ist das Hackamore als „Marterwerkzeug" verschrieen. Zu Unrecht, wie ich meine: Vor allem das kurze Hackamore ist derart unkompliziert und schadlos in der Anwendung, dass ich es bei schwachen Reitern mit Erfolg in der Reitausbildung eingesetzt habe.

Der Nachteil dieser Zäumung: In Wendungen werden einseitige Zügelhilfen, bedingt durch

▲ *Hier wird – der Trense-Hackamore-Kombination ähnlich – die Einwirkung auf Zunge und Unterkiefer mit dem Druck aufs Nasenbein verbunden.*

SPRINGDRESSUR

die Konstruktion des Hackamores, vom Pferd nicht so gut wahrgenommen wie die auf Trense. Um dieses Manko auszugleichen, wird vermehrt mit Gewichts- und Schenkelhilfen durch die Wendung geritten, oder aber das Hackamore mit dem Trensengebiss kombiniert.

Kandare

Die Kandare besteht aus dem Kandarengebiss, an der eine Kinnkette befestigt ist, und einer Unterlegtrense. Jedes Gebiss wird mit einem separaten Zügelpaar geführt. Das Kandarengebiss besteht aus einer mehr oder weniger dicken Stange mit mehr oder weniger großer Zungenfreiheit. Die Schärfe dieses Gebisses wird außerdem durch die Länge der Anzüge und deren Verhältnis zueinander bestimmt. Die Unterlegtrense ist nichts anderes als eine dünne Wassertrense. Diese Zäumung verlangt eine sehr kontrollierte Einwirkung. Beim Springen ist eine parallele Zügelführung angebracht, damit während dem Basculieren nicht ausschließlich der Kandarenzügel die Anlehnung behält. Besonders das Kandarengebiss wirkt bei unfachmännischem Einsatz sehr schnell störend, indem das Pferd über dem Sprung den Rücken wegdrückt.

Hannoversches Reithalfter

Das hannoversche Reithalfter besitzt im Vergleich zu der englischen Zäumung eine schärfere Wirkung. Es empfiehlt sich bei Pferden, die dazu neigen, das Maul zu sperren und auf das Gebiss zu drücken. Bei zu tiefer Verschnallung beengt es die Atemwege, deshalb sollte es mindestens zwei Finger breit über dem oberen Nüsternrand sitzen. Das Nasenrückenstück darf in der Herstellung nicht zu lang gemacht sein, da es sonst das Gebiss einknickt und von unten auf den Gaumen drücken lässt.

Egal welches Gebiss, welcher Zaum nun bevorzugt wird, über eines muss sich der Ausbilder im Klaren sein: alle Alternativen können eine gründliche Springdressur nicht ersetzen. Probleme in der Anlehnung und Durchlässigkeit sind am besten durch reelle dressurmäßige Arbeit auf Wassertrense zu bewältigen. Zumindest sollte sie stets die Basis bilden, denn dann besteht die geringste Gefahr, ausbildungsmäßig in eine Sackgasse zu geraten. Wie die Hilfszügel sind schärfere Zäumungen erst dann sinnvoll anwendbar, wenn der Ausbilder aufgrund seiner reiterlichen Fertigkeiten eigentlich auch ohne sie auskäme.

Hilfszügel

Die meist verwendeten Hilfszügel unter Springreitern sind Martingal und Schlaufzügel. Zum **Schlaufzügel** ist viel gesagt und geschrieben worden. Auf nationalen Turnieren ist er mittlerweile nur zur dressurmäßigen Vorbereitung erlaubt. Er soll ein Herausheben des Kopfes begrenzen, nicht aber die Beizäumung erzwingen, da er mehr schadet als nützt, wenn der Reiter sich festzieht. Am Sprung kann er dazu dienen, das Pferd „in die Hand springen

▲ Aperio wird gerne auf Kandare gezäumt, um die Feinabstimmung vor dem Sprung zu optimieren. Die ausgesprochen kurzen Kandarenanzüge, die locker verschnallte Kinnkette und die parallele Zügelführung mildern die scharfe Wirkung dieses Gebisses ab.

▲ Das Martingal soll verhindern, daß sich das Pferd durch Herausheben des Kopfes der Anlehnung entzieht. Nicht jedes Pferd verträgt diesen Hilfszügel, vor allem bei kurzer Verschnallung: Es kann dann zu ungewollter Spannung führen – das Pferd „hängt" sich dann vor dem Sprung ins Martingal. Der unter die Trense gelegte Zungenstrecker verhindert, dass die Zunge über das Gebiss genommen wird, was wiederum eine korrekte Anlehnung verhindern würde. Die Stege an den Außenseiten der Trense garantieren die optimale Lage des Gebisses im Pferdemaul.

zu lassen" (siehe Kap. 3.3.4 Anlehnung). Auch hierbei muss das Pferd in selbsttragender Haltung gehen können, wenn diese Übung einen Nutzen haben soll. Der Schlaufzügel gehört nur in die Hände derjenigen Reiter, die auch ohne ihn in der Lage sind, ihr gewünschtes Ziel zu erreichen. Für diese Reiter ist er aber dennoch interessant und wird gerne verwendet, um ihr Pferd schneller und auch für das Pferd bequemer durchlässig zu bekommen.

Das korrekt verschnallte **Martingal** lässt das Anheben des Pferdekopfes zu und wirkt einem Herausheben entgegen. Kurz geschnallt kann es am Sprung Spannung erzeugen, weshalb es bisher besonders von den Amerikanern sehr lang eingesetzt wurde.

Beide Hilfszügel dürfen zwischen den Vorderbeinen nicht durchhängen bzw. größere Schnallen besitzen, da sich sonst ein Vorderbein bzw. Hufeisen während des Anwinkelns über dem Hindernis darin verfangen kann.

Natürlich bietet die Reitsportindustrie eine weitaus größere Palette an Hilfszügeln der verschiedensten Art an. Auf weitere Ausführungen möchte ich hier jedoch verzichten, da meines Erachtens ihre Relevanz für die solide Ausbildung des Springpferdes vernachlässigenswert ist. Denn nichts kann gutes Reiten ersetzen!

▲ Springreiten ist mehr als nur „das schnellstmögliche fehlerfreie Überwinden bunter Holzgestelle". Eines der unausgesprochenen höheren Ziele ist ein Ausdruck der Verbundenheit und Gleichgesinntheit von Reiter und Pferd.

Springdressur

■ Ausdruck der Einigkeit

Der Ausdruck der Gleichgesinntheit von Mensch und Tier, ihr „verwachsen sein" innerhalb der Natur ist eines der unausgesprochenen höheren Ziele der Reiterei, vielleicht sogar die ethische Rechtfertigung des Reitens schlechthin (siehe Kap. 8 Ausbildung und Ethik). Die Durchlässigkeit ist das Mittel, um dies u.a. im Parcours zu erreichen. Aber ein Grundgedanke darf bei aller dressurmäßigen Arbeit nicht verloren gehen:

> Das Wesen des Springreitens liegt im „Vorwärts", nicht im „Rückwärts". Der Springsport lebt von der Dynamik, vom Fluss der Bewegung.
>
> In diesem Zusammenhang ist eine Begebenheit erwähnenswert: „Sepp" Gemein, selbst ein ausgezeichneter Reiter, war in seiner Funktion als Landestrainer unterwegs und betreute einen ambitionierten jungen Reiter. Dieser junge Mann war über den Dressursport zum Springen gekommen. „Die ideale Basis" denken viele, doch das Gegenteil war der Fall. Sein Reitstil ließ zu diesem Zeitpunkt nicht die Dynamik und Leichtigkeit der Vorwärtsbewegung zu. Sepp brachte es in einem Satz auf den Punkt: „Den möchte ich gerne mal zur Morgenarbeit auf die Rennbahn mitnehmen." Ein Bild, das charakteristisch ist: sich vollkommen der Bewegung des Pferdes anpassen; sich in die Kraft einfügen und diese führen, ohne sie zu behindern. Das ist das eigentliche Element des Springsports!

Nun haben Springpferde im Vergleich zu anderen Pferdesportarten die vielleicht breiteste Typenvielfalt. Es gibt schwere und leichte, patente und „schiffige", feinfühlige und derbe, willige und ungebärdige Springpferde. Und alle können zum „Kracher" werden, wenn nur die Springanlage etwas Geniales besitzt. Der Springreiter muss sich von Hause aus mit einer breiten Vielfalt an Charakteren und Typen als zum Beispiel der Dressurreiter auseinander setzen. Da er aber kein Schema erfüllen muss und nur der schnellste Ritt ohne Abwurf zählt, stehen ihm durch eine größere Auswahl an Gebissen und Hilfszügeln mehr Möglichkeiten zur Verfügung, sich der Individualität des Pferdes anzupassen.

> *„In der Rittigkeit gibt es z.B. kaum einen Punkt, den ich einem Pferd nicht verzeihen würde."*
> HELENA WEINBERG
> „Der Hannoveraner" Nr. 7/76 August 2002

Kapitel 4
Spring-training

Die im vorherigen Abschnitt beschriebene dressurmäßige Arbeit ist natürlich, wie bereits angedeutet, kein Selbstzweck. Sie dient dazu, sich das Pferd am Sprung entfalten zu lassen. Denn Ziel ist immer das Überwinden eines Parcours. Hier sind Pferd und Reiter in ihrem Element.

4.1 Springmanier

Über den idealen Sprungablauf gibt es mehr gegensätzliche Ansichten als man auf den ersten Blick glauben möchte. Die Ansprüche an die Manier eines Pferdes sind abhängig vom jeweiligen Verwendungszweck. Ein Hunter springt anders als das Grand-Prix-Pferd oder das Anfängerpferd. Der vor allem in Springpferde-Prüfungen gern gesehene Idealablauf lässt sich wie folgt beschreiben:

Aus einer großzügigen, rhythmischen vorwärts aufwärts gerichteten Galoppade soll sich ein elastisches, unverkrampftes Springen, welches Selbstvertrauen, Übersicht und Intelligenz erkennen lässt, entwickeln. Insofern folgt einem entschlossenen „sich Aufnehmen" ohne Verzögerung ein energisches Abfußen mit schnellem Anwinkeln der Vorderbeingelenke (mit bis zur Waagerechten angehobenem Unterarm, das Röhrbein bis hinter der letzten Stange eng am Unterarm anliegend). Erwünscht ist ein kraftvolles Abdrücken mit „genügend Körper". (Soll heißen: großzügig Platz zwischen dem Rumpf des Pferdes und dem Sprung. Dennoch muss eine gewisse Rationalität erkennbar bleiben, ein „Überspringen" ist unerwünscht.)

Im Idealfall wölbt sich der Rücken über dem Hindernis mit hervorgehobenem Widerrist und leicht abwärts gebogener Halsung (Bascule). Der ideale Scheitelpunkt der Flugkurve muss sich nach der Art des Hindernisses richten: am Steilsprung liegt er genau über der oberen, am Carrée-Oxer mitten zwischen der vorderen und der hinteren, an der Triple-Barre über der hinteren Stange. Bevorzugt wird, im Gegensatz zum starken Anwinkeln der Hinterbeingelenke, ein Vermögen verratendes leichtes „Nachschnicken" („sich-öffnen") der Hinterhand, was die Balance des Pferdes jedoch nicht beeinträchtigen darf. Denn das Landen soll fließend und leichtfüßig, auf gerader Linie

Aperios Vater A Priori sprang (hier unter dem Autor) mit viel Bascule, Elastizität und relativ hoch angewinkelten Unterarmen. ▼

SPRINGTRAINING

ohne Schwungverlust in den Rhythmus des vorherigen Galopps übergehen.

4.1.1 Einsatzgebiet

Ähnlich der Exterieurbeurteilung gibt es auch hier viele Klassepferde, die diesem Idealbild nicht entsprechen. Auch wenn sich wohl die meisten Springreiter ein Pferd wünschen, dass in beschriebener Art springt, so ist die innere Einstellung des Pferdes zum Springsport die wesentlichste Voraussetzung. **Vorsicht, Übersicht und Sportsgeist haben Priorität vor Technik und Bascule.** Im Gegenteil: Ein zu rundes Springen über kleine Hindernisse ist typisch für begrenzte Pferde und wenn sie dabei noch den Kopf in den Nacken legen und nach unten schielen — wie es „alle Jahre wieder" auf Auktionsbildern zu sehen ist —, dann resultiert diese Bascule aus Angst und Verkrampfung.

Trotzdem kann ein verbesserter Sprungablauf aus einem talentierten Pferd ein gutes werden lassen. Natürlich entscheidet die Art der Prüfung darüber, welche Manier das Pferd haben muss. Es gibt bekanntlich nicht nur Grand-Prix-

Die Manier des Pferdes entscheidet nicht über seine Güte. It's Otto war unter Geoff Billington eines der besten Pferde seiner Zeit, obwohl Bascule und Beintechnik – wie man sieht – weit von der Idealvorstellung entfernt lagen. ▼

Prüfungen, wenn auch jeder Leistungszüchter bei der Anpaarung das „Olympiapferd" anstrebt. Das Puissancepferd braucht in erster Linie Mut und Vermögen. Es muss keine Traumtechnik haben und darf auf keinen Fall zu vorsichtig sein. Das richtige Speed-Pferd ist besonders schnell im Bein — dabei geschmeidig, patent und mit viel Übersicht ausgestattet. Es bedarf aber im Vergleich zum Sb-Springer bei weitem nicht seines Vermögens, bei einem excellenten Reiter vielleicht nicht einmal seines Mutes.

Ein gutes Amateurpferd braucht noch weitere Eigenschaften: selbstständig aktiv unter den Schwerpunkt tretend soll es seinen Reiter „mitziehen". Ein von sich aus aktiv galoppierendes, engagiertes Springpferd ist unter Amateurreitern beliebt, da diese noch nicht oder nur wenig auf die Balance bzw. den Antrieb des Pferdes Einfluss zu nehmen können. Zudem muss das klassische Amateurspringpferd immer wieder einen Reiterfehler ausgleichen und dazu selbstständig taxieren können. Dabei ist das Einteilen der letzten Galoppsprünge vor dem Sprung noch wichtiger als der tatsächliche Absprungpunkt. Solches Taxiervermögen ist größtenteils Veranlagung — kann also nur in geringem Maße antrainiert werden. Je besser der Reiter ist, desto mehr übernimmt er das Taxieren. Doch in wirklich schwierigen Situationen ist auch ein Top-Reiter froh, wenn sein Pferd mitdenken kann.

Eine schnelle Beintechnik wünscht man sich nicht nur für das Amateurpferd. Doch dieses braucht noch eine weitere Eigenschaft: es soll auch aus einem halben Galoppsprung heraus fehlerfrei und ohne Schwungverlust springen können. Ein richtiges Anfängerpferd sollte nicht zu rund springen. Schwache Reiter lieben es nicht, wenn ihre Pferde stark basculieren, da sie dann über dem Sprung nichts mehr vor sich haben.

4.1.2 Bascule

Eine von Natur aus gute Bascule kann durch mangelnde Losgelassenheit bzw. Durchlässigkeit genauso wie durch falsche Einwirkung verloren gehen. Denn versucht der Reiter z.B. sein Pferd durch Zügelanzug über den Sprung zu „heben", so springt das Pferd infolgedessen mehr und mehr ohne Rücken. Das Röhrbein wird über dem Sprung senkrecht nach unten gestreckt und nicht mehr an den Unterarm angelegt.

Besser wäre es, über die Balance des Pferdes Vorhandfehler zu vermeiden, denn das behindert nicht die Bascule. George Morris (mehrfacher Equipechef der USA, olympische Silbermedaille, Sieger im Großen Preis von Aachen) beschreibt es wie folgt: „Mit der Verlegung seines eigenen Schwerpunktes weiter nach hinten... und dem gleichzeitigen Anheben von Kopf und Hals des Pferdes, verlagert sich auch das Gleichgewicht des Pferdes nach hinten. Das ist genau das, was wir wollen. Je leichter das Pferd auf der Vorhand ist und je mehr seine Hanken gebeugt sind, umso freier und beweglicher werden die Vorderbeine."[23] Dieser Auffassung kann ich jedoch nur bedingt folgen.

Wenn das Pferd geschlossen, ausbalanciert und selbsttragend an den Sprung herangeritten wird, dann darf der Absprungpunkt dichter an das Hindernis verlagert werden, ohne dass ein Vorhandfehler befürchtet werden muss. Das Pferd kann am Sprung im Rücken locker bleiben. Die meisten Pferde müssen für dieses „Dicht-Reiten" in der Tragkraft gefestigt sein. Nur wenige können am Ausbildungsanfang aus ihrem Naturtalent heraus in einer dichten Distanz den Schwung erhalten.

Manchmal wird eine auffällig gestrichene Planke parallel zum Hindernis zwischen eine Mauer (oder einen dicht bebauten Sprung) und der voraussichtlichen Landestelle gelegt, um die Bascule zu verbessern. Über dem Sprung sieht das Pferd plötzlich die Planke und basculiert reflexartig. Eine lang anhaltende Wirkung lässt sich jedoch auch hiermit nicht erzielen. Auch die Gymnastik-Oxerreihe kann dazu benutzt werden, die Bascule zu fördern. Nüchtern betrachtet muss man allerdings feststellen, dass die Bascule durch reiterliche Einwirkung wohl schnell verschlechtert, aber nur selten über das naturgegebene Maß hinweg verbessert werden kann.

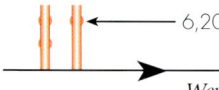

Wenn ein Pferd unter dem Reiter nicht basculiert, dann hilft eine solche Oxerreihe. Sie wird aus einem leicht gesetzten Galopp angeritten und wirkt sich zusätzlich günstig auf Rhythmus, Beintechnik und Übersicht aus.

Wenn man sich auch im Ziel einig ist, so wird nach klassischen Regeln die **relative Aufrichtung durch vermehrtes Lastaufnehmen der Hinterhand** angestrebt. Wir versuchen durch eine gewisse Hankenbeugung die Aufrichtung von Kopf und Hals zu verbessern, nicht umgekehrt. Dazu muss man ergänzen: Im amerikanischen Stil wird allgemein aus einer freieren Galoppade als in Europa zum Sprung geritten. Die zu diesem Reitstil passenden Pferde nehmen sich in den letzten Galoppsprüngen mehr von selbst auf.

4.1.3 Vorderbeintechnik

Dagegen ist die Vorderbeintechnik eines an sich vorsichtigen Springpferdes besser zu schulen. Entscheidender Faktor ist die bereits erwähnte Entwicklung von Tragkraft und Balance. Sind diese dressurmäßigen Voraussetzungen gegeben, können sie am Sprung umgesetzt werden.

---

[23] Morris, George H.: „Springreiten in vollendetem Stil". (1984) A. Müller Verlag AG, Rüschlikon-Zür& Co.

SPRINGTRAINING

■ „Hängendes Vorderbein"

Viele junge Pferde springen die ersten Male mit mehr oder weniger senkrecht herunterhängenden Röhrbeinen. Das darf in diesem frühesten Stadium der Ausbildung nicht als mangelnde Vorsicht oder schlechte Technik missgedeutet werden. Erst durch höhere Abmessungen bzw. Abwürfe lernen die meisten von ihnen, die Röhrbeine an den Unterarm anzulegen. Lässt ein routiniertes Pferd im Scheitelpunkt der Flugkurve die Röhrbeine herunterhängen und „fühlt", wie hoch die Stangen hängen, dann gibt es dafür vier verschiedene Gründe:

1. Es ist „kalt", von Natur aus nicht vorsichtig genug.
2. Es ist durch seine Routine nachlässig geworden.
3. Es wird stets ein etwas früher Absprungspunkt gewählt.
4. Es ist sein persönlicher, unveränderlicher Springstil.

▲ *Das eher selten zu sehende Kreuzen der Vorder- oder Hinterbeine (siehe auch Seite 85 unten) ist ein reiner Schönheitsfehler. Diese Eigenart führt nicht zu häufigeren Abwürfen oder Stürzen. Auch das „Nach-vorne-strecken" der Vorderbeine ist manchmal nur Ausdruck individuellen Springstils und muss nicht zwingend aus Notsituationen resultieren.*

Es gibt sehr vorsichtige Pferde, die Zeit ihres Lebens mit hängendem Vorderbein springen. Das ist vielleicht nicht die rationellste Methode, weil sie höher springen müssen, um die Hindernisstangen trotzdem liegen zu lassen. Doch wenn sie sicher springen, dann toleriert jeder Springreiter solch eine „Macke" gern. Ähnlich verhält es sich mit der viel seltener anzutreffenden Angewohnheit, die Vorderbeine zu kreuzen. Es sieht spektakulär aus, ist aber ungefährlich.

◄ *Das „offene" Vorderbein, also das mehr oder weniger senkrecht herunterhängende Röhrbein, ist typisch entweder für unroutinierte oder aber für nachlässige Pferde. Es kann aber auch heran geritten werden, wenn der Absprungpunkt stets etwas weit weg liegt. (Wie zum Beispiel in amerikanischen Hunter-Prüfungen, wo solche Beintechnik angestrebt wird.)*

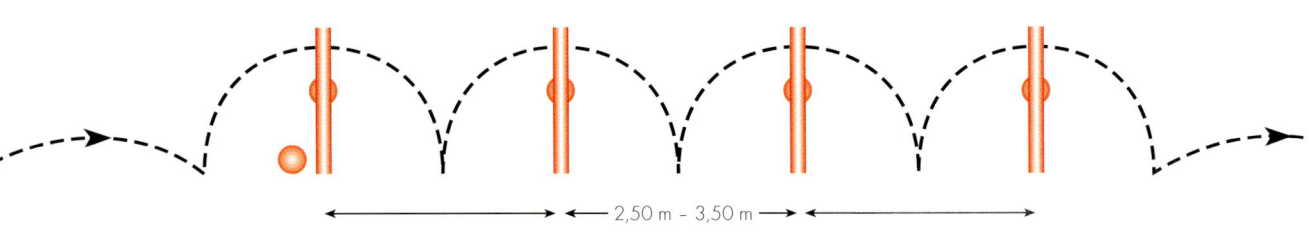

Eine In-Out-Reihe macht das Pferd „schneller im Bein" und verbessert die Koordination zwischen Vorder- und Hinterhand. Werden die Abstände stark verkürzt, dann muss das Pferd blitzschnell abfußen ohne länger zu werden. Das ist sehr anstrengend und kann nur von versammlungsmäßig weit entwickelten Pferden verlangt werden.

■ Nachvorne-Strecken

Auch bei dieser Vorderbeintechnik muss man differenzieren:

1. Wird ein Pferd am Hoch-Weit-Sprung schwunglos oder „auf zu groß" geritten, dann streckt es die Vorderbeine nach vorne heraus, um trotz eines eventuellen Rumplers noch auf den Beinen landen zu können.
2. Sind die Anforderungen im Grenzbereich, dann strecken manche Pferde auch bei passendem Absprungspunkt ihre Vorderbeine nach vorne heraus.
3. In seltenen Fällen gibt es vermögende Pferde, die ohne Not nach vorne greifen und damit ebenso ihre persönliche Note unterstreichen. Als berühmte Beispiele solchen Stils kann man Snowbound (Bill Steinkraus), Myntha (Helena Lundbeck) und Milton (John Whitaker) ansehen.

■ Bein „stehen lassen"

Manchmal heben junge Pferde im Absprung einen Unterarm ihrer Vorhand an — und lassen den anderen hängen. Das passiert ihnen fast ausschließlich bei dichten Absprungspunkten und verhaltenden Hilfen. Im Fachjargon nennt man dieses Phänomen „ein Bein stehen lassen". Neigt ein Pferd dazu, dann sollte das Dichtreiten konsequent nur mit Absprungserleichterungen wie vorgelegter Absprungstange oder vorgezogenem Unterbauteil geübt werden.

Das Springen von „In-Out"-Reihen hilft bei diesem Problem ebenso. Sie machen das Springpferd „schneller im Bein" und verbessern die Koordination zwischen Vorder- und Hinterbein. Je mehr sich das Pferd versammeln lässt, desto enger kann diese Reihe gestellt werden. Sie wird aus dem gesetzten Galopp heraus angeritten. Lässt der Reiter sein Pferd über den In-Outs an den Hilfen stehen (siehe auch Kap. 3.3.4 Anlehnung) und entlastet nicht zu stark, so kann diese Gymnastikreihe bis auf Abstände von 2,5 m verkürzt werden.

Grundsätzlich sollte man in den In-Outs Sicherheitsauflagen verwenden, damit das Pferd bei einem Anschlagen mit der Hinterhand nicht auf der Stange hängen bleibt (siehe Kap. 6 Hindernis- und Parcoursgestaltung). Wenn keine Sicherheitsauflagen zur Verfügung stehen, sollten die Stangen zumindest auf die hintere Kante der Auflage gelegt werden, um harte Fehler zu vermeiden. Ausbildungsstand und Veranlagung von Reiter und Pferd entscheiden über die Höhe und Abstände der In-Outs. Diese Übung ist sehr anstrengend. Rechtzeitiges Aufhören entscheidet daher über Erfolg und Misserfolg.

Manche Vorhand-Fehler erscheinen dem Reiter unerklärlich. Dann fallen Sätze wie: „Der sprang bis dahin so gut und auf einmal greift er mit 'nem Bein nach vorne." Das kann natürlich immer mal vorkommen. Aber vielleicht winkelte das Pferd an den vorherigen Sprüngen die Vorderbeine derart stark an, dass es sich unter die Brust schlug. Um diesem Schmerz zu entgehen, fuhr es am darauf folgenden Sprung ein

SPRINGTRAINING

Kapitel 4

Vorderbein nach vorne aus und traf dabei die Stange. Ein gut gepolsterter Bauchlatz hätte solchen Fehler vermeiden können. Er sollte allerdings eng anliegen, denn leichte Hindernisstangen in flachen Auflagen können bereits durch einen herunterhängenden Bauchlatz abgerollt werden. Oder das Pferd griff sich im Absprung mit dem Hinterfuß an bzw. in ein Vordereisen. Dann sollte zu einem Greifbeschlag gewechselt und/oder zum Springen Sprungglocken oder ein Tapeband angelegt werden.

Explosives Abfußen

Wenn das Pferd etwas langsam abfußt, dann hilft das Training über eine Galoppstange, ausgelegt für den letzten Galoppsprung vor dem Hindernis.

Wird im Absprung vermehrt getrieben, so kann man dadurch ein explosiveres Abfußen erreichen. Hugo Simon war z.B. ein glänzender Vertreter dieser Technik. Der Schenkeldruck darf dabei erst einsetzen, wenn die Vorderbeine im letzten Galoppsprung bereits aufgefußt haben, damit der Absprungspunkt nicht näher an den Sprung verlagert wird. Lediglich die Hinterhand wird in diesem Moment zum vermehrten Unterspringen veranlasst, was die Flugkurve eher höher als weiter werden lässt. In dem Bestreben, das Abfußen zu beschleunigen, darf der Oberkörper des Reiters nicht stärker nach vorne verlagert werden oder die Hand zu früh nachgeben. Erst im Scheitelpunkt der Flugkurve verlangt die Bascule eine nachgebende Hand.

Diese Unterstützung sollte lediglich bei Pferden angewandt werden, die mit den versammelnden Hilfen vertraut sind und nicht dazu neigen, zu sehr „nach vorne" zu springen. Sie sollten für diese Reitweise auch eine unverkrampfte Hinterbeintechnik haben, damit sie Hinterhandfehler vermeiden können.

Doch bei allen Möglichkeiten den Sprungablauf zu beeinflussen, soll man nicht in Extreme verfallen. Die mahnenden Worte des Oberbereiters der Wiener Hofreitschule in der Mitte des 19. Jahrhunderts gelten auch für den heutigen Springsport:

„Der Missbrauch übertriebener und steter Kraftanwendung zeigt keine Wirkung; er lähmt und macht alle Anstrengung zunichte; mit anderen Worten, diese Kraftanwendung führt nur zu Abgestumpftheit und völliger Gleichgültigkeit den Hilfen gegenüber."
GRAF MONTIGNY

Eine Stange für den letzten Galoppsprung vor dem Abspringen fördert energisches, explosives Abfußen.

← 2,50 m – 3,00 m → ← 3,00 m →

„Laufen"

Ein äußerst gravierender und unangenehmer Fehler der Vorderbein-Technik ist es, wenn das Pferd über einem Hoch-Weit-Sprung „zu laufen" beginnt. Aus Sorge, die nötige Weite nicht mehr erreichen zu können, versucht ein solches Pferd, durch Ausstrecken eines oder beider Vorderbeine Grund unter den Hufen zu finden. Das führt nicht nur mit hoher Wahrscheinlichkeit zu einem Abwurf; es erschwert auch das sichere Landen, da die Oxerstange in der Regel zwischen die Vorderbeine gerät und einen Sturz verursachen kann. Dieser Technikfehler ist eine Sache der Veranlagung. Pferde wie „Ratina" (Raymakers/Beerbaum), „For Pleasure"

▲ *Die fatale Anlage, schwierige Situationen durch „Laufen" lösen zu wollen, ist in der Regel naturgegeben. For Pleasure gehört zu dem Pferdetyp, der nie zum „Laufen" neigt, auch wenn die Oxerstange noch so weit weg ist. Er ist sehr vermögend und weiß das auch!*

(Nieberg/Ehning) würden wohl nie anfangen „zu laufen", auch wenn der Oxer-Aussprung der Dreifachen noch so weit weg stehen sollte. „L'Eperon" (Kreutzmann/Nagel) oder „Cassini" (Sloothaak) hatten dagegen immer wieder mit diesem Problem zu kämpfen.

Der Reiter eines solchen Springpferdes kann nur versuchen, es auf dem Abreiteplatz nicht zu sehr ‚nach oben' einzustellen. Er darf die Flugkurve in der Vorbereitung nicht zu steil werden lassen und wird das Pferd außerdem nicht in Prüfungen einsetzen, die an sein Limit gehen. Zudem sollte er das Pferd am Sprung gut „vor sich behalten". Einen direkten Zusammenhang zwischen begrenztem Vermögen und dem „Laufen" gibt es allerdings nicht. Schon eher verhält sich dieses Phänomen umgekehrt — proportional zum Kampfgeist.

Gefährlich wird es, wenn Pferde zum „Laufen" neigen. ▶
L'Eperon am Aussprung einer weitstehenden Kombination auf den Europameisterschaften in Hickstead. Diese Situation lässt erahnen, welche Rolle sein Reiter Carsten-Otto Nagel bei den herausragenden Championatserfolgen dieses Paares gespielt hat.

SPRINGTRAINING

4.1.4 Hinterbeintechnik

Die natürliche Hinterbeintechnik kann über die Hilfen nur geringgradig positiv beeinflusst werden. Das Bestreben muss vielmehr dahin gehen, die Hinterbeintechnik, wie sie sich zum Beispiel im Freispringen zeigt, unter dem Reiter zu erhalten.

▲ *Normal angewinkeltes Hinterbein.* ▲

▲ *Eine „sich öffnende Hinterhand" ist für ein gutes Springpferd nicht zwingend erforderlich, spricht aber für Elastizität des Körpers. Hier klemmt – zumindest im Hinterbein – kein Scharnier!*

▲ *Das Kreuzen der Hinterbeine ist für ein Springpferd ohne größere Nachteile. Eine eventuelle Verletzungsgefahr kann durch lange Hinterbeingamaschen oder Bandagen umgangen werden.*

85

Springpferde-Ausbildung heute

▲ Besonders kämpferisch veranlagte Pferde schlagen über dem Sprung auch schon mal aus. Nicht weiter schlimm – das ist nur dann ärgerlich (und kaum zu korrigieren), wenn sie dabei die Stange heraustreten.

■ „Zur-Seite-schwenken"

Verlagert der Reiter sein Gewicht über dem Sprung stets stark zur Seite, so zwingt er sein Pferd zu einer Ausgleichsbewegung. Ein „zur-Seite-schwenken" der Hinterhand ist oft die Folge.

Interessant war es, als John Whitaker Ende der achtziger Jahre zwischen zwei Turnieren bei Paul Schockemöhle in Mühlen Station machte. Jeder dort tätige Reiter war daran interessiert, sich von Weltklassereitern seines Formats etwas abzuschauen. Also wurden ihm die besten Pferde gesattelt. Unter anderem wurde Deister gebracht. Mit seiner Art, die Hinterhand über dem Sprung zur Seite zu drehen, hatte ihn Paul Schockemöhle zu einem der weltweit gewinnreichsten Pferde gemacht. John Whitaker sprang ihn und war anschließend der Ansicht, dass er dieses Pferd wohl nicht hätte erfolgreicher machen können. Doch das „Zur-Seite-drehen" brachte er mit der Angewohnheit Paul Schockemöhles zusammen, sich über jedem Hindernis stark zur Seite zu lehnen. Fatale Folgen für seinen Reiter hatte dieser Springstil auf der Weltmeisterschaft in Dublin 1982: Das Paar musste an einem seitlich höherem Bogengatter durch ein Seitwärtsschwenken der Hinterbeine einen Abwurf hinnehmen, der ihnen den Einzug in das Finale der besten Vier verwehrte.

Champion du Lys ist das Gegenteil eines Kraftspringers, aber er kompensiert das durch seine Technik: Im Absprung macht er sich klein – er „taucht" vor dem Sprung, um über eine vermehrte Hankenbeugung den Schwung für mehr Sprungkraft zu entwickeln. ▼

SPRINGTRAINING

■ Zum Treiben kommen

Ab einer gewissen Höhe muss der Reiter am Hoch-Weit-Sprung im Absprung zum Treiben kommen. Wenn am Oxer oder an der Triple-Barre kontinuierlich ohne „Bein" geritten wird, verschlechtert sich in der Regel der Ablauf: das Vorderbein wird früher ausgefahren, das Pferd fühlt auf die hintere Stange. Der Schwung geht verloren, der Sprung wird nicht „zu Ende gemacht". Der Sprungablauf wirkt nicht mehr vermögend. Es kann sogar dahin führen, dass die Hinterbeine krampfhaft unter den Bauch gezogen – oder kurzzeitig in den Hoch-Weit-Sprung hineingesteckt werden.

Werden die Hinterbeine trotz korrekt treibender Hilfe unter den Bauch gezogen, ist das Pferd in der Regel von seinem Vermögen her überfordert. Ähnlich wie das „Laufen" tritt es besonders in weit stehenden Kombinationen auf (Absprungspunkt und Tempo sind hier nicht immer optimierbar), gelegentlich werden hierbei die Hinterbeine in den Oxer hinein gestreckt. Wenn dieses Hineinhaken der Hinterbeine auch aus den gleichen Gründen wie das „Laufen" der Vorderbeinen geschieht, so birgt es doch keine Sturzgefahr in sich und ist deshalb der geringere Fehler.

Typisch sind **Hinterhandfehler** in schnellen Springen: Nach langer Galoppstrecke wird das Pferd nicht mehr aufgerichtet, die Flugkurve ist folglich weit und flach; die ganze Konzentration ist auf das schnelle Anwinkeln der Vorderbeine gerichtet. Die Hinterbeine können infolgedessen nicht mehr schnell genug angezogen werden. Der Reiter muss dann im Kampf gegen die Uhr genug Übersicht behalten, um sein Pferd nach hohem Tempo rechtzeitig vor dem Sprung wieder in die Balance zu bringen. Zudem muss er daran denken, dass die Flugkurve bei höherem Tempo auch weiter wird. Also: Nach langer Galoppstrecke Platz zum Sprung lassen. Und sich im Absprung nicht zu weit nach vorne legen, denn sonst wird der Sprungablauf flach!

■ „Schnick" durch Trick

In den vergangenen Jahren ist es geradezu modern geworden, dieses „sich-öffnen" durch Hilfsmittel wie bleibeschwerte Streichkappen oder besonders stramm angezogene Hinterbein-Gamaschen zu verbessern. Bei einigen Pferden ist tatsächlich eine erstaunliche Wirkung zu erkennen: Sie konzentrieren sich besonders auf die Hinterhand, sie „öffnen" sich vermehrt, der Ablauf wirkt spektakulärer. Aber Achtung: sensible Pferde lassen sich hierdurch leicht irritieren und verweigern schneller. Außerdem wird die ökonomische Einteilung der Kräfte im Parcours und die Balance über dem Sprung (Vorderbein wird u.U. früher ausgefahren) erschwert.

Also, genug des Blickes in die Trickkiste der Springreiterei: Denn die Absicht dieser Arbeit liegt vielmehr darin, sich mit der **Ausbildung** des Springpferdes und nicht mit kurzfristiger Effekthascherei zu befassen. Aber auch wenn seriöse Grundausbildung das Thema ist – über eines muss man sich im Klaren sein: keine auch noch so große Palette an ausbilderischen Fähigkeiten kann die **Grundqualität** eines Pferdes dauerhaft ersetzen. Sie soll nur den **natürlichen** Talenten zur Entfaltung verhelfen.

4.1.5 Gesamtablauf

Bevor der Gesamtablauf am Sprung verbessert werden soll, müssen die dressurmäßigen Voraussetzungen stimmen. Es hat keinen Wert, Einfluss auf die Springtechnik nehmen zu wollen, wenn das Pferd nicht in jeder Situation vor und nach dem Sprung kontrollierbar und losgelassen ist. Es kann zum Beispiel nicht von jedem Pferd ein kraftvoller Absprung erwartet werden, wenn der Schwung des Bewegungsablaufs oder die Balance bzw. das Geraderichten fehlt.

Zu frühes Abspringen

Der gewünschte Absprungspunkt sollte möglichst unauffällig vorgegeben werden. Der geschickte Reiter führt sein Pferd so zum Hindernis, dass es den vom Reiter gewählten Absprungspunkt als den einzig möglichen erkennt. Dazu braucht er ein gutes Auge und ein einigermaßen durchlässiges Pferd. Die Durchlässigkeit fehlt oft, wenn das junge Pferd gerne zu früh abspringt. Meistens passiert das bei stürmenden Pferden, die vor dem Sprung stärkere Anlehnung suchen und eine vom Reiter ungewollte Körperspannung aufbauen. Diese Spannung veranlasst solche Pferde dazu, „auf groß" zu gehen. Der Arbeitsschwerpunkt muss dann auf Losgelassenheit und Balance vor dem Sprung gelegt werden. Sprünge aus dem Trab, Galoppstangen vor dem Sprung und nicht zu enge Distanzen helfen, dem Pferd die gewünschte Galoppsprungzahl nahe zu bringen.

Unterlaufen

Anders liegt die Sache bei Pferden, die den Sprung unterlaufen. Stets ist das ein Zeichen von Unsicherheit. Deshalb unterlaufen häufig Pferde, die von schwachen Reitern geritten wurden. Sie scheuen das frühe Abspringen aus Angst vor einem schmerzvollen Fehler bzw. aus Furcht, gestört zu werden. Das kann so weit führen, dass sie selbst bei passenden Absprungspunkten verzögern. Auch wenn sie von einem Reiter mit gutem „Auge" übernommen werden, kann es noch Monate dauern, bis sie wieder in jeder Situation sicher abspringen.
Zur Korrektur wird zur Absprungerleichterung die Grundlinie des Sprunges vorgezogen und ein etwas dichter bis mittlerer Absprungspunkt gewählt. Das Pferd muss während des Anreitens „vor dem Reiter" bleiben, d.h. deutliche Anlehnung bis nach dem Abfußen im Absprung. Dadurch werden Situationen vermieden, in denen das Pferd noch einen Galoppsprung hinzufügen kann. Von Mal zu Mal wird das Vertrauen in den Reiter gestärkt werden, bis der Absprungspunkt (stets bei vorgezogener Absprungstange) auch etwas vorverlegt werden kann. Auf schwungvollen Ablauf achten!

Ein nicht ganz vorsichtiges Pferd kann schon mal nachlässig werden, wenn es immer passend herangebracht wird. Es fühlt sich zu sicher, ganz nach dem Motto: „Der da oben wird's schon bequem einrichten, da brauche ich mich nicht anzustrengen!" Solchen Pferden wird die Arbeit erst interessant, wenn sie gelegentlich mittaxieren müssen. Sie konzentrieren sich mehr, wenn der Absprungspunkt nicht immer ideal liegt. (Siehe Seite 90 „zur Aufmerksamkeit erziehen")

„Mit Körper"

Springt das junge Pferd mit zu viel „Körper" bzw. hält sich über dem Sprung fest, so ist das in der Regel ein Zeichen von Vorsicht und wird von guten Reitern dadurch nicht ungern gesehen. Denn sie wissen, dass mit zunehmender Routine und Gewöhnung der Ablauf ökonomischer wird. Grundvoraussetzung hierfür ist die Losgelassenheit und das Vertrauen zum Reiter.

Es gibt allerdings einen gewissen Pferdetyp, der es zeit seines Lebens bevorzugt, die Hindernisse zu hoch, aber dafür mit hängenden Beinen zu überwinden. Populärstes Beispiel hierfür war in den letzten Jahren wohl Rodrigo Pessoas Tomboy. Solange diese Technik mit Vorsicht gepaart ist, stellt sie nicht zwangsläufig einen Nachteil dar. (Auch wenn Pessoa jr. im Weltcupfinale 1997 den Sieg verpasste, weil er diese Gewaltsätze nicht mehr aussitzen konnte.) Natürlich ist eine solche Springmanier, wo jedes Hindernis einen halben Meter höher überwunden wird, unökonomischer und damit verschleißender. Solche Pferde benötigen also nicht nur mehr Kraft, auch mehr Härte als andere.

■ „Bauchrutschen"

Ist über dem Sprung zu wenig Platz zwischen Pferderumpf und Stange, springt das Pferd also nicht „mit Körper", dann müssen breite Oxer aus versammeltem Tempo gesprungen werden. Auch das Springen aus dem Schritt kann das Pferd nach oben einstellen. Dabei wird das Pferd im Schritt locker und entspannt gegen ein nicht zu hohes Hindernis geritten. Erst auf den letzten Metern wird dann Spannung aufgebaut. Das „in die Hand hineintreiben" darf erst nachlassen, wenn die Hinterhand sich bereits vom Boden gelöst hat. Erfolgt das Nachgeben zu früh, kann das Pferd im Absprung unsicher werden und zögern. Diese Art des Springens lässt die Flugkurve steiler werden. Außerdem macht sie „heiße" Pferde (oder deren naturgegebener Schwung noch nicht in kultivierte Bahnen gebracht wurde) am Sprung kontrollierbarer und überlegter.

Wenn das Pferd mit zu wenig Körpereinsatz springt, ist das Problem auch manchmal hausgemacht: Indem der Reiter sein Pferd **nach** dem Hindernis eigenmächtig schneller werden lässt, werden die darauffolgenden Sprünge flacher. Dem unerfahrenen Pferd wird noch zugestanden, sich nach dem Sprung frei zu bewegen und so die Anspannung heraus zu lassen. Junge Pferde springen sich auseinander, das ist ganz normal. Doch sollte man diese Tendenz nicht noch durch ein unkontrolliertes laufen lassen unterstützen. Je weiter die Ausbildung voranschreitet, desto wichtiger wird das erneute Ausbalancieren (auf die eigenen Füße bringen) nach dem Sprung.

■ Schwungvoller Ablauf

Ist das Abspringen mit Schwungverlust verbunden, so kann ein wiederholtes energisches Zulegen direkt nach dem Sprung helfen. Der Hilfen äußerstes Mittel wäre eine Gerten- oder Peitschenhilfe im Absprung oder über dem Sprung. Der Absprungpunkt sollte dabei nicht zu dicht liegen, damit das Pferd nicht aus Furcht vor einem Abwurf der vorderen Stange „zurückkommt". Der Reiter darf das junge Pferd auch nicht zum Sprung hin zu lang werden lassen. Er muss Anlehnung behalten – das Pferd mit seinen Hilfen einrahmen. Denn fühlt sich ein Springpferd im Anreiten überritten, so kann es skeptisch werden und nicht den gewünschten Elan im Ablauf entwickeln.

■ „Totes Landen"

Wenn das Pferd schwer landet und an Schwung verliert, spricht man auch vom „toten Landen". Neben einer gewissen genetischen Disposition (z.B. bei schwerem Warmblut) kann dies auf mangelnde körperliche Fitness oder Überanstrengung hindeuten. Bei extrem vorsichtigen Pferden kann es daran liegen, dass sie sich am Sprung zu sehr verausgaben. In diesem Falle ist darauf zu achten, das Springen möglichst bequem zu gestalten. Das bedeutet konkret:

- flüssiges Grundtempo bei nicht zu dichtem Absprungpunkt;
- Effektivität der Einwirkung (je mehr Druck, desto „klemmiger" wird das Pferd in der Regel);
- Trainings-Parcours mit leichten Abmessungen;
- Turnierplanung: mit Einlauf-Prüfungen beginnen;
- Saisonplanung: vom häufigeren Leichten zum gelegentlichen Schweren.

Ist es weder verkrampft noch überanstrengt, so kann ein hochstehendes Cavaletto oder eine einzelne Stange – 3 bis 3.5 m hinter einen (zuerst kleinen) Oxer gestellt – zum flüssigeren Landen verhelfen.

■ Zu Ende springen lassen

Basculiert das Pferd nicht lange genug oder fährt die Vorderbeine zu früh zum Landen aus und „fühlt" dadurch auf die hintere Stange, so spricht man im Jargon davon, dass das Pferd „nicht zu Ende springt". Um diesen Fehler zu korrigieren, werden Hoch-Weit-Sprünge mit niedrigerer vorderer Stange im geschlossenem Galopp auf dicht geritten. Somit wird das Pferd sich erst auf die hintere Stange konzentrieren. Nach mehrmaligem Wiederholen kann jetzt zum Abschluss ein Carrée-Oxer gesprungen werden. Vielleicht wird die vordere Stange erst einmal abgeworfen; die Aufmerksamkeit wird dadurch aber nicht von der hinteren Stange auf die vordere umgelenkt, sondern auf beiden liegen. Die Bascule mit einem „Sich öffnen" wird hiermit verbessert.

Ein freies „Nach-vorne-reiten" im Parcours, wie es in Amerika oft praktiziert wird, verbessert bei vielen Pferden den Gesamtablauf. Dort wird dieses flüssige Reiten bereits durch die Art des Parcoursaufbaus gefördert. Die Plätze sind in der Regel groß, die Hindernisse stehen weiter auseinander, die Oxer nationaler Prüfungen bisher selten carrée. Die Körperhaltung des Pferdes ist auf dem Weg zum Sprung ungezwungen, frei. Es wird vor dem Sprung weniger „zusammengehalten". Das Pferd darf die Haltung einnehmen, die ihm am bequemsten ist. Sie müssen auf diese Weise zwar hellwach sein, viele springen aber pfiffiger, vermögender und (im wahrsten Sinne des Wortes) losgelassener.

■ Zur Aufmerksamkeit erziehen

Man darf nicht durch übermäßig häufiges Springen oder uninteressante Aufgaben ein kraftloses, mattes Abfußen einschleißen lassen. „Es muss unter einem immer etwas passieren", wie Franke Sloothaak es einmal treffend benannte. Eine frische und tatendurstige Verfassung des Pferdes ist Voraussetzung für den Lernerfolg, während Monotonie und Übermüdung Nachlässigkeiten aufkommen lassen. Der Reiter sollte die Arbeit abwechslungsreich gestalten, um Interesse und Aufmerksamkeit ständig neu wecken[24].

„Das Springpferd", so Franke Sloothaak, „sollte stets etwas mehr Respekt vor dem Sprung haben als der Reiter." Aus diesem Grund muss im Training nicht jeder Abwurf durch reiterliche Einwirkung vermieden werden. Wenn jedoch nicht die letzte reiterliche Unterstützung gegeben wird, so muss doch das konzentrierte Pferd eine Chance haben, einen Fehler vermeiden zu können. Trotzdem soll das Springen bequem fürs Pferd sein, es soll sich nicht vor Anstrengung verkrampfen. Erfahrung und das Feingefühl sind hier gefragt, um stets die „goldene Mitte" zu finden.

Dem routinierten, zu lässig springenden Pferd kann man im Training oder auf dem Abreiteplatz gelegentlich die Absprungstange entfernen, um es aufmerksamer zu machen. Außerdem empfehlen sich Springgamaschen, die das Röhrbein nach vorne hin frei lassen. Ein Berühren der Stange sollte in jedem Fall vom Pferd registriert werden können, damit es aus seinen Fehlern lernen kann.

4.2 Training von Naturhindernissen

Xenophons Grundsatz: „Vom Leichten zum Schweren" ist beim Üben von Naturhindernissen besonders wichtig. Immer wieder lassen sich Reiter von dem sicheren Gefühl täuschen, das ihnen ein routiniertes Pferd an Steilsprung und Oxer vermittelt. Dann reiten sie plötzlich Natursprünge von gleich hohem Schwierigkeitsgrad an und wundern sich, dass ihr Pferd zögert oder verweigert. Oder es ist ihnen nur zu lästig, an einen Ort zu fahren, wo ein adäquates Naturhindernis zu trainieren wäre. Fazit: Das Pferd wird in dieser Situation überfordert, das Urvertrauen ist „angeknackst".

---

[24] Smith, Harvey: „Show-Jumping". (1979) TTT Ltd. London; S.49

SPRINGTRAINING

4.2.1 Fleißarbeit Natursprünge

Leider werden im heutigen Parcoursbau nur noch selten Naturhindernisse eingebaut. Denn oft sind diese Sprünge auf den Veranstaltungen schlecht angelegt oder entsprechen nicht mehr den gestiegenen Sicherheitsansprüchen. Oder sie werden von den Reitern abgelehnt, weil sie so schwierig sind, dass sie viele Verweigerungen nach sich ziehen. Würde bereits in den überwiegend von Professionals besetzten Springpferde-Prüfungen immer wieder ein kleiner Wassergraben, Wall oder Trakehner Graben stehen, gäbe es später wahrscheinlich weniger Probleme.

Trakehnergräben, Auf- und Absprünge des Billards usw. können in der Weiterbildung des Springpferdes eher zu der Kategorie „Fleißarbeit" gezählt werden. Zuerst springt man öfters kleine und leichte Ausführungen dieser Naturhindernisse, bevor furchterregendere Objekte angeritten werden. Reiterlich ist darauf zu achten, dass im Absprung die Spannung so lange bestehen bleibt, bis die Hinterhand sich vom Boden abgedrückt hat. Geht die Hand zu früh vor, kann sich das unerfahrene oder ängstliche Springpferd plötzlich allein gelassen fühlen und zögern.

4.2.2 Wassergraben

Das Springen eines Wassergrabens ist ein typisches Kriterium in Prüfungen für Sechsjährige und Ältere, ist aber auch auf Championaten für Fünfjährige (und deren Qualifikationsprüfungen) fester Bestandteil des Parcours. Grundsätzlich gibt es hierbei nur Probleme zweierlei Art: das Pferd besitzt entweder zu viel oder zu wenig Respekt vor dem Wasser. In der Ausbildung des jungen Springpferdes stoßen wir überwiegend auf die erste Variante: Es gilt, die Angst zu überwinden. Bereits das Durchqueren von Bächen und Pfützen kann die erste Scheu vor Wasser nehmen.

Ein transportabler Gummiwassergraben ist praktisch. Vor allem, wenn ein solches Hindernis das erste Mal trainiert wird. Er wirkt nicht so Furcht erregend wie ein fest installierter Natursprung und bildet keine Gefahr, wenn das Pferd einmal hineintritt. Der Wassergraben sollte im Training überwiegend überbaut gesprungen werden. Zögerlichen Pferden wird so mehr Sicherheit gegeben, da ihnen ein solches Hindernis bekannter vorkommt als ein flacher Graben.

Und Springpferde, die zu wenig Respekt besitzen und gerne ins Wasser treten, gewöhnen sich durch das Überbauen daran, hinter der Kante des Grabens zu landen.

◀ *Die Fangständer und die Begrenzung an der vorderen Kante geben dem jungen Pferd optische Orientierung. Wenn ein Wassergraben derart respektvoll übersprungen wird, dann muß er nicht unbedingt mit einer Stange überbaut sein. Springt das Pferd jedoch nicht so kraftvoll ab und verlängert nur seinen Galoppsprung, dann hilft eine über das hintere Drittel des Grabens gehängte Hindernisstange.*

Mit diesem Typ sollte man den Wassergraben nicht zu oft trainieren, damit er auf dem Turnier aufmerksam gesprungen wird. Zudem sollte man auf Ausritten Wasserläufe und Pfützen umreiten, damit eine gewisse Achtung vor dem nassen Element nicht abtrainiert wird.

Das Anreiten erfolgt aus erhöhtem Grundtempo — der Absprungspunkt liegt kurz vor der Vorderkante des Wassergrabens. Ganz wichtig: Im forcierten Tempo, das für einen Weitsprung nötig ist, muss der Reiter sich trotzdem „hinziehen lassen", muss das Pferd „vor sich behalten". Missachtet er diesen Grundsatz, so kann das vorsichtige oder ängstliche Pferd sich überritten fühlen und verweigern. Diese Ausbildungsstufe sollte von vornherein sehr ernst genommen werden, denn ist erst einmal bei einem sensiblen Pferd das Vertrauen gestört, so ist es mitunter für seine restliche Karriere mit einem „Wasserproblem" behaftet.

Ein Pferd, bei dem ein solches Trauma durch geschickte reiterliche Einwirkung wieder verschwand, war Giulietta. Ihr Vorbesitzer, ein sehr erfolgreicher und starker junger Reiter, gab sie bei Paul Schockemöhle unter anderem deshalb in Zahlung, weil sie eine tiefe Abneigung gegen Wassergräben besaß. Um ihr das nötige Selbstvertrauen zu geben, war es entscheidend, dass sie vor dem Wassergraben nicht überritten wurde, also „vor dem Reiter" blieb. Sie vertraute dann dem Reiter, besaß aber immer noch so viel Respekt vor dem nassen Element, dass sie stets weit hinter der weißen Linie landete. Sie war später so sicher geworden, dass sie unter meinem Bruder Alois mehrfach erfolgreich in Nationenpreisen eingesetzt werden konnte.

Ein Wassergraben ohne jede optische Begrenzung würde ein junges Pferd überfordern. Solche Aufgaben sind sehr routinierten und erfahrenen Pferden zuzumuten. ▼

Wenn junge Pferde im Training erstmals furchterregende Hindernisse springen sollen, kann man den Herdentrieb ausnutzen: Ein routiniertes Pferd springt vorweg und „zieht" das unerfahrene mit. Der Abstand zwischen den Pferden sollte allerdings nicht größer sein als auf diesem Bild. ▼

SPRINGTRAINING

▲ *Die Kante des Wassergrabens muß mit rutschfestem und stoßabsorbierendem Material ausgelegt sein. In diesem Fall wurde eine perforierte Gummimatte verwendet.*

Halt. Der Graben sollte zudem breit angelegt sein, damit das Pferd keine Möglichkeit zum seitlichen Ausbrechen sieht. Außerdem darf er nicht über zu viel Tiefe verfügen. Dem Pferd soll bereits beim ersten Versuch die Aufgabe lösbar vorkommen. Soll später einmal ein großer Wassergraben von z.B. vier Metern trainiert werden, so genügt es, kleine Hecken oder Ginsterhürden vorzusetzen.

Von Bedeutung ist die Hinterkante des Grabens. Sie darf nicht zu steil gewinkelt sein und muss mit rutschfestem, stoßabsorbierendem Material (Kokosmatte oder Ähnliches) ausgelegt sein, um Stürze und Verletzungen zu vermeiden. Außerdem muss das Wasser bis an die Kante des Grabens (weiße Linie) reichen. So ist das Ende des Sprunges klar erkennbar und es wird kein „aufs Band treten" anerzogen.

Bei Wasserproblemen kann ein zu aggressives Training dazu führen, dass im Parcours unter jedem Sprung ein Graben gesucht wird. Besser ist es da, den Herdentrieb auszunutzen (ein erfahrenes Pferd vorweg), Zwang zu vermeiden und diese Aufgabe gelegentlich in die tägliche Arbeit mit einfließen zu lassen. So werden mit dem Wasserspringen nicht mehr Schmerz und Stress assoziiert.

Bei einem festen Wassergraben ist es wichtig, wie er angelegt wurde. Junge Pferde springen ihn leichter in Richtung Ausgang. So kann der Stalldrang ausgenutzt werden. Wer die Möglichkeit hat, sollte beim ersten Wasserspringen den Herdentrieb ausnutzen und ein erfahrenes Paar vorweg springen lassen.

Seitliche Begrenzungen durch eine Hecke oder hohe Fänge geben optischen

4.3 Kombinationen und Hindernisfolgen

Bevor Distanzen und Hindernisfolgen trainiert werden, sollte am einzelnen Sprung bereits sichergestellt sein, dass das Pferd auch nach dem Sprung an den Hilfen und in der Balance bleibt. Denn nur unter dieser Voraussetzung kann der Reiter zwischen den Hindernissen entsprechend Einfluss nehmen. Als Vorbereitung kann man z.B. einen einzelnen Steilsprung überwinden, danach eine Kehrtwendung reiten und nun über den selben Sprung von der anderen Seite springen. Reitet man auf diese Art einige Male hin und wieder zurück, so merkt man, wie das Pferd auch nach dem Hindernis die verhaltenden Hilfen immer besser annimmt. Als nächster Schritt kann eine erste Hindernisfolge trainiert werden. Eine unaufwendig zu bauende und relativ abwechslungsreiche Übung für das Wintertraining ist diese Hindernisfolge:

passend stehen. Es macht keinen Sinn, stets ideale Abstände zu überwinden, denn auf dem Turnier wird das Springpferd ebenfalls mit engen oder weiten Distanzen konfrontiert. Sie sollten jedoch immer **dem Ausbildungsstand und den Möglichkeiten des Pferdes entsprechen** und den natürlichen Fluss der Bewegung nicht behindern. **In engen Kombinationen oder Distanzen ist darauf zu achten, dass der letzte Galoppsprung vor dem Hindernis „zu Ende" gesprungen werden kann.** Die geforderte Verkürzung des letzten Galoppsprungs sollte dem Grad der Versammlung entsprechen, der in der bisherigen dressurmäßigen Ausbildung erreicht wurde. Sonst kann das zu Verkrampfung, Schwungverlust oder Zögern führen.

Werden weite Abstände geübt, so muss man darauf achten, dass sich das Pferd nicht ängstigt und verkrampft oder die Flugkurve verflacht. In weiten Zwischenräumen darf man speziell bei unroutinierten Pferden die Führung nicht vernachlässigen. Rahmt man das Pferd

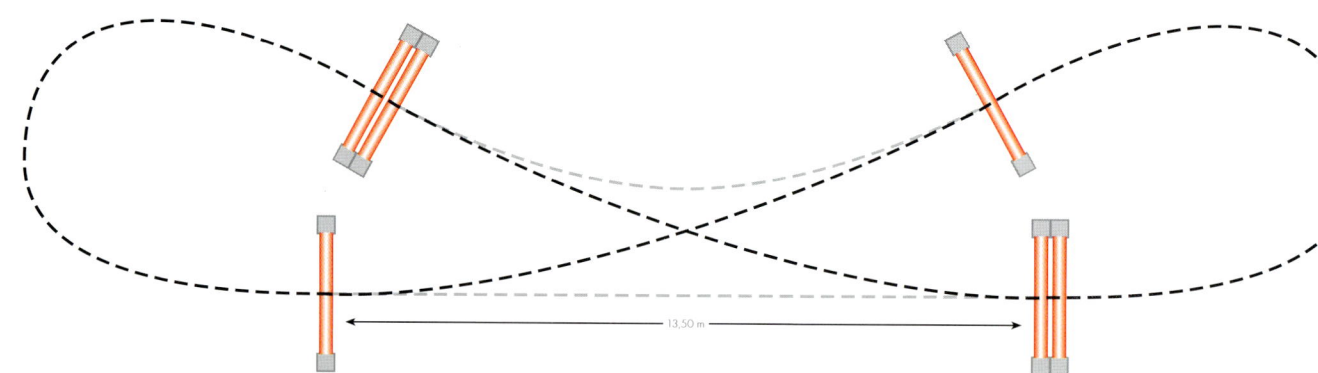

Vorbereitung auf das Parcoursspringen: Bei dieser Hinderniskonstellation läßt sich in einer 20 x 40 m – Halle mit wenig Material- und Arbeitsaufwand das rhythmische Reiten verschiedener Hindernisfolgen auf beiden Händen üben.

Hierdurch lernt das junge Pferd auch in einer kleinen Halle, im Wechsel von geraden und gebogenen Hindernisfolgen seinen Rhythmus zu behalten.

Je weiter die Ausbildung voranschreitet, desto eher variieren die Hindernisfolgen und ihre Abstände. Sie müssen dann nicht mehr optimal

nicht direkt nach dem Einsprung mit Schenkel- und Zügelhilfen wieder ein, wird es meist unsicher.

Manchen Pferden bereitet ein höherer Steilsprung als Einsprung einer Kombination Schwierigkeiten. Sie werden unsicher in der Vorderbeintechnik, verdrehen sich im Körper

SPRINGTRAINING

oder „rasieren" die erste Stange, springen also nicht genügend „mit Körper". Nicht immer ist dieses Problem durch das Training in den Griff zu bekommen. Vielmehr ist das Geschick, mit dem ein vertikaler Einsprung bewältigt wird, ein naturgegebenes Qualitätsmerkmal.

Im Training sollte hin und wieder ein überbauter Wassergraben in eine kleine Kombination integriert werden, damit auf dem Turnier aus einer solchen Kombination keine Komplikation wird. Vor allem übervorsichtigen oder „guckigen" Pferden bereitet diese Ausbildungsstufe schon einmal Schwierigkeiten (siehe Kap. 5.1 Was tun bei Widerstand?).

Eine dreifache Kombination sollte ebenso zum Standardrepertoire gehören. Sie stellt jedoch für ein veranlagtes Pferd, das eine Zweifache bereits sicher überwindet, kein wirkliches Problem dar. Durch Gymnastikreihen ist es aus dem Training an die Abfolge mehrerer Sprünge gewöhnt. Somit ist eine passend gestellte Dreifache oder sogar Vierfachen kein besonderer Schwierigkeitsgrad. Die Problematik ist hier für den Reiter weitaus größer: Er muss das rechte Gefühl dafür besitzen, wie die jeweilige Kombination taktisch günstig angeritten wird und muss dies entsprechend treffsicher umsetzen (Tempo, Absprungpunkt, Flugkurve).

Werden die Abstände in der dreifachen Kombination unpassend gestellt, dann sind durchlässige Qualitätspferde und sichere Reiter gefragt. Mit diesen Problemen werden üblicherweise erst die Teilnehmer der schweren Klasse konfrontiert. Ganz allgemein muss die Aufgabenstellung selbstverständlich dem momentanen Ausbildungsstand angepasst sein und darf keinesfalls eine Überforderung darstellen. Zu viele Beispiele von Klassepferden gibt es, deren Karrieren sich durch falschen Aufbau nicht ihren Möglichkeiten entsprechend entwickelten.

> Das Springen von schwierigen Zwei- und Dreifachen ist natürlich auch eine Frage der Routine: Banghui del Follee oder Power Light „fühlten" anfangs mit ihren Vorderhufen auf die Oxerstange eines Einsprungs. Sie waren nicht sicher und wollten den zweiten Schritt vor dem ersten tun. Sie fuhren ihr „Fahrwerk" bereits aus, obwohl der Sprung noch nicht „zu Ende gesprungen" war. Bei beiden legte sich diese Schwäche alleine durch die Übung. Später wurden sie regelrechte Spezialisten für Kombinationen: Egal, ob es drinnen weit oder eng wurde, sie erkannten und lösten die Situation.

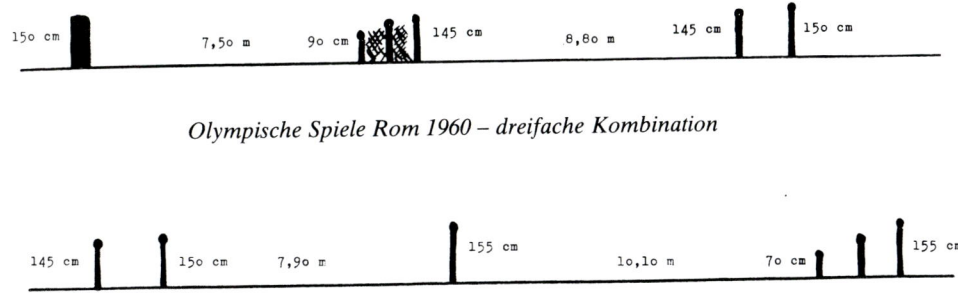

Olympische Spiele Rom 1960 – dreifache Kombination

»Ersatzspiele« Rotterdam 1980 – dreifache Kombination

Negativ-Beispiele aus der Geschichte des Springsports: Gestern wie heute sind derart extreme Zwischenräume für kaum ein Pferd lösbar und deshalb unfair. Solche Anforderungen zerstören die Basis des Springsports, das Vertrauen des Pferdes.

Durch die veränderten Rahmenbedingungen des Springsports (besserer Boden, bessere Zucht, besseres Reiten, leichtere Bauweise usw.) haben sich die Idealabstände etwas erweitert; der durchschnittliche Galoppsprung kann (zumindest ab Klasse M) nach Olaf Petersen mit 3,70 m angesetzt werden. Zu einer gedachten Kombination von 10,80 m Zwischenraum werden jeweils diese 3,70 m pro Galoppsprung hinzuaddiert, um die Anzahl der Galoppsprünge in einer Distanz errechnen zu können. Zudem muss berücksichtigt werden, dass kleinere Sprünge eine kürzere Flugkurve benötigen als größere. Doch nicht nur das Zentimetermaß entscheidet, ob eine Distanz passend gestellt ist oder nicht.

Folgende Faktoren lassen eine Distanz bzw. Hindernisfolge weiter werden:
- tiefer Boden,
- Linie führt bergauf,
- Linie vom Ausgang weg,
- imposante, füllige Bauweise (z.B. Mauer),
- kleine Übersetzung des Pferdes,
- Parcours-Anfang (Pferde sind noch nicht „in Gang"),
- kombination Oxer-Oxer (wegen Flugkurve),
- Triple-Barre als Aussprung (dichterer Absprungspunkt),
- Hindernisfolge ohne Handwechsel, (z.B. nach rechts aus der Rechtswendung),
- furchterregender „guckiger" Sprung als Aussprung,
- kleiner Platz oder Halle,
- Einsprung aus enger Wendung heraus,
- Sprung kurz vor der Bande,
- engstehende Hindernisfolge vorweg.

Und das macht enger:
- Linie führt bergab,
- Hindernisfolge in Richtung des Ausgangs,
- große Übersetzung des Pferdes,
- Endphase eines Stechens oder Zeitspringens,
- großer Platz,
- weitstehende Hindernisfolge vorweg,
- Triple-Barre oder Wassergraben als Einsprung einer Folge,
- Kombination mit zwei Galoppsprüngen,
- Hindernisfolge mit Handwechsel (z.B. von rechter Hand: Bogendistanz nach links).

Wie stark die Rahmenbedingungen und nicht das Zentimetermaß bestimmen, ob eine Distanz passt, zeigt sich alljährlich auf dem CHIO in Aachen: Hier können Kombinationen oft mehr als einen Meter weiter gestellt werden, ohne wirklich weit zu wirken. Denn durch den großen Platz und den guten Boden galoppieren die Pferde großzügiger, freier als auf gewöhnlichen Turnierplätzen.

Power Light im Großen Preis von Aachen unter Alois Pollmann-Schweckhorst. ▶

4.4 Parcoursspringen

Auch wenn im Training jeder noch so diffizile Ausschnitt aus einem Parcours beherrscht wird, so kann doch keine Übung die Probe des Ernstfalls, das Parcoursreiten, ersetzen. Ideal ist hierzu der Besuch eines fremden Springplatzes mit gutem Boden und Hindernismaterial, um eine Turniersituation nachzustellen. Aber das Parcours-Training kann auch, wenn es die Umstände nicht anders zulassen, auf dem heimischen Platz stattfinden. Der Reiter darf nicht eventuelle Mühen und Umstände (Hindernisumbau, Transport, usw.) scheuen. Ein permanenter Wechsel des Parcours-Aufbaus und der Linienführung macht fit für die Anforderungen, die ein Turnier stellt.

Der Parcours wird nach Möglichkeit wie auf einem Turnier vorweg zu Fuß besichtigt. Mentale Vorbereitung, wie sie unter anderem während des Abgehens geschieht, ist besonders wichtig. Denn die **minutiöse gedankliche Analyse aller Schritte** führt zu mehr Kontinuität[25]. Dieses Gleichmaß ist wiederum Voraussetzung, um ein Pferd in Form zu bringen.

4.4.1 Abreiten

Die Vorbereitung auf dem Abreiteplatz kann zum Beispiel so aussehen: Nach dem die dressurmäßigen Voraussetzungen im Sinne der Ausbildungsskala überprüft sind, wird nun ein kleiner Steilsprung bzw. ein Kreuz angeritten. Das Hauptaugenmerk wird zuerst auf die Losgelassenheit gelegt. Nur die zum Überwinden unbedingt nötigen Muskelpartien des Pferdes sollen beansprucht werden und sich schnell wieder entspannen. Diese Phase sollte nicht unterschätzt werden, denn alle Spitzenleistungen basieren auf der Losgelassenheit.

Ist dann eine gewisse Durchlässigkeit erreicht, bleibt also das Pferd sowohl vor als auch nach dem Sprung an den Hilfen und in der Balance, so kann der Steilsprung erhöht werden. Nun versucht der Reiter, die halbrunde Flugkurve in eine halbovale zu verändern. Gelingt auch dies, wird ein kleiner Oxer angeritten. Zuerst wird die (hintere) Oxerstange höher als die vordere gehängt. Die Konzentration soll erst nur auf die Oxerstange (also hintere Stange) gerichtet sein, bis sich im Sprungablauf ein gewisser **Vorwärtsimpuls für den Hoch-Weit-Sprung** entwickelt. Das Pferd wird lernen, dadurch die Vorderbeine ausreichend lange angewinkelt zu lassen und „sich öffnen" (siehe Kap. 4.1.5 Gesamtablauf). Jetzt wird ein Carrée-Oxer gesprungen. Hierbei soll die Konzentration zusätzlich auf die vordere Stange gerichtet werden. Wird auch das zur Zufriedenheit absolviert, folgt eine Erholungspause. Vor dem Einreiten in den Parcours wird dann noch einmal ein höherer Sprung genommen, um sich der Aufmerksamkeit des Pferdes zu vergewissern und die ideale „Betriebstemperatur" wiederherzustellen.

Die Vorbereitung auf den Parcours kann natürlich je nach Pferdetyp auch in abgeänderter Form erfolgen. Sie soll einen Gegenpol zu der jeweiligen Schwäche des Pferdes darstellen. Dem leicht erregbaren Pferd zum Beispiel wird der Reiter durch ausgedehntes, stressfreies Abreiten Gelassenheit vermitteln wollen.

---

[25] Dr. P. Hölzel: „Mentales Training für Reiter". (1995) Franckh-Kosmos Verlags-GmbH & Co., Stuttgart

▲ *Rochette unter Meredith Michaels-Beerbaum während eines Weltcup-Springens in Dortmund.*

Dem Phlegmatiker wird dagegen durch kurzes, forsches Vorbereiten gesteigerte Wachsamkeit abverlangt. Das übervorsichtige Springpferd wird mehrere kleine Sprünge absolvieren müssen, während das nicht so vorsichtige durch wenige, aber schwierige Hindernisse aufmerksam wird. Die Anforderungen, die auf dem Abreiteplatz gestellt werden, müssen dabei jedoch nicht zwangsläufig an die des Parcours heranreichen. Auf jeden Fall dürfen die Kräfte nicht bereits auf dem Abreiteplatz verbraucht werden. **Häufiges bzw. hohes Springen kann im täglichen Training versäumtes nicht nachholen und zehrt an Kraft, Konzentration und Vertrauen.**

Meredith Michaels-Beerbaum bevorzugte auf der temperamentvollen „Rochette" (die ihre Grundausbildung auf Gut Bärbroich bekam) den so genannten Kaltstart: Nach der Abreitephase saß sie ab und stellte die Stute eine Viertelstunde in eine Ecke des Abreiteplatzes. „Rochette" beruhigte sich und Meredith setzte sich erst zum Einreiten in den Parcours wieder in den Sattel. Auf diese Art konnten sie internationale Siege und einige Weltcup-Punkte sammeln.

Mancher Reiter will durch sehr hohes Springen auf dem Abreiteplatz seine eigene Unsicherheit bekämpfen. Wie schädlich das sein kann, berichtete der spätere Bundestrainer Hermann Schridde am Beispiel seiner Vorbereitung der Olympischen Spiele von Tokio: „Wir sind auf einen Rasenplatz gefahren, etwa zehn Minuten von unserem Stadion entfernt, und haben da einen Trainingsparcours aufgebaut. Schockemöhle hat „Dozent" und Jarasinski seinen „Torro" nochmals über etwas dickere Hindernisse gesprungen. Winkler wollte mit „Cornelia" und ich mit „Ilona" nur einige kleine Sprünge machen.

Nach vier bis fünf Malen versuchte ich mit „Ilona" dann doch einen dicken Oxer, der die Ausmaße eines olympischen Hindernisses hatte. „Ilona" übersprang das Hindernis haushoch und sehr „sauber", fast zu sauber. Ich sagte mir aber, du musst diesen Oxer noch einmal nehmen, damit die Stute sich noch mal streckt und fliegen lässt und sicher wird. Wenn Pferde zu vorsichtig und zu sauber springen, dann kann es sein, da die Höhen dieser Hindernisse schon beträchtlich sind, dass sie zu hoch springen und dann manche Hoch-Weit-Sprünge

SPRINGTRAINING

4.4.2 Übersicht und Rhythmus

nicht schaffen. Wenn diese „vorsichtigen" Pferde sich dann beim Sprung weh tun, können sie Angst bekommen, stehen bleiben und verweigern. Das erlebte ich jetzt mit „Ilona". Sie verweigerte den zweiten Sprung, und was bei „Ilona" noch nie erforderlich war, ich musste zur Peitsche greifen, um sie über das Hindernis zu zwingen. Wir haben uns dabei entzweit. War bisher „Ilona" in Superform, so war sie durch diesen Zwischenfall für die ganze Mannschaft unzuverlässig geworden."[26]

Er konnte glücklicherweise auf sein Ersatzpferd „Dozent" wechseln und gewann Einzelsilber und Mannschaftsgold! Doch die bis dahin so erfolgreiche Beziehung zu „Ilona" hatte einen Bruch davongetragen, der auch von einem so einfühlsamen Reiter wie Herrmann Schridde nicht mehr zu kitten war.

Im Parcours selbst muss man die **Übersicht** des Pferdes entwickeln bzw. erhalten. Das ist natürlich eine Frage der Routine: „Grüne" Pferde fühlen sich anfangs noch hilflos und von ihren Artgenossen allein gelassen, wenn sie den Parcours betreten. Sie wiehern und ihr Herz klopft manchmal so stark, dass es der Reiter durch den Stiefelschaft spürt. Aber auch bei erfahrenen Springpferden muss immer wieder auf Losgelassenheit und Übersicht im Wettkampf geachtet werden. Eine intelligente Parcoursanalyse plant auch bei stark variierenden Distanzen **den Rhythmuserhalt** ein. Damit die Übersicht nicht verloren geht, sollte auf dem Turnier noch **nicht zu oft „gegen die Uhr" geritten** werden. Vor allem die Blutpferde vertragen es nicht, wenn jedes Springen „auf Sieg" geritten wird. **Konzentration und Ausge-**

Besonders qualitätvolle, vielleicht nicht so vermögende Pferde geben im Wettkampf oft mehr als sie eigentlich können. Und diese Bereitschaft, alles und sogar etwas mehr geben zu wollen, darf nicht sinnlos im Training oder in der Vorbereitung verbraucht werden.

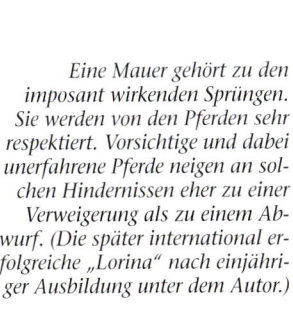

Eine Mauer gehört zu den imposant wirkenden Sprüngen. Sie werden von den Pferden sehr respektiert. Vorsichtige und dabei unerfahrene Pferde neigen an solchen Hindernissen eher zu einer Verweigerung als zu einem Abwurf. (Die später international erfolgreiche „Lorina" nach einjähriger Ausbildung unter dem Autor.) ▶

[26] Herrmann Schridde: „Mein Tokio-Bericht"; aus „Reiten, Reiten, Reiten..." von Bruno Nelissen-Haken. August-Bruns-Verlag, Faßberg

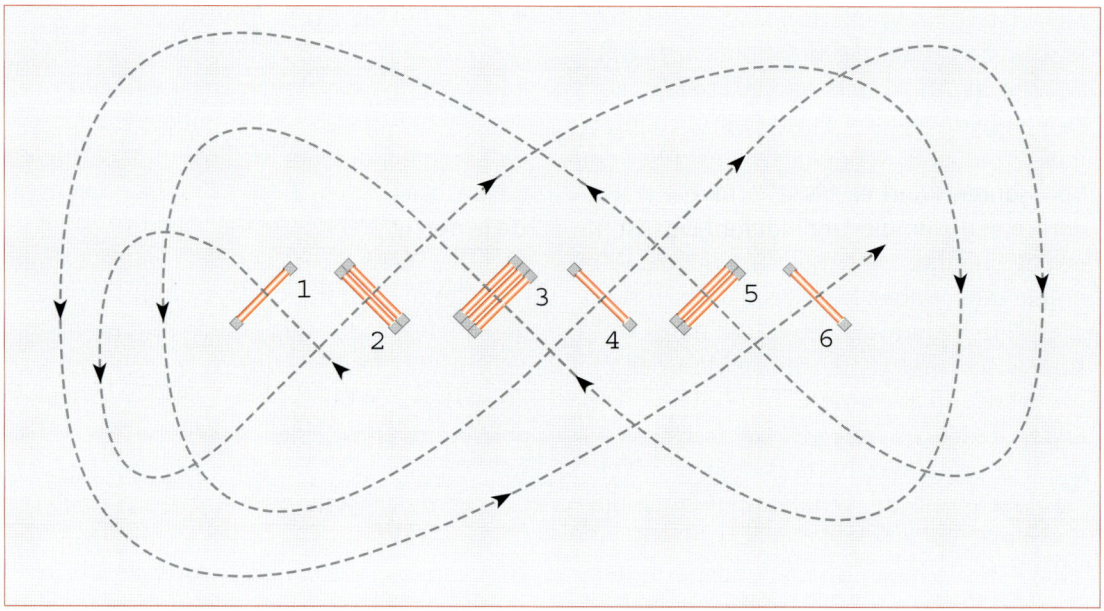

Mit Trainingsparcours dieser Art (auch für 20 x 40 Halle geeignet) verbessert man den Rhythmus und weckt die Übersicht im jungen Pferd. Als Nebeneffekt kann der Galoppwechsel über dem Sprung geübt werden.

glichenheit des Pferdes sind unabdingbare Voraussetzungen für kontinuierlich gute Leistungen. Diese Kontinuität meint nicht, dass das Pferd bei jedem Parcours alle Leistungsreserven ausschöpft. Der verantwortungsbewusste Reiter verlangt selbst dem reifen Pferd auf dem Zenit seiner Laufbahn nur wenige Male im Jahr 100% ab.

Wenn Ruhe und Übersicht gefördert werden sollen, dann werden z.B. die Wendungen bewusst weiter ausgeritten. Einem selbstständigen „in die Wendung laufen" des Pferdes muss unbedingt entgegen gesteuert werden. Gleichzeitig hat der Reiter dadurch mehr Möglichkeiten, die Durchlässigkeit zwischen den Sprüngen zu verbessern.

Nach dem Parcours tritt die Entspannungsphase ein. Mit langem Hals wird das Pferd noch eine Weile im Schritt oder Trab bewegt, bis es vollkommen „relaxed" mit lockerer Muskulatur und ruhigen Puls- und Atemwerten in den Stall zurückkehren kann. Diese Zeit sollte sich der Reiter nehmen, auch wenn diese Tätigkeit von einem Pfleger oder Bereiter übernommen werden könnte. Das Pferd soll schließlich mit der Person des Ausbilders nicht nur Stress und Anstrengung, sondern genauso Entspannung und Ruhe assoziieren können.

4.4.3 Mit Kräften haushalten

Gerade bei jungen Springpferden kann noch nicht durch des gesamten Parcours andauernde Tragkraft verlangt werden. Deshalb gilt es auch hier, mit den Kräften zu haushalten und nur jeweils in der Wendung zum Sprung hin jenen federnden Bergauf-Galopp zu fordern, aus dem sich der beste Ablauf entwickeln lässt. Deshalb sollten die aufbauenden Aufgaben keinen Stress aufkommen lassen. Sie sollen so gestaltet sein, dass sie Freude bereiten und sich Sportsgeist entwickeln kann. Das kann auch bedeuten, auf dem Turnier einmal einen Start ausfallen zu lassen, wenn das Risiko einer Überforderung nicht auszuschließen ist. Obwohl Routine wichtig ist: Es dient nicht der Weiterbildung, durch häufige Starts möglichst viele Platzierungen zu sammeln.

SPRINGTRAINING

4.5 Springen „gegen die Uhr"

Bis zu seinem sechsten Lebensjahr darf ein Pferd in Deutschland noch nicht in Zeit- oder Fehler-Zeit-Springen eingesetzt werden. Mit sechs Jahren kann es bis einschließlich M/A Springen „gegen die Uhr" laufen. Das ist ein enormer Schritt und so sollten die ersten Vorbereitungen gelegentlich bereits fünfjährig mit in die Arbeit einfließen. Je höher das Tempo, desto höher das Risiko, desto schneller und präziser müssen die Hilfen ankommen und angenommen werden.

4.5.1 Dressurmäßige Vorbereitung

Wenn das erfolgreiche Reiten „auf Sieg" nicht vom Zufall abhängen soll, so darf die Durchlässigkeit kein ernsthaftes Problem mehr darstellen. Das Austarieren der Längs- und Querachse des Pferdes sollte weitestgehend abgeschlossen sein. Denn hier gilt der Lehrsatz: **Die Verstärkung ist das Resultat der Versammlung.** Nicht nur das Aufnehmen nach einer längeren Galoppstrecke innerhalb eines Rittes „auf Zeit", das kurze Wenden nach einem Sprung verlangt Versammlungsbereitschaft. Die Entwicklung von Schwung, Geraderichten und Versammlung führen dazu, dass sich das Pferd in forciertem Tempo nicht mehr so leicht auseinander läuft.

> Natürlich gibt es Pferde, die mit ihrer Balance bereits von Natur aus mehr Probleme haben als andere. Sie müssen deshalb aber nicht weniger talentiert sein, sie müssen nur gründlicher gearbeitet werden. „Power Light" ist zum Beispiel ein Pferd, das in jungen Jahren im Parcours nicht sonderlich patent und handlich und dadurch auch noch nicht wirklich schnell war. Es brauchte Jahre des Aufbaus und der Festigung, bis er, wie zum Beispiel bei seinem Sieg im Großen Preis von Neumünster 1999, aus höchstem Tempo gehen konnte.

In der Springdressur wird dazu das Tempo stärker erhöht und verkürzt. Die Abfolge der rhythmisch gehaltenen Tempounterschiede erfolgt in immer kürzeren Intervallen. Das ausbalancierte Aufnehmen, die Sechs-Meter-Volte und der fliegende Galoppwechsel dürfen kein Problem mehr darstellen, wenn das erste Zeitspringen absolviert werden soll. Bei fortgeschrittener Ausbildung kann auch durchaus eine groß angelegte Galopppirouette (auch Arbeitspirouette genannt) diese Arbeit bereichern.

Die Springdressur kann durch einen Simultanparcours auf ihre Effektivität hin getestet werden. Hierbei wird nur die Linienführung eines Zeitspringens nachgeritten. So wechseln langgezogene Bögen mit kurzen „Tellerwendungen", — lange Galoppierstrecken mit deutlichem Verkürzen des Galoppsprungs.

4.5.2 Fliegender Wechsel

In den ersten Parcours reicht es noch aus, das korrekte Landen auf der jeweils neuen Hand bestimmen zu können (siehe Kap. 3.3.6 Geraderichten). Denn die Linienführung ist im Springpferdebereich bewusst unkompliziert gehalten. In der Regel wird kein doppelter Handwechsel zwischen zwei Sprüngen verlangt. Doch spätestens in der Kategorie A ist der fliegende Galoppwechsel unumgänglich. Wird er nicht sicher gesprungen, so kann ein Kreuzgalopp zu einem Abwurf führen, da sich das Pferd nicht dabei genügend schließen kann. Zudem spart ein gut ausgeführter, flüssig gesprungener Wechsel in der Jagd nach Zehntelsekunden wertvolle Zeit. Somit ist es nicht nur sinnvoll, sondern notwendig, den fliegenden Wechsel durch leichte, unauffällige Hilfen jederzeit auslösen zu können.

Für den Springsport ist ein fließend nach vorne gesprungener, unaufwendiger, den Rhythmus erhaltender Wechsel besonders wichtig. Es darf im Parcours keine Zeit durch einen stockenden, vielleicht sogar mit hoher Kruppe ausgeführten Wechsel verloren gehen. Je leichter der fliegende Wechsel gesprungen wird, desto eher bleiben Konzentration und Übersicht erhalten. Im Vergleich dazu ist ein nicht ganz gerade gesprungener oder ausdrucksloser Wechsel der geringere Fehler für ein Springpferd.

Den meisten jungen Pferden fällt es unter einem routinierten Reiter leicht, bei einem Handwechsel auch den Galopp zu wechseln. Einige sehr ausbalancierte Pferde wechseln bereits kurz nach dem Anreiten, noch bevor sie andere Lektionen erlernt haben. Der Wechsel wird in der Springdressur oft über eine am Boden liegende Stange beigebracht. Anfangs springt das junge Pferd noch über die Stange, sodass wie am Sprung das Landen auf der neuen Hand bestimmt werden kann. Dadurch wird es mit dem neuen Vorhaben des Reiters vertraut und schnell begreifen, was er verlangt. Bei anderen, denen das Talent zum fliegenden Galoppwechsel nicht gerade angeboren ist, wartet man mit dem Üben des Galoppwechsels, bis Lektionen wie Schritt-Galopp-Schritt-Übergänge oder Außengalopp beherrscht werden.

Danach wird ohne Stangenhilfe zum Beispiel durch die ganze Bahn oder durch die halbe Bahn gewechselt. Jeweils erst vor Erreichen des Hufschlags (den Gedanken des Handwechsels im Pferd aufkommen lassen) wird es zuerst mit zeitgleicher Gewichtsverlagerung in die neue Richtung gestellt. Ist die Führung vom neuen äußeren Zügel übernommen, so werden zur Schwebephase hin die Schenkel (beim Wechsel von der hohlen zur festen Seite mit deutlich treibendem neuem äußeren Schenkel) verlagert. Die neue innere Hand lässt dabei den Wechsel durch Nachgeben nach vorne heraus. Springt das Pferd den Wechsel sicher durch, können die Schenkelhilfen immer feiner gegeben werden, bis der Rhythmus nicht mehr beeinträchtigt wird.

4.5.3 Springmäßige Vorbereitung

Das Schnellreiten verlangt am Sprung gymnastische Vorbereitung: So lernt das Pferd zum Beispiel durch das Springen eines kleinen Kreuzes innerhalb einer Galoppvolte oder einer Acht, sich bereits über dem Sprung auf die neue Richtung einzustellen und kurz nach dem Sprung zu wenden.
In schnellen Springen lässt sich dann eine Wendung bereits über dem Sprung einleiten. Das geschieht in erster Linie durch Gewichts- und Schenkelhilfen, da ein Zügelanzug über dem Sprung die Balance und Bascule stören würde. Die innere Hand wird nur zur Seite geführt. Solch eine Wendung ist auch bei einem routi-

SPRINGTRAINING

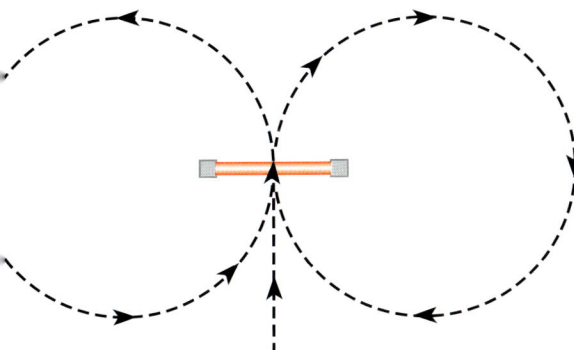

Die Acht, geritten über einen Sprung, hat nicht nur gymnastizierende Effekte: Sie ist eine gute Vorbereitung für das ‚Springen gegen die Uhr'. Pferde entwickeln durch solche Übungen mit der Zeit einen Instinkt für das Schnellreiten und beginnen mit- und vorauszudenken.

nierten Pferd nicht ganz ohne Risiko: Am Hoch-Weit-Sprung kann das frühzeitige Einleiten durch eine verkürzte Flugkurve schnell zum Abwerfen der Oxerstange führen. Doch wenn der richtige Moment erwischt wird, ist viel Zeit gespart!

■ Schrägspringen

Springen aus erhöhtem, aber rhythmischem und gelassenem Tempo sowie das Schrägspringen bereiten auf die neuen Aufgaben schonend vor. Beim Anreiten aus spitzem Winkel müssen äußerer Schenkel und äußerer Zügel genügend führen, um ein Vorbeilaufen zu vermeiden. Wird im Training ein einzelner Sprung innerhalb einer Kombination schräg angeritten, so sollte nur der Aussprung gesprungen werden, um das Pferd nicht an ein

▲ *Wenn eine enge Wendung wie hier bereits über dem Sprung eingeleitet werden soll, dann braucht man schon ein sehr durchlässiges Pferd. Würde sich das Pferd auch nur einen kurzen Moment gegen die Längsbiegung sträuben, wäre ein Hinterhandfehler wohl unvermeidbar.*

Herauslaufen aus Kombinationen zu gewöhnen.

Das Springen einer schräg gebauten Dreifachen (hier aus der Vogelperspektive) überprüft

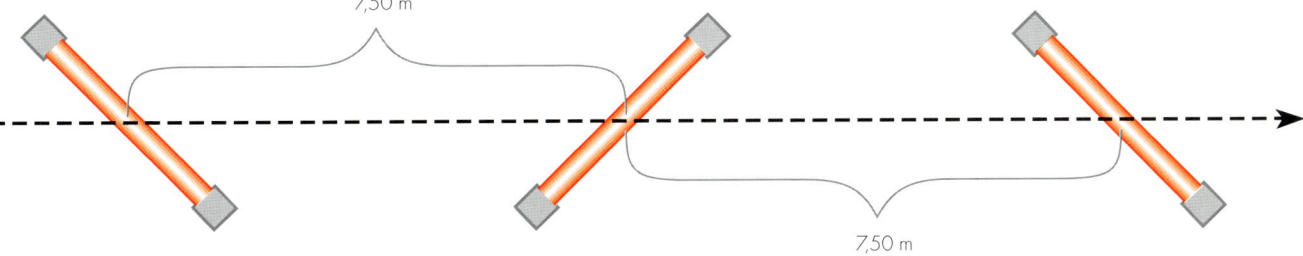

Als letzte Überprüfung des Schrägspringens: Wer eine solche Dreifache Kombination überwinden will, muss sein Pferd exakt auf der Ideallinie halten können. Wenn es auch nur gering zur Seite tendiert, passen die Abstände nicht mehr.

SPRINGPFERDE-AUSBILDUNG HEUTE

▲ *Die Kunst des Aufnehmens besteht darin, die Vorwärtsbewegung durch vermehrtes Unterschieben der Hinterhand abzufangen. Dadurch verkürzt sich das Pferd ohne Balance- und Schwungverlust oder Verkrampfung.*

▲ *Vor jedem Sprung muss innerhalb von Sekundenbruchteilen eine Entscheidung getroffen – und umgesetzt werden. Natürlich ist es da besser, einmal kräftig einzuwirken als das Pferd in einen Oxer hineinfallen zu lassen. Im Idealfall geht die Einwirkung jedoch nicht gegen die Bewegungsrichtung, wo sich der Pferdekopf heraushebt, der Rücken wegdrückt und der Körper des Pferdes nur noch mehr zum Sprung hin schiebt.*

das Geraderichten. Die Abstände werden von der exakten Mitte des einen zur Mitte des nächsten Sprunges gemessen und sollten unbedingt passend stehen. Von dieser Ideallinie darf nicht im Geringsten abgewichen werden! Bildet auch diese Kombination im Training keine Schwierigkeit mehr, so kann das Pferd in Zeit-Springprüfungen getrost schräg an die Hindernisse herangeritten werden.

■ Aufnehmen vor dem Sprung

Wenn deutliche Tempounterschiede in der Springdressur keine Schwierigkeiten mehr bereiten und auch das ausbalancierte Verkürzen nach den Galoppverstärkungen sicher gelingt, so kann das Aufnehmen vor dem Sprung geübt werden. Hierzu reitet man aus einem erhöhten Grundtempo gegen einen kleinen Sprung von vielleicht 80 cm. Erst sechs, später auch bis zu vier Galoppsprünge vor dem Hindernis wird das Tempo so weit verkürzt, dass noch ein weiterer Galoppsprung in die Distanz hineinpasst. Hierbei ist es erstrebenswert, dass vor dem Sprung nicht einfach stärker am Zügel eingewirkt wird, sondern durch schulmäßige Paraden die Selbsthaltung des Pferdes erhalten bleibt. Der Reiter verlagert seinen

SPRINGTRAINING

Oberkörper vermehrt zurück, die annehmenden Zügelhilfen werden mit dem treibenden Schenkel verbunden. Auf diese halben Paraden hat stets wieder ein kurzes, unauffälliges Nachgeben zu folgen, es darf nicht gegen das Pferd eingewirkt werden.

■ Springen aus hohem Tempo

Einer der ersten Springreiter, der seine Pferde konsequent auch im Springen aus höchstem Tempo schulte, war Hugo Simon. Das gab ihm in unzähligen Stechen den Vorteil, eine lange Galoppstecke zum Sprung in vollem Tempo ohne jedes Aufnehmen durchzureiten. Das ersparte nicht nur den einen oder anderen Galoppsprung – auch am Sprung selbst verlor das Paar durch eine längere Flugkurve weniger Zeit.

Will man eine solche Situation im Training nachstellen, so kann man zum Beispiel eine Oxer-Oxer-Distanz auf 40 Meter Zwischenraum stellen. (Ausgangsbasis ist eine mittlere Übersetzung des Pferdes und ein Springplatz von mindestens 70 Metern Länge.) Zuerst wird sie aus normalem Tempo mit zehn oder elf Galoppsprüngen überwunden. Dann kann die Galopp-

Hugo Simon war einer der ersten, die das Springen aus hohem und höchsten Tempo konsequent in sein Trainingsprogramm aufnahm. Dieses Spezialtraining ist nur am Ende der Ausbildung – und dann auch nur von Zeit zu Zeit – angebracht. Außerdem ist nicht jeder Pferdetyp dazu geeignet, ein solches Extrem zu erlernen. ▶

sprungzahl im Extremfall bis auf acht verringert werden. Hierbei muss bereits der Einsprung regelrecht attackiert werden, und auch innerhalb der Hindernisfolge kann man keinen Galoppsprung mehr abwartend reiten. Bereits im Landen nach dem Einsprung setzt die treibende Hilfe wieder ein, um schon den ersten Galoppsprung zu verlängern.

Ein Pferd braucht viel Übersicht, Routine und Erfahrung, um einen höheren Sprung „full speed" überwinden zu können – ohne flach zu werden oder einen Hinterhandfehler zu „kassieren". Deshalb kann das Springen aus hohem Tempo nur als letzte Ausbildungsstufe der langen Ausbildungsleiter angesehen werden. Ein junges Pferd könnte man dadurch verstören. Zudem darf ein solches Training nur selten durchgeführt werden, um die Übersicht und die normale Flugkurve des Pferdes nicht grundlegend zu gefährden.

■ Nervenschonendes Reiten auf Tempo

Das Schnellreiten stellt einen wichtigen Ausbildungsabschnitt dar, sollte aber nicht zum Selbstzweck werden. So verlieren erfahrungsgemäß Pferde, die mehrere Saisons nur in Speedspringen eingesetzt werden, oft ihre Springmanier. Die Flugkurve bricht früher ab, nicht zuletzt deshalb, weil sie auf enges Wenden nach dem Sprung eingestellt sind. Auch wenn auf der Jagd nach Schleifen die innere Ruhe und Übersicht des Pferdes leidet, dann ist mehr verloren als gewonnen. Am besten sollte der Reiter, wenn er „auf Sieg" reitet, durch kurze Wege und dosierte Hilfengebung so geschickt einwirken, dass das Schnellreiten dem Pferd nicht recht bewusst wird.

Mein damaliger Auszubildender Sebastian Otten hatte sich als Rheinischer Vizechampion mit Paloma für die Deutsche Meisterschaft der Jungen Reiter in Würselen qualifiziert. Er hatte die Stute wenige Wochen zuvor von meinem Bruder übernommen, der mit ihr in der internationalen „kleinen Tour" sehr erfolgreich gestartet war. Für mich war sie eine alte Bekannte: Schließlich stammte sie aus unserer Zucht und war von mir ausgebildet worden.

Eine kurze Beschreibung Palomas: Sie war einerseits von Anfang an sehr, sehr vorsichtig. Durch jahrelangen Aufbau war ihr ein großes Kämpferherz gewachsen. Ergo: Top-Qualität! Andererseits besaß sie nicht das letzte Vermögen und war im Maul manchmal nicht ganz einfach. Wenn ihr Blut in Wallung kam, drückte sie abwechselnd auf den Zügel oder verkroch sich hinter dem Gebiss. Die Schwierigkeit auf dem Championat lag darin, dass alle drei Wertungsspringen (1. Fehler-Zeit, 2. + 3. nach Stechen) gegen die Uhr entschieden wurden. So war die Taktik im Parcours klar: Nervenschonend schnell reiten! Die Stute durfte nicht durch die Jagd nach Zehntelsekunden innerlich „angekratzt" werden, damit ihr Kampfgeist nicht plötzlich gegen den Reiter arbeitete.

Bereits in der Vorbereitung zu Hause hatten wir die Schwerpunkte auf Losgelassenheit und Leichtigkeit gelegt. In der Springdressur wurde wie stets versucht, das Hinterbein aktiv zu halten, um die Anlehnung möglichst leicht zu gestalten. Das abschließende Springtraining, vier Tage vor Turnierbeginn, bestand lediglich aus einem Parcours der leichten Klasse mit integriertem kleinen Wassergraben. Paloma sollte bequem springen und sich nicht in ihrem Ehrgeiz zerreißen. Weite Wege zwischen

SPRINGTRAINING

den Sprüngen sollten Sebastian Zeit gewähren, dem Pferd in Ruhe wieder eine selbsttragende, ausbalancierte Haltung zu geben. Das gelang ihm ausgezeichnet: Vor jedem Sprung konnte er mit der Hand leicht werden, ohne dass die Stute „auseinander fiel". Sie trug sich vor und nach dem Sprung „auf dem Hinterbein". Sie behielt dadurch Platz genug zum Sprung, um ihren Parcours entspannt zu absolvieren. Um ihre 100%ige Konzentration zu erreichen, hatten wir als kleine „Denksportaufgabe" eine Touchierstange vor den letzten Sprung gehängt. Sie warf die Stange ab und wir brachten sie in den Stall zurück, ohne eine Reaktion auf den Abwurf sehen zu wollen. Ein erneutes Springen hätte sie nur „heiß" werden lassen.

Auf den Deutschen Meisterschaften hatten wir uns nochmals jeden Morgen zum Training getroffen. Die Stute sollte sich an die Atmosphäre gewöhnen. Außerdem wurden schon mal Verdauung und Durchblutung angeregt. Die Dressurarbeit zielte wiederum auf Durchlässigkeit, jedoch wie zu Hause auch, mit deutlichem Schwerpunkt auf innere Losgelassenheit. In der Längsbiegearbeit wurden nochmals die diagonalen Hilfen betont, damit sich Paloma nicht durch starken Einsatz des inneren Zügels hinter dem Gebiss verkroch. In allen drei Gangarten streckte sie sich schließlich in die Tiefe. Zwischen den jeweiligen Prüfungen „gegen die Uhr" wurde auch in der Morgenarbeit einige Male ein kleines Kreuz gesprungen, um ihr die nötige Gelassenheit zu geben.

Auch das direkte Abreiten für die jeweilige Prüfung verlief nicht anders. Wir vermieden es, hohe Sprünge zu absolvieren und achteten nur darauf, dass Paloma sich nicht verkrampfte. Die Schwerpunkte der Arbeit lagen auf innerer und äußerer Losgelassenheit und daraus resultierender Konzentration und Übersicht. Sie belohnte uns auf ihre Art: mit der Goldmedaille!

Der Lohn für nervenschonendes Schnellreiten: Der Titel des Deutschen Meisters für Paloma (eine Urenkelin der „Friedchen", siehe Kap. 2.1.1) und Sebastian Otten. ▶

Kapitel 5
Vertrauen und Gehorsam

Die Basis jeder dauerhaften und fruchtbaren Zusammenarbeit ist das Vertrauen des Pferdes zum Menschen. Es entwickelt sich aus ruhigem Umgang, aus Liebkosungen und Loben heraus.

> *„Sie machen das Pferd zuversichtlich, bringen es in ganz anderer Weise in Übereinstimmung mit seinem Reiter, als durch sonstige energische Einwirkungen."*
> JAMES FILLIS (1834-1913)
> ÜBER LIEBKOSUNGEN

Die Harmonie muss stets Ziel der Ausbildung sein, bereits für die Akzeptanz des Springsports in unserer Gesellschaft bzw. seine ethisch-moralische Legitimation. Wer aber in der Ausbildung nur den Weg der Harmonie gehen will, wird nicht weit kommen. **Harmonie ist das allseits angestrebte Ziel, der Weg dorthin basiert aber erst einmal auf Vertrauen und Gehorsam.** Ausbildung kann nicht immer nur von einer Welle seichter Harmonie getragen werden. Leistungssportlern, Pferden wie Reitern, wünscht man ausgeprägte, starke Charaktere. Und diese reiben sich, zumindest in der Anfangszeit, aneinander. Eine gewisse Konfliktfähigkeit, die darauffolgende Suche nach Kompromissen und beiderseits tragbaren Lösungen nach einer Interessenkollision, **das** ist die Basis einer festen Partnerschaft. Kein Geschöpf ist wie das andere, ein jeder hat seine Fehler und Schwächen, Mensch wie Tier. So kommt es letztlich darauf an, herauszufinden, womit der Partner leben kann und was sich unbedingt ändern muss.

Einer der einflussreichsten Dressurausbilder des vergangenen Jahrhunderts, Otto Lörke, wurde gefragt, warum er sein großes Wissen über die Pferdeausbildung nicht in einem Buch festhalten wolle. Daraufhin antwortete er: „Das, was Ausbildung bedeutet, kann ich in einem Satz sagen: Intelligenz fördern – Widerstand begegnen!" Was wollte er damit sagen? Er wies auf den schmalen Grat, auf dem sich die Pferdeausbildung bewegt: Einerseits will man ein selbstbewusstes Pferd mit eigener Meinung und kein gebrochenes, unterworfenes Wesen unter dem Sattel haben. Vorauseilendes Denken ist ein Zeichen von Intelligenz und wird daher von einem guten Ausbilder gestattet und sogar gefördert. Diese Mischung aus Intelligenz und Selbstbewusstsein muss andererseits auch auf den richtigen, d.h. vom Reiter vorgegebenen Bahnen gehalten werden. Das verlangt schnelles, energisches Kontern bei dem richtigen Gefühl für die eingesetzten Mittel und deren Dosierung.

5.1 Was tun bei Widerstand?

Soll das Verhalten des Pferdes in einer bestimmten Situation geändert werden, so muss man erst einmal die **wahre Ursache** des Fehlers herausfinden. Die verschiedensten Gründe können zum Ungehorsam bzw. Verweigern der Leistungsbereitschaft führen:

- mangelnde Routine (und damit geringes Vertrauen) des Pferdes,
- mangelnde innere Losgelassenheit,
- Überforderung, kritische (unbekannte) Situation,
- schlechte Erfahrungen,

Vertrauen und Gehorsam

- falsche oder schwache Einwirkung des Reiters (bzw. keine Akzeptanz der Hilfen),
- mangelnde Disziplin des Pferdes,
- genetisch bedingter Mangel an Mut bzw. Leistungsbereitschaft.

Das Vertrauen und der Gehorsam des Springpferdes sind zwei Bereiche, die in gegenseitiger Abhängigkeit stehen. Damit sich die Anlagen des Pferdes entfalten können, ist es wichtig, das Urvertrauen zum Reiter und zum Springen nicht mutwillig zu verletzen. Dieses ursprüngliche Vertrauen ist in fast jedem Pferd angelegt. Es gilt, dieses Vertrauen besonders bei vorsichtigen Pferden durch die Jahre der Ausbildung nicht nur zu erhalten, sondern weiter auszubauen. Denn nur daraus resultieren Spitzenleistungen. Wird durch tiefgreifende Verletzung des Vertrauens (z.B. wiederholte Überforderung durch unpassende Absprungpunkte) erst einmal hartnäckiger Ungehorsam provoziert, so dauert es oft Monate perfekten Reitens, bis ein Pferd wieder bereit ist, auch in schwierigen Situationen mitzukämpfen. Ein zuverlässiges Pferd, das auch einmal einen Reiterfehler ausgleicht, wird es nur noch in den seltensten Fällen.

Eines meiner ersten selbsterworbenen Pferde (eine Stute) zeigte mir, wie wichtig das Vertrauen zum Menschen ist, bevor man Gehorsam verlangen kann:
Als ich sie bekam, war sie neun Jahre. Sie war eine großlinige, typvolle Stute mit viel Adel und Ausstrahlung. Ihr Vorbesitzer, ein großartiger Stilist, hatte sich mit ihr auseinander gelebt. Über Jahre hatte er immer wieder versucht, sie in Springen der mittleren und schweren Klasse vorzustellen. Doch der erhoffte Erfolg blieb aus. Beide besaßen hitzige Temperamente und rieben sich zu oft aneinander. Schließlich sollte die Stute in der Zucht eingesetzt werden, doch sie wurde nicht tragend.

Als ich sie das erste Mal ritt, reagierte sie auf geringste Zügelhilfen mit cholerischen Anfällen. Sie vergaß sich in solchen Momenten derart, dass sie alles blind umrannte, was ihr in den Weg kam. Mir blieb nur ein Weg: Ein halbes Jahr lang ritt ich sie nur als „Beifahrer", d.h. ich ritt sie in Anlehnung, aber ohne Beizäumung und lenkte sie nur über Gewichts- und Schenkelhilfen. Sie sollte verstehen, dass ich mit ihr etwas erreichen wollte – nicht gegen sie.

▲ Cuba von Urioso A.N. aus der Bizarre von Chromwell gewann unter Elmar und Alois Pollmann-Schweckhorst zahlreiche S-Springen, darunter den Großen Preis von Verden, bevor sie nach Italien exportiert wurde.

Dann sprang ich mit ihr die ersten mittelschweren Parcours. Auch hierbei erlaubte sie mir kein Parieren. Sobald ich den Galoppsprung verkürzen wollte, reagierte sie hysterisch. Doch weil sie sich am Sprung gut zurücknehmen konnte, brauchte ich sie nicht besonders aufzunehmen und aufgrund ihrer großzügigen Übersetzung war es kein Problem, enge Hindernisfolgen auch einmal mit einem Galoppsprung weniger zu reiten. Mit der Zeit spürte sie immer deutlicher, dass ich nicht gegen sie arbeiten wollte. Nach fast zwei Jahren ließ sie sich ganz normal arbeiten und sie gewann unter meinem Bruder und mir noch einige schwere Springen, u.a. den Großen Preis von Verden.

Der Gehorsam setzt zwar ein grundsätzliches Vertrauen voraus. Gelegentlich kann auch umgekehrt das Vertrauen durch den Gehorsam gesteigert werden. Denn soll ein Pferd z.B. lernen, ein neues Hindernis zu springen, dass es sich nicht ohne Weiteres zutrauen würde, so kann es durch den bisher erreichten Gehorsam zu dieser Aufgabe gedrängt werden. Ist der Sprung erfolgreich absolviert und man kann loben und belohnen, so wächst damit das Vertrauen. Es kann einmal mehr erfahren, dass sein Reiter nichts Unmögliches verlangt.

„Lobe soviel wie möglich, strafe sofort und nur soviel wie nötig: Das Strafmaß muss dem Temperament des Pferdes angeglichen sein. Eine leichte Ermahnung zum richtigen Zeitpunkt wird oft ausreichen, um den Gehorsam wieder herzustellen. ... Wenn ein Pferd ungehorsam ist, ist das im Allgemeinen darauf zurückzuführen, dass es einfach nicht verstanden hat, was der Reiter will oder es liegt ein körperlicher Mangel vor." GUÉRINIÈRE (1668-1751)

5.1.1 „Gucken", Scheuen

Widersetzlichkeit kann unter anderem aus Übermut entstehen. Deshalb sollte eine artgerechte Haltung mit viel Bewegung unter Pferdeleuten eine Selbstverständlichkeit sein. Nur selten ist Ungehorsam im Charakter des Pferdes begründet, oft hat sie eine Geschichte. Scheut das Pferd vor einem Gegenstand, so sollte zuerst einmal jeder Kampf vermieden werden. Wenn es noch nicht gelöst ist, so kann vielleicht eine andere Stelle (anderer Zirkel) zum Abreiten gewählt werden. Ist das Pferd dann locker und der Schenkelgehorsam überprüft, so wird das Pferd zum fleißigen Vorwärtsgehen (Trab oder Galopp) an den gleichbleibend anstehenden Zügel veranlasst. Es muss an die Hand herantreten. Durch die bewusst erzeugte Spannung wird der Reiter „mitgezogen"; wäre er „vor dem Pferd", würde der Widerstand des Pferdes in dieser Situation unnötig provoziert. Dann wird es mit Stellung nach innen an dem außen liegenden Objekt vorbeigeritten.

Sollte dein Pferd vor einem Gegenstand scheuen und sich weigern, daran vorbeizugehen, dann zeige ihm, dass daran nichts Gefährliches ist, besonders nicht für ein so mutiges Pferd. Wenn das nicht hilft, berühre den furchterregenden Gegenstand selbst und führe dein Pferd mit Güte an ihn heran." XENOPHON (UM 430-354 V. CHR.)

Ist das Scheuen allerdings im „guckigen" Charakter begründet und nicht auf mangelnde Losgelassenheit zurückzuführen, so ist je nach Ausprägung der Unart die Frage zu stellen, ob sich eine langjährige Ausbildung lohnt. Denn nichts ist frustrierender, als nach jahrelangem Training Niederlagen in Wettkämpfen hinnehmen zu müssen, nur weil dem Pferd an diesem Tag irgendeine Dekoration nicht gefällt. Absoluter Gehorsam kann gelegentlich solche Probleme überbrücken helfen, ändert jedoch nicht den Charakter des Pferdes und wird zumindest immer wieder die Losgelassenheit beeinträchtigen.

Ein Pferd, dass sein anfangs recht guckiges Wesen später durch Routine und Erfahrung ablegte, ist der von uns gezüchtete Aperio. In seinen ersten Parcours reagierte er erst mit Verspannung all seiner Muskeln und starkem Herzklopfen, um darauffolgend schnell kehrt zu machen und die Flucht zu ergreifen.
Das Problem ging ich von zwei Seiten an: Zum einen fuhren wir zum Training auf di-

Vertrauen und Gehorsam

verse umliegende Reit- und Turnierplätze, um ihn an den Umgang mit Unbekanntem zu gewöhnen. Zum anderen versuchte ich ihm nur solche Aufgaben zu stellen, die ich notfalls auch gegen seinen Willen durchsetzen konnte. Er sollte lernen, in seiner Furcht mir vertrauen zu können. Um mit meinen Richtungsvorstellungen auch in unbekannter Umgebung durchkommen zu können, musste er bereits zu Hause im Training so gut an den Hilfen stehen, dass meine Entschlossenheit über seine Bedenken siegen konnte. Hätte er die Gelegenheit bekommen seinem Willen nachzugehen, so wäre sein Widerstand nur stärker und häufiger geworden. Durch konsequente bis strenge Arbeit zu Hause wurde also die Grundlage des Gehorsams erarbeitet, der mir nach Überwinden einer kritischen Situation Grund zum Loben gab und Aperios Vertrauen zu mir stärkte.

In seinen ersten Parcours musste ich ihn also vor jedem Sprung stark „in Spannung" versetzen, damit er genügend „vor mir" blieb und ich so sein Stocken und Zaudern überreiten konnte. So waren die ersten Ritte vom Kampf geprägt und er konnte durch die fehlende Losgelassenheit seine Klasse am Sprung nicht wie auf dem Abreiteplatz zeigen. Aber zumindest überwand er die gestellten Aufgaben und ich hatte Grund, ihn dafür ausgiebig zu loben. „Na ja, so schlimm war's ja gar nicht", mag er sich wohl nach dem Parcours gedacht haben, wurde so Runde für Runde selbstsicherer und gewann schließlich seine ersten M-Springen.

In der zweiten Turniersaison wurde alles schon viel einfacher, aber er brauchte stets noch eine Einlauf-Runde: Die erste Prüfung des Turniers musste dazu dienen, ihn an den Platz zu gewöhnen. Danach durfte das letzte Springen auch ruhig ein ‚S' sein. Dann wechselte er in den Stall meines Bruders. Aber erst nach der dritten Saison legte sich auch das Lampenfieber zu Turnierbeginn.

Einmal noch hatte Alois mit Aperios alten Problemen in aller Deutlichkeit Bekanntschaft gemacht. 1999 in Hachenburg, Samstagnachmittag: Zur Siegerehrung auf dem Springplatz spielte die Blaskapelle, was die Lungen hergaben. Das war genau das Richtige für den Fuchswallach. Er wurde bretthart, die Augen wurden groß und größer und selbst, als er wieder in seiner Boxe stand, spitzte er seine Ohren noch stundenlang in Richtung Blasorches-

SPRINGPFERDE-AUSBILDUNG HEUTE

> ter. Sonntags im Großen Preis erinnerte sich Aperio an das Spektakel des Vortages und sprang nach dem dritten Sprung, als die Linie am Standort der Kapelle vorbeiführte, plötzlich zur Seite und „Alo" fiel herunter. Auf den darauf folgenden Turnieren war wieder alles in Ordnung, er gewann innerhalb eines halben Jahres über 100.000 DM.

5.1.2 Kopfschlagen

Schlägt das Pferd mit dem Kopf, so denkt man schnell an Maul- bzw. Zahnschwierigkeiten des Pferdes. Doch meistens ist es ein reiterliches Problem. In der Gewöhnungsphase ist eine unruhige Anlehnung noch zu tolerieren, obwohl ein geschickter Reiter auch junge Pferde sehr bald beizäumen kann. Meistens ist das Kopfschlagen nur eine Folge davon, dass der Reiter nicht genügend „von hinten nach vorne" reitet, also mehr mit dem Zügel als durch Gewichts- und Schenkelhilfen einwirkt (siehe auch Kap. 3.3.4 Anlehnung), oder in der Zügelführung nicht reaktionsschnell genug ist. Ein Martingal kann verhindern, dass sich das Pferd heraushebt – sich der Anlehnung entzieht.

5.1.3 Steigen

„Fast alle Varianten des Verrittenseins haben ihre Ursache in einer mangelhaft, zu spät oder gar nicht erfolgten Bearbeitung der Hinterhand"[27], stellte Kurt Albrcht fest. Die Chance für den Reiter besteht darin, dass sich jeder noch so grobe Ungehorsam im Vorfeld durch leichte Auflehnung ankündigt. Wird hier die Wurzel des Problems rechtzeitig erkannt und behoben, so kann ein Kampf umgangen werden. Ist es hierfür schon zu spät, rät Xenophon: „Der allerbeste Grundsatz ist, sich niemals einem Pferde in zorniger Stimmung zu nähern, denn der Zorn ist unberechenbar, und er tut das, was man hinterher bereuen muss."[28]

Neigt ein Pferd z.B. während der versammelnden Arbeit zum Widerstand und steigt, so sollte man daran denken, ob nicht Schmerz der Grund für den Ungehorsam ist. Oder falsche Einwirkung: In der Wendung fühlt sich so manches Pferd durch den inneren Zügel „gekniffen" und geht nicht auf die Biegung ein. Sehr selbstbewusste Pferde merken schnell, wenn sie ihren Reiter mit dem Steigen verunsichern können und entziehen sich dadurch allen Hilfen. Zur Korrektur muss als erstes der Schenkelgehorsam überprüft und die Hinterhand aktiviert werden. Das Pferd muss wieder „nach vorne ziehen", im Sinne des Wortes „ans Gebiss herantreten" wollen. Durch die nun erreichte bessere Akzeptanz der treibenden Hilfen wird sich das Pferd auch bereitwilliger um den inneren Schenkel biegen lassen, sodass der führende äußere Zügel in Verbindung mit dem verwahrenden äußeren Schenkel durch die Wendung leiten kann.

5.1.4 Kleben

Das Kleben kann ein Ausdruck des Herdentriebes sein. „Klebt" das Springpferd am Ausgang, kann es zum einen daran liegen, dass es sich durch negative Erfahrungen im Parcours gestresst fühlt und dadurch den Gehorsam verweigert. Jedes Pferd hat eine unterschiedliche „Schmerzgrenze", die weniger gutmütigen verzeihen nicht jeden Reiterfehler. Zum anderen provoziert ein längeres Stehen und Warten in der Schleuse und vor allem ein direktes Herausreiten nach Beenden des Springens diesen Ungehorsam. Deshalb sollten Pferde mit Hang zum „Kleben" nach Durchreiten des Ziels noch einmal entspannt an der Schleuse vorbeigaloppiert werden, bevor sie die Bahn verlassen dürfen.

Der Lernerfolg setzt ein, wenn dem Pferd stets eine Rückmeldung, oft durch Lob und selten durch Strafe, gegeben wird. Insbesondere

---

[27] Albrecht, Kurt: „Ausbildungshilfen für Pferd und Reiter". (1992); BLV München; S.96-97
[28] Mayer, Anton: „Das Reiterbuch". RVA GmbH Wiesbaden; S.36

wenn etwas Neues, Anstrengendes verlangt wird, dürfen der Reiter und Pferd keine Angst vor Misslingen der Aufgabe haben. Eine gewisse Widersetzlichkeit durch Unverständnis muss toleriert werden und verlangt keine Bestrafung. Vielmehr muss die Persönlichkeit des Pferdes gestärkt werden. Sollte dann einmal dem Reiter ein Fehler unterlaufen, so kann er getrost sein: Das Geschöpf Pferd ist vom Grunde her sehr gutmütig und wie kaum ein anderes Wesen fähig, Unzulänglichkeiten und Schwächen zu verzeihen.

5.1.5 Vorbeilaufen

Das Vorbeilaufen am Sprung ist typisch für junge Pferde, aber noch viel typischer für unerfahrene Reiter. Das Pferd ist dann entweder nicht gerade gerichtet oder wird nicht mit äußerem Zügel und äußerem Schenkel begrenzt. Schwache Reiter wollen am inneren Zügel die Richtung ändern. Dadurch wird ein „sich Festbeißen" des Pferdes provoziert bzw. das seitliche Ausbrechen über die äußere Schulter ermöglicht. Sollte einem erfahrenen Reiter trotz richtiger Führung ein junges Pferd am Sprung vorbeilaufen, so hat er in der Regel die Situation unterschätzt; sein Pferd stand noch nicht sicher genug an den Hilfen. Er wird nun zum Beispiel durch kurzes Schenkelweichen den Schenkelgehorsam verbessern oder vermehrt auf das Geraderichten achten und sein Pferd bei erneutem Anreiten mit seinen Hilfen noch deutlicher einrahmen.

Im Training können auch Stangen als Fänge schräg auf den Ständer gelegt werden. In der Regel läuft das Pferd über die äußere Schulter, d.h. im Rechtsgalopp versucht es nach links auszubrechen. (Vor allem, wenn auch der Ausgang des Reitplatzes auf der linken Seite liegt.) In diesem Falle wird nach Möglichkeit aus der Linkswendung erneut angeritten, um die linke Schulter besser unter Kontrolle zu haben.

Denn ist es dem Pferd einmal gelungen, zu einer bestimmten Seite auszubrechen, wird es aller Wahrscheinlichkeit nach noch einmal zur selben Seite sich entziehen wollen. Deshalb ist der erfahrene Reiter vorgewarnt und stellt sich beim nächsten Anreiten auf die erwartete Situation ein.

5.1.6 Verweigern

Vertrauen basiert darauf, dem Pferd nur Aufgaben zu stellen, die es auch lösen kann. Fürchtet es sich im Training vor einem bestimmten Sprung, so ist es z.B. sinnvoll, den Herdentrieb auszunutzen und ein sicheres Pferd in einem Abstand von zwei bis drei Pferdelängen vorweg springen zu lassen. Aber nicht jeder Ungehorsam resultiert aus Furcht und nicht jede Verweigerung deutet gleich auf mangelndes Vertrauen hin. Das sind die Gründe, warum ein Pferd verweigert:
- Unerfahrenheit,
- Irritation (Reiterhilfen, Situation, Umgebung etc.),
- Überforderung,
- Enttäuschung (schlechte Erfahrungen),
- Angst,
- Schmerz.

Unerfahrenheit oder Irritation ist ein sehr verzeihlicher Grund, für die ein erfahrener Reiter nicht straft. Er kann einem Pferd, das aus Überforderung stehenbleibt, durch sichere Hilfengebung und passende Aufgabenstellung auch wieder Vertrauen geben. Verweigert ein Pferd aus Angst, dann sind entweder die erstgenannten Punkte vorangegangen, oder es hat von Natur aus nicht genug Mut. Fehlt ihm wirklich das „Herz" zum Springen, dann sollte man überlegen, das Pferd nicht weitr ausbilden zu wollen. Denn es ist nicht das Ziel des Springsports, ein Pferd zu etwas zu bewegen, wozu es nicht die Veranlagung hat und woran ihnen die Freude fehlt.

Ungehorsam kann auch die Folge ungeschickten Reitens sein. Deshalb sollten erfahrene Reiter junge Pferde ausbilden, und unerfahrene Reiter auf routinierten, willigen Springpferden üben.

> **Eine Verweigerung ist ein Dorn im Herzen des Pferdes – jede weitere Verweigerung treibt ihn tiefer hinein!**

Hat der Reiter die Verweigerung ausgelöst und ist er in der Lage, seinen Fehler sofort abzustellen, so muss er, wenn er sehr sicher einwirkt, beim nächsten Anreiten nicht von vornherein mehr Druck (Spannung) ausüben. Bei sensiblen Pferden kann man zwar nach einer Verweigerung mit einer gewissen Unsicherheit rechnen; doch der Reiter muss im Grunde genommen erst stärker einwirken, sobald er beim Anreiten ein Zögern bemerkt.

Häufiges Weigern vor einer Kombination lässt darauf schließen, dass gravierende Ausbildungsfehler gemacht wurden, die das Vertrauen störten. „Klemmt" das Pferd aus einem der ersten drei Gründe in der Kombination, so sieht man immer wieder den Fehler, dass der Reiter durch schnelleres Anreiten das Problem zu lösen versucht. Als Folge kommt das Pferd aus Angst vor seinem eigenen Tempo erst recht „zurück", verliert also an Schwung. Richtiger ist es da, das Pferd sowohl zum Einsprung hin als auch in der Kombination vor sich zu behalten – aus der Spannung heraus springen zu lassen. Lässt es sich nicht fliegen und versucht, die Aufgabe durch ein Höherspringen zu lösen, so kann eine Gertenhilfe im Absprung effektvoller als ein starker Sporeneinsatz sein.

Bleibt ein Pferd z.B. entgegen seiner früheren Gewohnheit trotz korrekten Reitens häufiger stehen, so muss man darüber nachdenken, ob es nicht wegen einer schleichend verlaufenden Krankheit unter Schmerzen leidet.

5.2 Strafen

In der Ausbildung kann ein selbstbewusstes Pferd durchaus einmal auf die Idee kommen, das reiterliche Durchsetzungsvermögen testen zu wollen. Ist es gesund und nicht überfordert, so kann mangelnder Respekt vor den Hilfen des Reiters die Ursache sein. Ist der Ausbilder der Überzeugung, das Pferd müsse einmal zur Ordnung aufgerufen werden, so gilt: „**Schlag selten – schlag hart – schlag schnell.**"

Natürlich gibt es Pferde, die sich bereits durch eine energische Stimme gestraft fühlen. Doch vor allem junge, noch unkultivierte Pferde verstehen oft erst eine deutlichere Sprache. Beobachtet man mal eine Herde auf der Weide, so ist man erstaunt über ihre „Geber- und Nehmerqualitäten". Es herrscht dort ein rauer Umgangston und der wird von allen Herdentieren akzeptiert. Gerade deshalb kann es anfangs bei Pferden, die den Menschen noch nicht als höherrangigen Partner eingeordnet haben, unumgänglich sein, sich einmal energisch durchzusetzen.

Andererseits kann ein geschickter Reiter manchen Ungehorsam im Vorfeld erahnen und geschickt umgehen. Egal, ob er dem Übermut seines Pferdes durch Fütterung und Haltung, Ablongieren oder sonstiges vorbeugt oder durch solide dressurmäßige Vorbereitung sicher an die Hilfen stellt oder am Sprung vorausdenkt und durch deutliche Führung und geschickten Aufbau Konflikte vermeidet:

> **Je besser der Reiter, desto weniger Härte.**

Vertrauen und Gehorsam

5.2.1 Gerteneinsatz

Obwohl das Verhältnis von Anlass und Korrektur stimmen muss, soll der Gerteneinsatz so deutlich sein, dass er Respekt erzeugt. Ein zu lascher Gerteneinsatz würde ein selbstbewusstes Pferd nur verärgern und seinen Widerstand provozieren. **Je direkter, reflexartiger nach einem Fehlverhalten gestraft wird, desto eher werden Ungehorsam und Korrektur vom Pferd in Verbindung gebracht.**

Die Springgerte wird dazu seitlich auf den gut bemuskelten Partien der Hinterhand eingesetzt – nicht etwa in der Lendengegend, da hier die Weichteile verletzt werden könnten. Die Zügel nimmt man dabei in die eine Hand,

▲ Manche Pferde versuchen sich zu entziehen, indem sie nach einer Verweigerung stets zu einer bestimmten Seite hin ausbrechen. Wenn eine Strafe gerechtfertigt ist, dann sollte die Gerte auf der Seite eingesetzt werden, zu der das Pferd drängt.

die Gerte in die andere. Routinierte „Stopper" brechen nach einem Verweigern stets zu einer bestimmten Seite aus: Auf dieser Seite sollte dann auch der Gerteneinsatz erfolgen, um der Ausweichreaktion des Pferdes wirksam gegen zu steuern.

Während der Bestrafung sollte man das Pferd nicht parieren, aber auch nicht rennen lassen. Die Vorwärtsbewegung ist ja das eigentliche Ziel der Strafe: Das Pferd soll auf die treibenden Hilfen vorwärtsgehen oder -springen. Würde man gleichzeitig strafen und festhalten, so könnte das Pferd nur mit Steigen reagieren. Natürlich soll es sich auch nicht durch Davonstürmen den Hilfen entziehen, aber wenn der Gerteneinsatz gut dosiert, schnell und kurzzeitig ist, wird es das auch nicht versuchen. Ein bis zwei gutplatzierte und energische Gertenstreiche genügen meistens – mehr als drei sind unreiterlich.

Der Gerteneinsatz beschränkt sich allerdings nicht nur auf die Korrektur von grobem Ungehorsam. Sie kann in Wendungen als leichte Hilfe auf die Schulter eingesetzt werden. Ihr Einsatz kann auch die Entschlusskraft im Absprung fördern und damit einer Verweigerung oder einem Aufsetzen auf der Oxerstange vorbeugen. Der Gerteneinsatz erfolgt dann zweckmäßigerweise an der Hinterhand und nicht im Schulterbereich, da das Pferd nach vorne und nicht zur Seite getrieben werden soll.

Im Training kann man dazu auch eine längere Dressurgerte nehmen. Eine kurze Springgerte erfordert in dieser Situation eine einhändige Zügelführung, was die Führung des Pferdes erschwert. Mit der Dressurgerte kann die notwendige **Körperspannung vor dem Sprung** effektiver als durch Sporen erzeugt werden. Diese Spannung bringt die nötige Entschlossenheit zum Überwinden des Sprungs. Übermäßiger Schenkel- bzw. Sporeneinsatz führt oft zu einem „Aufrollen" des Pferdes, es ist nicht mehr „vor dem Reiter". Die Folge ist eine Verweigerung, die dann wiederum konsequenterweise eine Bestrafung verlangt. Mit dem leichten Touchieren einer langen Gerte, die aus dem Handgelenk eingesetzt wird, kommt es seltener zum verweigern. Fazit: Der Reiter kann loben, anstatt strafen zu müssen. Und das ist doch Gold wert! Auf dem Turnier ist die lange Gerte zum Springen nicht erlaubt.

5.2.2 Peitschenführung

Dieselben Ziele können durch einen guten Peitschenführer auch vom Boden aus verfolgt werden. Wie schon beim Freispringen geht es auch hier hauptsächlich darum, z.B. einem zögernden Pferd das Überwinden eines furchterregenden Sprunges zu erleichtern. Gute Ausbilder versuchen natürlich, es gar nicht erst zum Weigern kommen zu lassen. Dazu zählt auch die nötige Unterstützung im richtigen Moment: Stellt man im Training eine zumutbare Aufgabe, bei der ein VerWeigern aber nicht auszuschließen ist, kann ein erfahrener Peitschenführer für Entschlossenheit im Absprung sorgen.

Bei dieser Hilfe ist entscheidend, dass der seitlich vor dem Absprungbereich stehende Peitschenführer sich nicht im Geringsten bewegt, bis das Auge des Pferdes seine Höhe passiert hat. Die Unterstützung muss stets von hinten erfolgen, ein zu früher bzw. seitlicher Peitscheneinsatz würde das Pferd nur zwischen Führer und Bande „einklemmen". Ein guter Peitschenführer kann auch das Korrigieren von steigenden oder klebenden Pferden vom Boden unterstützen. Eine einmalige Peitschenhilfe sollte genügen, deshalb ist ein geschickter Peitschenführer wichtig. Der Peitscheneinsatz ist die wohl härteste Hilfe, erfolgt deshalb nur selten und als letztes Mittel.

Mit den Worten des Hauptmannes Grosskreutz in seinem Aufsatz über die „Korrektur schwieriger Pferde" (1940) soll dieses Kapitel enden:

„Ich möchte nochmals betonen: Richtiges Reiten ist stets die vornehmste Korrektur eines Pferdes. Viel Lob, selten Sporen und Peitsche, vor allem selber viel Geduld und Selbstbeherrschung bilden stets die Grundlage, auf der man allein das Ziel erreichen kann."

5.3 Touchieren[29]

Seit es das Springreiten gibt, wurde auch Einfluss auf den Sprungablauf des Pferdes genommen. Darunter verstehen die meisten Laien, ein Pferd vorsichtiger zu machen, indem man ihm über dem Sprung Stangen vor die Beine wirft. Doch das trifft nicht den Kern der Sache. Bei differenzierter Betrachtung gibt es drei verschiedene Schwerpunkte des „Touchierens". Sie zielen auf die Verbesserung von:

- Konzentration,
- Beintechnik,
- Vorsicht.

Für die jeweiligen Ziele gibt es verschiedene Techniken. Doch bevor diese näher beschrieben werden, ist eine grundsätzliche Frage zu klären: Was bewegt den Ausbilder dazu Einfluss auf diese Punkte nehmen zu wollen? Ist es Erfolgssucht? Profitdenken? Erfolgszwang? Handelt er aus einer Antipathie gegenüber seinem Pferd? Oder sieht er es mehr unter dem Aspekt von Schulung, Sicherheit und Entwicklung des Pferdes; will er vielleicht das ihm anvertraute Lebewesen in seiner Entwicklung fördern, zur Blüte seiner Leistungsfähigkeit führen? Oder will er z.B. vor einem Sturz am Wassergraben durch zu nachlässiges Springen bewahren?

Die Frage berührt ethische Dimensionen im Sinne Albert Schweitzers: „Er (der Mensch) erlebt das andere Leben in dem seinen. Als gut gilt ihm: Leben erhalten, Leben fördern, entwickelbares Leben auf seinen höchsten Wert bringen; als böse: Leben vernichten, Leben schädigen, entwickelbares Leben niederhalten. Dies ist das denknotwendige, absolute Grundprinzip des Sittlichen."

---

[29] Aus der Handarbeit mit Dressurpferden entlehntes anderes Wort für Barren oder „Saubermachen". Im Zuge des Barrskandals um Paul Schockemöhle bemühte sich die FN darum, den negativ belegten Terminus durch das Wort Touchieren zu ersetzen. Vergl. „Richtlinien für Reiten und Fahren" Band 2: Ausbildung für Fortgeschrittene" (12. Auflage 1997/ S. 187-189)

Am Beispiel des „Touchierens" zeigt sich, wie ein und dieselbe Handlung zum Guten wie zum Schlechten genutzt werden kann. Und deshalb fällt es so schwer, mit noch so gut gemeinten Reglements treffsicher zu unterscheiden, was richtig oder falsch ist.

5.3.1 Vielfalt der Natur

„Warum werden nicht einfach nur die Pferde im Springsport verwendet, die von Natur aus vorsichtig genug sind?", fragen manche Außenstehende, wenn sie vom Barren hören. Eigenschaften wie Vorsicht und Technik sind nicht bei allen Pferden gleich angelegt, das ist schon richtig. Doch betrachten wir die natürliche Vielfalt unter den Springpferdetypen doch einmal näher: Sehr vorsichtige, in der Regel nur von exzellenten Könnern bedienbare Pferde, reagieren oft schon ohne den Sprung überhaupt berührt zu haben mit verstärkter Anstrengung – alleine dadurch, dass sie in eine schwierigere Situation gebracht wurden. Sie verlangen kontinuierlich perfektes Reiten. Beispiele für diese Sorte sind der unter Ludger Beerbaum hocherfolgreiche „Figaros Boy" bzw. sein Gewinnsummen-Millionär „Rush On". Sie sind bzw. waren unglaublich vorsichtig, stellten aber allerhöchste Ansprüche an das Einfühlungsvermögen und geringste Reiterfehler quittierten sie mit Verweigern. Nur mit einem so kompletten und fast maschinenhaft präzise einwirkenden Reiter konnten sie ihre Veranlagung ganz ausspielen.

Andere könnten dagegen ohne „mit der Wimper zu zucken" mehrmals hintereinander einen Telegrafenmasten vor sich herschieben, aber lassen sich vom Springen dadurch nicht abhalten. Aus dieser Sorte wird keiner versuchen, ein Springpferd zu machen, solange er noch an seinem Leben hängt. Was die Springanlage betrifft, so gibt es einfach Pferde, die kein Geschick haben und es auch nicht lernen werden.

Wirklich unvorsichtige Pferde werden – durch welches Training auch immer – nicht dauerhaft vorsichtig; jede Nachhilfe hat bei ihnen nur die Wirkung eines Strohfeuers.

Wiederum andere verraten als junges Pferd nicht das größte Talent, sind aber intelligent genug und haben Freude daran, gefördert zu werden. Sie haben Sportsgeist. Anfangs werden sie oft unterschätzt und entwickeln sich dennoch zu herausragenden Pferden. Wieder andere machen von Natur aus alles richtig – und werden später doch nicht gut. Das, was ein gutes Springpferd von einem ewigen Talent unterscheidet, ist der Kampfgeist – der Wille, aus Fehlern zu lernen. Naturtalenten fällt erst einmal vieles leichter, doch entscheidend ist, ob sie sich durch die in jeder Ausbildung unvermeidbar auftretenden Probleme hindurch beißen wollen. Und ich glaube nicht nur die Menschen, die ihr Leben im Springsport verbracht und Hunderte verschiedener Pferde geritten haben, wissen, dass Pferde mit Sportsgeist Freude an Herausforderungen empfinden.

Übervorsichtige Pferde sind meiner Erfahrung nach genau so selten anzutreffen wie ganz „kalte Treter". Die meisten unter den talentierten Springpferden liegen zwischen diesen Extremen und können im Verlauf der Ausbildung zu einer gewissen Vorsicht erzogen werden; ganz so wie sich manche phlegmatischere Typen durch gute Ausbildung für die reiterlichen Hilfen sensibilisieren lassen. Manche müssen halt gelegentlich aufgeweckt werden, um ihre volle Leistungsfähigkeit entwickeln zu können.

Dann gibt es Pferde, die grundsätzlich sehr geschickt und willig springen, aber erst nach einem gelegentlichen „harten Treffer" die Hindernisse genügend respektieren. Oft sind sie sehr dankbare Lehrpferde, da sie trotz gele-

gentlichem unpassenden Hinreiten mit daraus folgendem teils derben „Stangenkontakt" springfreudig bleiben. Sie ermöglichen es ihrem Reiter, aus seinen Fehlern zu lernen. Jeder erfahrene Springreiter denkt dankbar an mindestens ein solches Pferd zurück, dass ihm zu Beginn seiner Laufbahn die nötige Sicherheit vermittelte. Diese Amateurpferde entwickeln dadurch, dass sie zum Mittaxieren gezwungen sind, sogar einen höheren Grad an Aufmerksamkeit, als sie ihn unter einem Könner je zeigen würden. Denn wenn sie stets passend zum Sprung herangebracht würden, wären sie sich zu sicher, keinen wirklich schmerzhaften Fehler zu bekommen. Und ein leichter Stangenabwurf scheint sie nicht zu berühren.

Viele, die in ihrer Jugend durchaus vorsichtig beginnen, kalkulieren nach Jahren sicheren Reitens die Höhe des Sprunges immer knapper und beginnen, die Stangen zu „rasieren". Andere müssen zu mehr Konzentration am Sprung aufgefordert werden, damit der Reiter nicht zu stark einwirken muss und in seiner Rolle zurückhaltender agieren kann. Das Pferd soll mitdenken, um ein harmonischeres Bild entstehen zu lassen. Wenn dagegen ein junges Pferd versucht, einen Abwurf zu vermeiden, indem es ein Vorderbein nach unten streckt, so ist das nicht ungefährlich. Gekonntes Touchieren kann in solchem Fall u.U. einen Rumpler oder Sturz verhindern, weil es dem Pferd beibringt, den Unterarm schnell nach oben hin anzuwinkeln.

Das „Touchieren" kann also in einer bestimmten Form ein durchaus legitimes Hilfsmittel zur Schulung sein — wie das Gebiss, eine Gerte oder ein Paar Sporen. Und welche Arten gibt es, um ein Pferd zu mehr Konzentration, Vorsicht oder Technik zu motivieren? Vereinzelt sieht man Reiter, die nach einem Abwurf aus Hilflosigkeit ihrem Pferd durch kräftigen Sporeneinsatz oder durch ihre Stimme ein Fehlverhalten klarmachen wollen. Doch kein Pferd assoziiert solche Strafe mit einer abgeworfenen Stange — Reiter und Pferd entfernen sich folglich voneinander. Andere Methoden sind dem Pferd bei fachgerechter Anwendung verständlicher.

5.3.2 Zwischen Tabu und Verbot

In Deutschland ist das Thema „Saubermachen" seit Jahrzehnten heikel. Zum Einen lag es daran, dass in diesem Bereich vieles erst durch „Versuch und Irrtum" mühsam und auf Kosten der Pferde erlernt werden musste —

▲ „Denn sie wissen nicht, was sie tun..." Diese Aufnahme von einem deutschen Abreiteplatz der fünfziger Jahre zeigt: Wenn wie hier ohne jeden Sachverstand, ohne Geschick und Gefühl gebarrt wird, dann hat das nichts mit Schulung gemein — dann sind Psyche und Gesundheit des Pferdes bedroht. Dieses Pferd wurde klar überfordert: Es hatte keine Chance, den Abwurf durch eigene Aufmerksamkeit zu vermeiden. Die Stange ist viel zu weit hinter dem Sprung platziert. Noch schlimmer: Wäre das Pferd etwas mehr zur Seite gesprungen, dann hätte es sich an einer der Befestigungsstangen aufgespießt.

zum Anderen war sich nicht jeder der Verantwortung gegenüber seinem Vierbeinigen Partner bewusst (wie z.T. auch heute noch). Das Anheben der massiven Hindernisstange war dabei vielleicht die ursprünglichste Form des „Saubermachens". Hierbei hoben ein oder zwei Helfer die oberste Stange in dem Moment des Springens hoch bzw. zogen die Oxerstange in die Breite. Es handelte sich um eine recht grobe und ungenaue Methode, die zudem den Nachteil hatte, dass derart gebarrte Pferde später zögerten und unwillig wurden, sobald jemand nur dicht am Sprung stand.

Horst Stern wollte in den Siebzigern das Springreiten durch sein spektakuläres Buch „Bemerkungen über Pferde" pauschal als Tierquälerei entlarven. Natürlich war das reiterliche Niveau zu dieser Zeit noch deutlich niedriger als heute. Doch im Wesentlichen unterschätzte er als reiterlicher Laie bereits damals, wie sehr Spitzenleistungen trotz aller groben Handhabung auf dem Mitmachen, auf dem Leistungswillen des Pferdes basieren. Auch wenn es ihm nicht gelang, das Pferd als Opfer des Menschen darzustellen: der Skandal um Paul Schockemöhle und seine Auktionsvorbereitungen löste die nächste heiße Diskussion zu diesem Thema aus. Die Deutsche Reiterliche Vereinigung reagierte mit einer speziellen Reglementierung: Das Wort „Barren" wurde durch „Touchieren" ersetzt, bestimmte Techniken wurden verboten und der Personenkreis derer, die von nun an „touchieren" durften, eingeschränkt.

■ Manuelles Touchieren durch „groundman"

Das Anheben einer dünnen Touchierstange durch einen versierten Helfer ist die wohl vielseitigste aller Techniken. Mit ihr kann jeder der drei Schwerpunkte (Konzentration — Technik — Vorsicht) für sich verbessert werden. **Außerdem: Fachgerecht angewandt beeinträchtigt das Touchieren in keiner Weise die Leistungsbereitschaft.** Dazu ist jedoch nicht nur, wie bei allen Methoden, ein Könner als Reiter notwendig; auch das „Bodenpersonal" muss das Handwerk verstehen. Denn zum falschen Zeitpunkt, am falschen Pferd, mit der falschen Handhabung angewandt, kann die Ausbildung um Monate zurückgeworfen werden.

Das Touchieren wird am Besten folgendermaßen durchgeführt: Ein kleines, unauffällig wirkendes Hindernis von vielleicht 80 cm Höhe mit breiten, nicht zu durchschauenden Fangständern wird stetig im mittleren Tempo und gleichmäßig passender Distanz angeritten. Der Reiter rahmt das Pferd zum Sprung hin mit seinen Hilfen ein, ohne durch starke oder unruhige Einwirkung die Aufmerksamkeit des Pferdes vom Sprung abzulenken. Hinter einem der Fangständer steht, vom Pferd nicht ersichtlich, der „groundman": Er hebt aus Höhe der obersten Hindernisstange eine Touchierstange (max. 3 m / 2kg) möglichst an den Kronenrand des Beines, welches zu stärkerem Anwinkeln aufgefordert werden soll. Wenn die Stange in der Bewegung des Pferdes mitgezogen wird und nicht in entgegengesetzter Richtung gegen das Bein prallt, wird die Lektion vom Pferd besser verstanden. (Ein hartes Treffen vor allem zu Beginn würde im Pferd Angst und Verkrampfung erzeugen.)

Zuerst sollten die Hinterbeine des Pferdes touchiert werden, denn hierdurch entwickelt sich meist im Sprungablauf ein gewisser Zug nach vorne. Erst dann kann die Vorderbeintechnik korrigiert werden. Beginnt man am Vorderbein, so kann sich leicht ein verzögerter Ablauf entwickeln.

Der Lernerfolg wird überprüft, indem ein zusätzlich aufgestellter kleiner Sprung überwunden wird. Hier zeigt sich, ob die Beinpaare jetzt richtig und gleichmäßig angewinkelt werden und ob das Pferd nun mit genügender Konzen-

◀ *Beim Touchieren steht der „groundman" möglichst verdeckt, damit das Pferd nicht abgelenkt wird und sich ganz auf seine Beintechnik konzentrieren kann. Im Idealfall wird nur der vordere Bereich der Fessel bzw. der Kronenrand touchiert. Eine ruhige Atmosphäre ist wie bei allen anderen Techniken sehr wichtig!*

tration springt und vor allem, ob es das Erlernte auch auf ein anderes Hindernis überträgt. Ist das nicht der Fall, so muss man in der Wahl des Touchier-Standortes öfters variieren.

Während dem Touchieren muss unbedingt Ruhe und Gelassenheit herrschen. Würde das Pferd hektisch und unüberlegt, so wäre damit der Erfolg nicht nur der Korrektur sondern der gesamten Ausbildung in Frage gestellt. **Die reiterliche Einwirkung kann durch diese Technik unterstützt werden, das Touchieren darf aber die solide Ausbildung nicht ersetzen wollen.**

In Nordamerika kann man diese beschriebene Art des Touchierens z.T. auf Turnieren beobachten; in Europa ist es nur im Training erlaubt. Die Deutsche Reiterliche Vereinigung genehmigt das Touchieren laut Potsdamer Resolution nur Senioren bzw. „Reitern" mit Vielseitigkeits-Erfolgen ab der Klasse M, Springreitern der Leistungsklassen I + II und Pferdewirtschaftsmeistern sowie Personen mit spezieller FN-Erlaubnis. Zu dem Kreis zählen auch Personen mit FN- oder Landesverbands-Qualifikationsnachweis sowie Helfer unter deren unmittelbarer Aufsicht. Außer dem Touchieren darf auch die Vorhängestange angewandt werden.

■ Vorhängestange

Zielt man auf eine verbesserte Konzentration, ein schnelleres Abfußen oder das „Sich-aufnehmen" im Absprung, so kann eine Touchierstange z.B. mit Hilfe eines Gestells (auch Bügel genannt) ca. 20—80 cm vor die oberste Stange eines Sprunges gehängt werden. Nach einer Korrektur durch die Vorhängestange kommt der Reiter beim erneuten Anreiten wieder zum Mitreiten, weil das Pferd besser in Balance bleibt. Die Vorhängestange setzt man auch in einer Kombination ein, wenn das Pferd sich nicht genug aufnimmt. Man kann sie auch hinter einen Sprung hängen, wenn das Pferd dazu neigt, das Vorderbein zum Landen zu früh auszufahren.

Vertrauen und Gehorsam

▲ *Die Vorhängestange kann – je nach verfolgtem Zweck – vor oder hinter den Sprung gehängt werden. Vor dem Sprung wird das schnellere Abfußen und das „Sich-Aufnehmen" verbessert. Wird sie hinter die Hindernisstange gehängt, so lernt das Pferd, länger und stärker anzuwinkeln.*

Die Technik der Vorhängestange passt nicht zu jedem Pferd und verursacht bei gefühlloser Anwendung schnell einen verzögerten Ablauf. Das Pferd „zieht" daraufhin nicht mehr durch, springt nicht mehr durchgehend schwungvoll – die Schnellkraft lässt nach. Deshalb ist es hier besonders wichtig, nicht „dicht" zu reiten. Der Absprungpunkt muss dem Pferd immer eine reelle Chance geben, das Hindernis fehlerfrei überwinden zu können.

Diese Vorhängestange ist für Pferde ungeeignet, die in ihrem Vorderbein noch unsicher sind und gelegentlich „ein Bein stehen lassen". Auch bei Pferden, die im Absprung an Schwung verlieren und zum Verzögern neigen, ist die Vorhängestange denkbar ungeeignet. Das Gleiche gilt, wenn das Pferd aus nervlicher Anspannung hektisch und unüberlegt springt. Solch ein Fehler lässt sich nur durch ruhige gymnastizierende Arbeit über kleine Sprünge korrigieren. Eine vorgehängte Stange würde das Problem wohl eher verstärken.

Die Lernziele der Vorhängestange werden in gröberer Form verfolgt, wenn man einen Oxer von der verkehrten Seite springt. Dadurch entsteht ebenfalls eine falsche Grundlinie, die das Taxieren erschwert. Die Oxerstange kann durch diese optische Täuschung mit dem Unterarm (oberhalb des Vorderfußwurzelgelenks) getroffen werden, was nach mehrmaliger Wiederholung und bei schwerer Hindernisstange zu einer Karpalbeule führen könnte. Wegen dieser Verletzungsgefahr ist in Deutschland das Springen eines Oxers von der verkehrten Seite nicht erlaubt, obwohl das Hindernismaterial auch im Training allgemein leichter geworden ist. Die vorgehängte leichte Touchierstange kann in dieser Hinsicht vollkommen bedenkenlos verwendet werden.

Das Umwickeln der Touchierstange mit Klebeband ist, wenn sie aus Bambusholz gefertigt ist, zweckmäßig, da es leicht einreißt. In unseren Breitengraden ist Bambus in der Stärke und dem Gewicht, wie er in den USA verwendet wird, nicht leicht zu bekommen. Aber 2 bis 3 cm dünne und maximal 2 kg schwere Holzstangen (z.B. vom elastischen Holz des Haselnuss-Strauchs) können als vergleichbar angesehen werden und splittern nicht so leicht. Die Potsdamer Resolution erlaubt für Deutschland eine solche Stange nur, wenn sie nicht aus Metall besteht und nicht splittert.

Unpassend reiten

Jeder Reiter, der das Springen erlernen will, reitet unbeabsichtigt erst einmal Hunderte Male in eine falsche Absprungdistanz. Solche Situationen greifen — je nach Sensibilität mal früher, mal später — das Urvertrauen des Pferdes an. Selbst die gutmütigsten und mutigsten unter ihnen quittieren solches Reiten irgendwann mit Verweigerungen. Genau so ist das, wenn ein Springreiter bewusst wiederholt so unpassend reitet, dass dem Pferd keine andere Möglichkeit als ein Abwurf bleibt. Erfahrene Springreiter provozieren manchmal einen Abwurf, um auf den Sprungablauf Einfluss zu nehmen, ohne jedoch unfair zu werden. Um die Vorsicht des Pferdes zu testen bzw. zu fördern ohne das Vertrauen des Pferdes zu riskieren, reitet man folgendermaßen: Man wählt ein Tempo, einen Absprungspunkt, einen Grad an Unterstützung, der vom Pferd besondere Aufmerksamkeit verlangt und dennoch eine reelle Chance des fehlerfreien Überwindens lässt. Diese Art des Vorsichtigmachens ist durchaus legitim und irgendwann einmal Bestandteil jeder professionellen Ausbildung. Das meinte auch das Idol der deutschen Nachkriegsreiterei Fritz Thiedemann, als er sagte: „Springpferde können nur aus Fehlern lernen". Wenn der Reiter jeden Abwurf bereits im Training vermeiden wollte, würde das zwangsläufig dazu führen, dass er immer mehr Platz zur vorderen Stange hielte, vielleicht sogar durch Zügelhilfen im Absprung einen Abwurf vermeiden wollte. Das alles wirkt sich jedoch negativ auf Bascule und Beintechnik aus, ohne das Problem bei der Wurzel zu packen — ohne die Konzentration bzw. Beintechnik zu fördern.

Weitere Techniken

Um ein nachlässig gewordenes Pferd zu konzentriertem Springen zu ermahnen, wird gelegentlich ein dünnerer Draht am Sprungständer befestigt und bis zu 20 cm über ein Hindernis gespannt. Das Berühren des Drahtes veranlasst zu erhöhter Aufmerksamkeit. Dieser Trick wird vor allem bei älteren, sicheren Springpferden angewandt, die durch ihre Routine immer knapper springen. Auch die Beintechnik kann man damit in gewissem Maß beeinflussen. So kann der Draht z.B. über der hinteren Oxerstange gespannt werden, wenn das Pferd dazu neigt, die Vorderbeine über dem Sprung ungleichmäßig anzuwinkeln oder zu früh auszufahren. Bei einem wirklich unvorsichtigen Pferd hilft das Drahtspringen nicht. Die Berührung des Drahtes ist nicht schmerzhaft und wenn der Abwurf einer normalen Hindernisstange keine Reaktion auslöst, dann wird es der Draht erst recht nicht tun.

Aber es ist z.B. eine der wenigen Möglichkeiten zur Korrektur eines Pferdes, dass einen flachen Wassergraben aus Nachlässigkeit nicht mehr weit genug überspringt. Denn diese Unachtsamkeit kann fatale Folgen haben: Wenn ein Pferd in den Graben tritt, kann es unter Umständen die Beine verlieren und stürzen.

Gestörtes Verhältnis

Seitdem im Springreiten Geld zu verdienen ist, wurden immer wieder Fälle bekannt, in denen die Kronenränder bzw. die Vorderseiten der Röhrbeine mit durchblutungsfördernden Einreibungen berührungsempfindlicher gemacht wurden — das so genannte „Bliestern". Abgesehen von eventuellen Hautschädigungen erzeugt es ein mehrere Stunden anhaltendes unangenehmes Gefühl, welches — anders als der vielleicht heftigere, aber kurzzeitige Schmerz beim Abwurf — vom Pferd nicht direkt mit dem Sprung in Verbindung gebracht werden kann. Deshalb ist das Bliestern auch ethisch-moralisch nicht vertretbar. Natürlich gab es in der Geschichte des Springsports noch wesentlich drastischere, brutalere Versuche, die gewünschte Vorsicht zu erreichen. Vor Jahrzehnten wurden bei Kontrollen innerhalb Europas noch Heftzwecken, Fahrradketten oder Kronkorken unter Bandagen entdeckt. Noch auf der

Olympiade in Atlanta fand man im Lager der argentinischen Springreiter auf den Hindernisstangen befestigte, mit Nägeln bespickte Latten. Solche Methoden haben grob tierquälerischen Charakter, sind gesundheitsgefährdend und lassen nur auf ein tief gestörtes Verhältnis zum „Partner" Pferd schließen.

5.3.3 Mit Maß und Ziel

Im Gegensatz zu diesen letztgenannten Methoden ist bei den anderen Techniken zur Konzentrations- bzw. Ablaufschulung nicht pauschal zu beurteilen, wo die Grenze des Vertretbaren erreicht ist. So kann ein korrekt gebauter Steilsprung von 1,20 m für ein junges, unerfahrenes Pferd eine Falle sein, während manches routinierte Springpferd einen S-Oxer von der falschen Seite springen könnte, ohne das Vertrauen zu verlieren. Welche Methode bei welcher Dosierung gewählt wird, hängt ab von:
- der Veranlagung des Pferdes,
- seinem Ausbildungsstand,
- dem Vertrauensverhältnis Pferd / Reiter,
- dem Können des Reiters,
- dem verfolgten Ziel,
- den Fertigkeiten des „groundman".

Nachdem ein Pferd zu erhöhter Aufmerksamkeit aufgefordert wurde, verlangt es vom Reiter um so präziseres Reiten. Es fordert in den nächsten Parcours eine sichere und gute Führung. Wenn vom Pferd 100% Aufmerksamkeit verlangt wird, dann bitte schön vom Reiter erst recht! Das sollte selbstverständlich sein. Denn auch ganz allgemein betrachtet ist es so: **Wenn man über die Ausbildung des Springpferdes schreiben will, so kann man nicht gleichzeitig davon ausgehen, dass der Reiter schlecht oder sogar falsch einwirkt.** Die positive Entwicklung des Pferdes lässt sich nur unter der Voraussetzung schildern, dass der Reiter sein Handwerk beherrscht. Denn wenn beim Touchieren oder Vorsichtigmachen folgendes passiert, dann ist nichts verbessert, aber vieles zerstört:
- die Losgelassenheit geht verloren — das Pferd verkrampft sich,
- die Übersicht geht verloren — das Pferd wird hektisch,
- das Pferd galoppiert stockend zum Sprung — es „zieht nicht mehr durch",
- das Pferd verzögert den Absprung — es verliert an Schwung,
- das Pferd wird abneigend — es verweigert.

Dann hilft nur noch: Zurück zu den Wurzeln! In kleinen Schritten das Vertrauen wieder ganz von vorne aufbauen. Deshalb nochmals die Warnung:
- das Pferd niemals „belügen", das Vertrauen nicht gefährden, d.h. ihm stets eine faire Chance geben,
- die „Betriebstemperatur im **unteren** grünen Bereich" halten,
- die Korrektur nicht übertreiben, sich mit kleinen Schritten zufrieden geben.

Wenn ein Pferd im Laufe der Zeit immer nachlässiger wird, so muss das nicht immer an seiner Routine oder am mangelnden Talent liegen. Schleichend verlaufende Krankheiten wirken sich auch negativ auf die Springqualität aus. Dem Pferd fehlt die Springfreude. Es versucht sich durch kraftlosere Sprünge zu schonen. Wenn der Ausbilder also immer häufiger meint, mal „nachhelfen" zu müssen, dann sollte ihm das ein Alarmzeichen sein.

Im Grunde genommen benötigt man nur eines, um all den Gefahren und Fallstricken des Saubermachens entgehen zu können: Pferdeverstand. Denn der beinhaltet Einschätzungsvermögen, Gefühl, Erfahrung, um sich ins Pferd hinein versetzen zu können. Oder man braucht ein vorsichtiges Pferd, von dem herab man alle belächeln kann, die sich mit dem „Saubermachen" beschäftigen… , bis man selbst einmal ein nachlässiges reitet!

Kapitel 6
Hindernis- und Parcoursgestaltung

Die Parcoursgestaltung ist im ständigen Wandel. Sie war und ist — seit Beginn des Turniersports — stets ein Kind ihrer Zeit. Vor gut hundert Jahren spiegelte sie den Pioniergeist der ersten Springreitergeneration wieder. Der Kreativität schien keine Grenze gesetzt:

▲ *Frankfurt 1914. Diese Mauer war englischen Weideeinzäunungen nachempfunden. Der im Bildhintergrund stehende Preisrichter notierte die Fehlerzahl, die sich aus der Anzahl der abgeworfenen Steine ergab.*

6.1 Gestern — heute — morgen

Es wurde über Tische, Bänke, Drahtzäune, Gräben und Wälle gesprungen, — das Pulvermanns-Grab, das Billard und viele andere Hindernisse erfunden. Eine äußerst massive und feste Hindernisgestaltung wechselte sich von Land zu Land mit ultraleichter Bauweise ab.

Harald Momm, einer der besten Springreiter seiner Zeit, berichtete von unterschiedlichsten Bedingungen in den dreißiger und vierziger Jahren: „So geringe Unterschiede im äußeren Verlauf der internationalen Turniere vorhanden sind, so unterschiedliche Sonderheiten weisen die großen Turnierplätze bei Ausschreibungen, Hindernisaufbau und Richtverfahren auf. Das Nizzaer Turnier, das seit vielen Jahren als erstes der internationalen Turniere die „Saison" eröffnet, ist ein ausgesprochenes Militärturnier. ... Die Länge des Parcours verlangt von den Pferden viel Galoppiervermögen, gute Atmung und gesunde Beine. ... Das Londoner Turnier findet im Juli in einer glasgedeckten Halle im Zentrum statt. Die Hindernisse muten wie schön gearbeitete Spielzeuge an. Acht an der Zahl, immer dieselben, nur täglich in anderer Reihenfolge, oft ohne Fänge und so leicht aufgebaut, dass schon ein Pferdeschweif einen Fehler machen kann. Hier kommen nur Pferde zum Erfolg, die **speziell vorbereitet** sind, ruhig, besonnen und **ganz sauber springen**. ... Das Dubliner Turnier bedeutet ein Treffen von Pferdeleuten aus aller Welt. ... Anlage der Springbahn sowie Richtverfahren wirken zunächst befremdlich. Da die Hindernisse ausschließlich dem zivilen Jagdgelände entnommen sind und die Bewertung sich danach richtet, wie Reiter und Pferde einen Fehler auf der Jagd empfinden würden, hat die bei uns übliche Bezeichnung „Jagdspringen" hier eine ursprüngliche Bedeutung und Berechtigung. Durch fehlerhaften Auf- oder Absprung an den verschiedenen Wällen, durch falsche Fußfolge werden die Bruchteile von Fehlern errechnet."[30]

---

[30] „Der Offizier auf Internationalen Turnieren" von Harald Momm, aus: „Das Deutsche Reiterbuch" von Rolf Roeingh (Hrsg.); Deutscher Archiv-Verlag Berlin/1940

Hindernis und Parcoursgestaltung

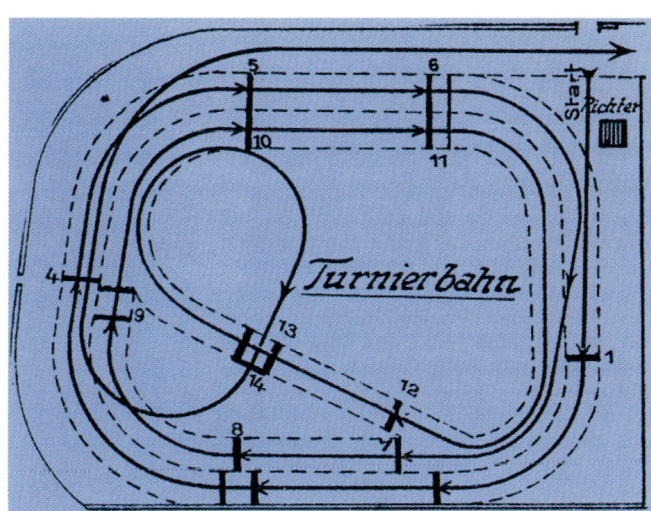

▲ Der erste Große Preis von Aachen im Jahr 1925 glich noch von der Linienführung einem Hindernisrennen. Trotz der großen Schleife zum Schluss – kein Handwechsel.

H.-H. Brinkmann (einer der besten K-S-Springreiter, später einer der führenden Parcourschefs, Anm. d. Verf.) von der Linie her oft so verführerisch schön zu reiten, dass für den Reiter mit Gefühl für Rhythmus nach Analyse und Erkenntnis der Probleme des jeweiligen Parcours einfach alles stimmte, wenn er nur auf einem Pferd saß, das in der Lage war, kleine „Wochenendhäuser" zu springen."[31]

Weiter schrieb Jasper Nissen, der diese Ära als Zuchtleiter, Trainer und Parcourschef miterlebte: „Die Hindernisteile waren vielfach so schwer und lagen so fest, die Auflagen waren so tief, dass sie dem Abstreifen erheblichen Widerstand boten, die Hindernisse so voll, die Stangen von ihrer Dicke und Schwere her so respekteinflößend, dass die Pferde sie entweder hoch übersprangen, solange sie noch nicht hinein gefallen waren, oder aber einfach stehen blieben." … In der Öffentlichkeit musste sich der Springsport folglich mehr und mehr mit dem Vorwurf der Tierquälerei auseinander setzen.

6.1.1 „Schneller – höher – weiter"

Die Abstände zwischen den Hindernissen wurden damals nicht so berechnet wie heute. Erst als sich Anfang der fünfziger Jahre das Absprung bestimmende Reiten durchsetzte, wurden damit auch die Distanzen genauer kalkuliert. Beides führte zu höheren Abmessungen. Parallel zu dieser Entwicklung wandelte sich der Reitsport in der Nachkriegszeit (u.a. durch die Initiative „Deutscher Bauer auf deutschem Pferd" von Dr. Gustav Rau) vom Offiziersport und „Herrenreiten" zum Breitensport.

Der Hindernisbau unterlag also ab der zweiten Hälfte des vergangenen Jahrhunderts einer starken Wandlung. Die Abmessungen und Distanzen erforderten mehr und mehr Springvermögen. In erster Linie wurde über die Abmessungen der Hindernisse selektiert. „Dabei waren die Bahnen etwa eines

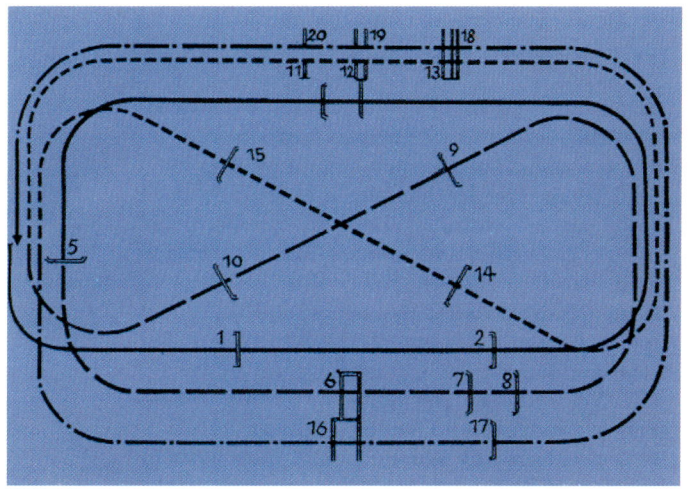

▲ Berlin 1936: Großes Olympisches Jagdspringen. Die Linienführung war immer noch simpel, aber es gab immerhin schon zwei Handwechsel. Als kleines Bonmot: Die dreifache Kombination wurde von beiden Seiten gesprungen.

---

[31] Jasper Nissen: „Parcours- und Hindernisbau", 1985, Francksh-Kosmos Verlags GmbH & Co., Stuttgart

Springpferde-Ausbildung heute

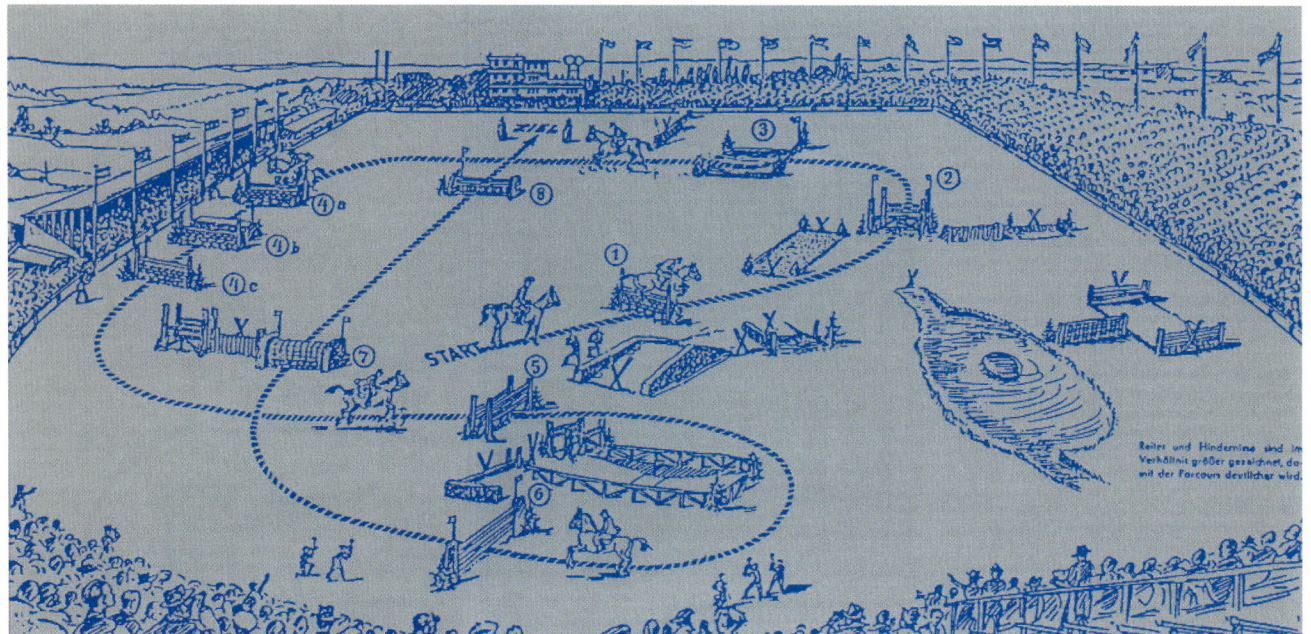

▲ „WM-Finale 1956 in Aachen". Noch die Hälfte aller Hindernisse hatte durch die äußerst massive Bauweise Mauercharakter. Derart beeindruckende leicht zu taxierende Sprünge wurden auch von unvorsichtigen Pferden kaum abgeworfen. Der Parcours stellte keine technischen Anforderungen. Das Startfeld musste folglich immer mehr über Verweigerung selektiert werden.

6.1.2 Kompakter – technischer – leichter

Während die Hindernisse in den Siebzigern noch sehr beeindruckend mit tiefen Auflagen und dicken, schweren Stangen und massivem Unterbau konstruiert wurden, zeichnete sich Mitte der Achtziger mit dem Parcoursdesigner Olaf Petersen die nächste Trendwende ab. Die Hindernisse folgten dichter aufeinander, die Parcours wurden kompakter gebaut. Außerdem etablierte er die Leichtbauweise, verbunden mit trickreicher Kombination schwieriger Hindernisfolgen. Diese technisch anspruchsvolle Handschrift prüfte das Gerittensein des Pferdes und das taktische Geschick des Reiters auf bisher unbekannter Art. „Mit den Stangen einer Dreifachen von Brinkmann bauen sie jetzt einen kompletten Parcours," scherzten mache Reiter. Es wurde weniger Füllmaterial verwendet, die Bauweise immer „luftiger". Die Stangen wurden kürzer, dünner und damit leichter, die Auflagenfläche wesentlich schmaler und flacher. Die Sprünge wurden nicht mehr so klobig gebaut. Es gab folglich weniger Stürze und Verweigerungen, das Starterfeld wurde immer mehr über leichte Abwürfe und weniger durch Verweigerungen und Stürze rangiert.

Diese Entwicklung setzt sich bis heute fort. Die heutigen Parcours werden in immer leichterer Bauweise technisch immer anspruchsvoller. Mittlerweile werden Distanzen von acht Galoppsprüngen und mehr kalkuliert. Verschiedene Hindernisfolgen werden in gerader und gebogener Linie miteinander kombiniert. Das veränderte Abwurfverhalten des Hindernismaterials (durch die Sicherheitsauflagen fallen jetzt auch die Oxerstangen leichter) erfordert ein losgelassenes und durchlässiges, aber auch ein sehr vorsichtiges Pferd und einen strategisch denkenden, effektiv und fein einwirkenden Reiter. Diese Parcours bringen pfiffige, vorsichtige Pferde nach vorne, die nicht mehr das allerletzte Vermögen haben müssen. Typen wie „Ferdl" und „Warwick Rex" (Alwin Scho-

HINDERNIS UND PARCOURSGESTALTUNG

Kapitel 6

◀ Ein Parcours Anfang der sechziger Jahre: Wie sollten hier leichte Abwürfe entstehen? Durch solch massive, leicht zu taxierende Bauweise und Hindernisstangen von bis zu 6 m Länge bei einem Durchmesser von nicht selten 20 cm konnte ein Starterfeld kaum über Stangenabwürfe selektiert werden – sondern in erster Linie über Verweigerungen und Stürze.
▼

ckemöhle) wurden in den Siegerlisten von Pferden wie „Libero H" (Jos Lansink), „Gaylord", „Figaros Boy" (Ludger Beerbaum), „Lady Weingard" (Markus Beerbaum) abgelöst. Der heutige Sport liefert harmonische Bilder in schneller Folge und ist damit mediengerechter, was den Sponsoren, Veranstaltern, Publikum und Profireitern entgegenkommt.

6.1.3 Parcoursbau: Wohin?

Diese Entwicklung stößt nach meiner Ansicht erneut an Grenzen: Der Kreis der Pferde, die in ihrer Vorsicht von Natur aus den heutigen Spitzenparcours genügen, wird um so kleiner, je leichter die Stangen fallen. Warum? Wir wollen ein Pferd, das großes Galoppiervermögen hat, aber handlich ist. Wir wollen eins, das kämpferisch ist, aber auch angenehm im Charakter und Temperament. Eins, das vermögend und mutig ist, aber auch vorsichtig und intelligent. Und weil die Pferde, die all diese Widersprüche in sich vereinen, so selten sind, deshalb sind sie auch so teuer. Und das schnürt auch den Kreis derer, die sich diesen Sport leisten können, immer enger. Der Springsport ist gut beraten, sich an dem natürlichen Ursprung zu orientieren. Das heißt in diesem Fall, den vielschichtigen Veranlagungen Rechnung zu tragen und möglichst allen Gruppen unter den springfreudigen Pferden eine Bühne zu geben.

Prüfungsangebot erweitern

Es gibt zwar heute schon eine ganze Reihe von Serien und Cups: den Youngster-Cup für junge Pferde, Amateur-, Derby- oder Speedserien. Sie alle bieten den Pferdetypen Erfolgschancen, die nicht gerade alle Traumeigenschaften in sich vereinen und dennoch besondere Qualitäten besitzen. Warum also nicht eine Prüfungsreihe für die Pferde entwickeln, die zwar Geschick, Vermögen und Mut, aber nicht die allerletzte Vorsicht besitzen? Wo die Sprünge füllig und respekteinflößend gebaut und mit „normalen" Auflagen versehen sind? Vielleicht als Flutlicht-Springen konzipiert, da Licht- und Schattenkontraste die Pferde vorsichtiger springen lassen. Das heutige Niveau der Reiterei und des Parcoursbaus wird verhindern, dass mit solch einer Serie wieder die alten Bilder von Stürzen und Strafen aufleben. Der Modus der Masters-Springen („The Winner Takes it All") könnte dazu passen. Eine derartige Prüfungsreihe könnte einem aus der Mode gekomme-

Hindernis und Parcoursgestaltung

nen Pferdetyp wieder Erfolgschancen eröffnen. Junge Reiter könnten über größere Abmessungen Erfahrungen sammeln, ohne direkt Millionär sein zu müssen. Der Springsport ist — so denke ich — gut beraten, wenn er einer möglichst breiten Palette faire Einsatzmöglichkeiten bietet.

■ Wandel der Kritik

Doch zurück zur springsportlichen Geschichte: Der Parcoursbau wandelte sich weg vom massiven — hin zum leichten Bauen. Damit verlagerte sich auch der Schwerpunkt der öffentlichen Kritik. In den Siebzigern behauptete Horst Stern in seinen „Bemerkungen über Pferde", dass man Pferde zum Springen zwingen müsse und der Springsport deshalb Tierquälerei sei. Diese Vorwürfe sind verstummt. Heute setzt die Kritik eher am künstlichen „Vorsichtigmachen", am „Präparieren" an, wie u.a. der Barr-Skandal um Paul Schockemöhle, die Affäre McLain Ward oder der „Fall" René Tebbel zeigen.

Erneut muss die Entwicklung des **Parcoursbaus** überdacht werden. Wenn die Hindernisse „bereits vom Schweif abgeworfen" werden können, die Pferde also noch nicht einmal einen Fehler als solchen wahrnehmen und man nur noch mit abartig vorsichtigen oder mit „speziell vorbereiteten Pferden" mitmischen kann, dann geht der Aufbau erneut in eine falsche Richtung. Denn er bewegt sich auch in dieser Hinsicht von der Natur weg — er wird zum Kunstprodukt.

■ Alternative Selektionskriterien

Wie kann aber ein Starterfeld in Zukunft rangiert werden, ohne die alten Bilder von Zwang und Kampf wieder aufleben zu lassen? Welche Alternativen zum Stangenabwurf können ins Auge gefasst werden?

Heute ist die Bauweise besonders auf Hallenturnieren und in nationalen Prüfungen recht einfältig geworden. Ein Parcours besteht fast ausschließlich aus Steilsprüngen und Oxern. Auf den Außenplätzen werden Naturhindernisse wie Gräben, Billards und Wälle immer seltener. Selbst die Hindernismotive sind oft nur noch Werbeflächen und nicht mehr der Natur entlehnt. Also: Wieder mehr Naturhindernisse in die Parcours einflechten? Ja, Vertrauen, Gehorsam sowie vielseitige Grundausbildung dürften ruhig wieder stärker überprüft werden — allerdings wäre es unbefriedigend, würde man durch Furcht erregendere Sprünge nur die Zahl der Verweigerungen erhöhen. Denn **jede Verweigerung stört das Vertrauensverhältnis zwischen Reiter und Pferd**. Doch ist es interessant zu sehen, wie es dem Reiter gelingt, zu bestimmten Hindernissen vermehrte Spannung aufzubauen — und rechtzeitig vor dem nächsten „normalen" Sprung wieder abzubauen. Eine weitere Alternative wäre es, wenn Turnierplätze durch leichte Bodensenkungen und Anhöhen Balance und Durchlässigkeit verstärkt überprüfen.

Die Zeitmessung ist auf internationalem und hohem nationalen Niveau bereits ein echtes Selektionsmittel, welches wert wäre, auch auf unterer Ebene verstärkt eingesetzt zu werden. Zeitfehler schmerzen die Pferde nicht und erziehen die Reiter zu flüssigem Galoppieren ohne „Zuppelei und Zieherei". Es wäre aber sicher nicht sinnvoll, diese Selektionsmaßnahme im internationalen Springsport weiter zu verschärfen und aus jedem Grand-Prix ein Zeitspringen zu machen. Das wäre eine psychische wie physische Belastung der Pferde, die ihrer dauerhaften Leistungsentfaltung entgegenläuft (siehe auch Kap. 4.5 Springen „gegen die Uhr").

Die kompakte Bauweise fordert den Pferden mehr Kraft als Ausdauer ab. Wäre es eine Lösung, die mittlerweile sehr komprimierten Hindernisfolgen durch eingeschobene längere Galoppstrecken zu entzerren?

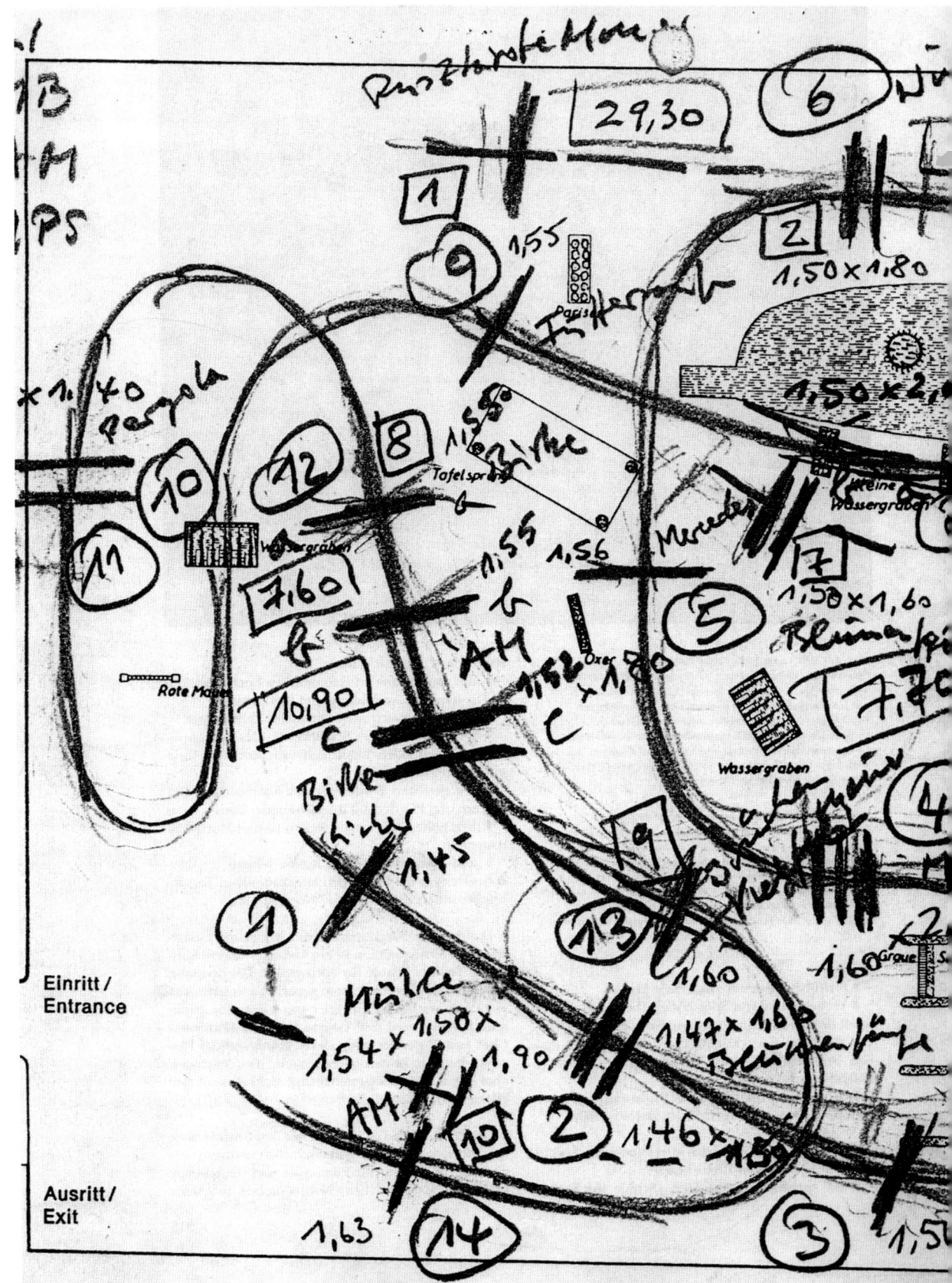

Ein anderes Zeitdokument: Parcoursdesign des Großen Preises von Aachen 1996.

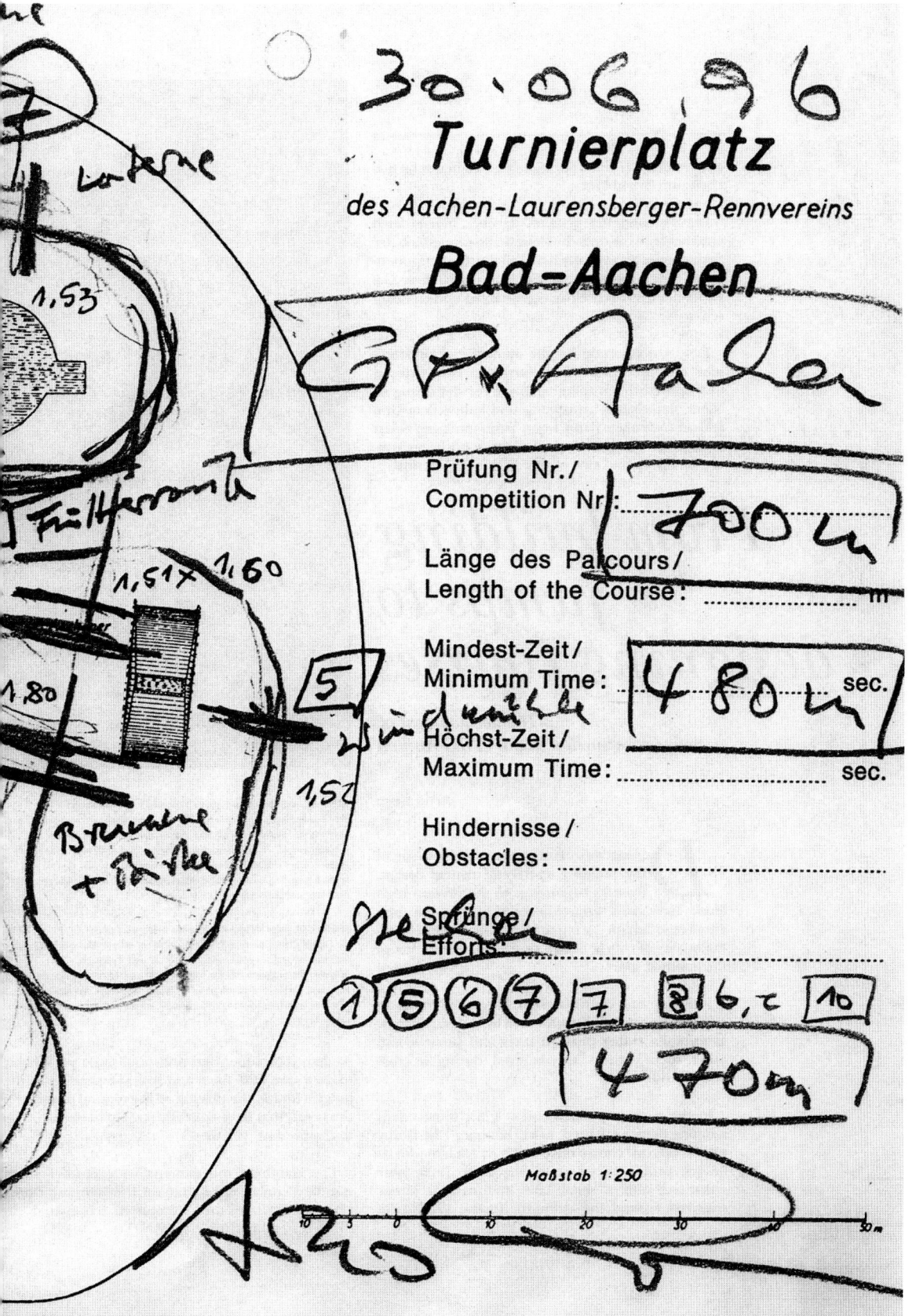

...twicklungsstand des Springsports in seiner Zeit wieder. Wie werden wohl die Parcours von morgen aussehen? Wohin geht der Sport?

Aus der rein sportlichen Perspektive wäre es interessant zu sehen, wie Pferd und Reiter diesen „toten Raum" zu überbrücken verstehen. Nachteilig wäre vielleicht, dass diese Alternative nicht mediengerecht genug ist. Ein schneller Wechsel von Sprüngen, Reitern und Pferden geben jeder Übertragung Dynamik; längere Galoppstrecken könnten den Zuschauer langweilen.

Egal wohin die Entwicklung geht: Der Sport wird sich auch weiterhin ändern. Denn die „Schraube" der Leichtbauweise kann in die bisherige Richtung nicht weiter gedreht werden, ohne dem Sport nachhaltig zu schaden. Es besteht die Gefahr, dass er sich von seinen Wurzeln löst:

> **Verliert der Springsport seinen Bezug zur Natur, so riskiert er seine Daseinsberechtigung!**

Und wäre es nicht schade, wenn der Springsport, der in einzigartiger Weise Dynamik, Ästhetik und Natur miteinander verbindet, zu einer Mode- bzw. Trendsportart verkommt? Hätte er nicht alle Chancen, eine einmalige Sportart zu bleiben — eine klassische zu werden?

6.2 Parcoursbau im Training

Wer ein Springpferd für den Turniersport vorbereiten will, der orientiert sich bereits im Training an den Parcours, für die er sein Pferd vorgesehen hat. Dazu wählt er entsprechendes Hindernismaterial und die passende Bauweise. Die Hindernisgestaltung hat noch einen weiteren Aspekt: Durch gut überlegte Auswahl des Materials und geschickten Aufbau lässt sich manche negative Erfahrung für das Pferd oder sogar Verletzung vermeiden. Die wichtigsten Grundregeln für einen fairen Parcours sind:

- Ein guter Trainings-Parcours sollte keine „Klippe" enthalten, sondern bei ansteigendem Schwierigkeitsgrad fair gebaut sein, die Strategie des Reiters und das Gerittensein des Pferdes fordern. Die Kunst besteht ganz allgemein darin, ernstzunehmende Probleme zu stellen, die dennoch mit einer gewissen Eleganz und Leichtigkeit lösbar sind.

- Fangständer geben jungen Pferden optische Orientierung und vermeiden ein Vorbeilaufen.

- Absprungerleichterungen in Form von vorgezogenen Unterbauteilen und Grundlinien sind für vorsichtige oder wenig routinierte Pferde empfehlenswerte Taxierhilfen. Sie fördern ein vertrauensvolles, flüssiges Springen.

- Die Hindernisständer und ihre Auflagen für Hindernisstangen dürfen keine scharfen Kanten aufweisen. Über den obersten Stangen keine Auflagen hängen lassen! Diese Nachlässigkeit kann Prellungen oder Schnittwunden verursachen.

- Die Auflagen der Oxerständer sollten nicht zu tief sein (maximal ein Drittel des Stangendurchmessers umfassend) und ausklinken können, um Stürze zu vermeiden. Wenn keine Sicherheitsauflagen im Training zur Verfügung stehen, dann kann die hintere Oxerstange auf einer Seite auf die hintere Kante der Auflage gelegt werden. Während Abwürfe der vorderen Stange in der Regel aus einer horizontalen Bewegung heraus geschehen, wird die hintere aus einer Abwärtsbewegung getroffen. Da weder die konventionellen Auflagen noch die Stangen nach unten nachgeben, kann dieser Fehler sehr schmerzhaft sein.

---

[32] Gego, Arno/Schmidt, Hauke: „Parcours-Gestaltung". FNverlag Warendorf; S.25

Hindernis und Parcoursgestaltung

▲ *Das Pferd wird dicht an das Hindernis heran geritten. Es soll lernen, sich vor dem Sprung aufzunehmen und seine Flugkurve von der halbkreisförmigen zur steilen halbovalen zu verändern. Eine vorgezogene Absprungstange bildet hier eine wichtige Taxierhilfe. Die füllige Bauweise, vorgezogene Unterbaukästen und Fangständer erleichtern dem jungen Pferd diese neue Aufgabe zusätzlich.*

- Die Sprungständer sollten einen niedrigen Schwerpunkt durch einen schweren, breiten Fuß besitzen. Denn wenn bei einem Anschlagen (vor allem an der Oxerstange) die Stange nicht aus ihrer Auflage herausfällt, sondern der Ständer mitkippt, kann ein Sturz die Folge sein.

- An der vorderen Stange sollte es im Training möglichst wenig Spiel zwischen Ständer, Auflage und Stange geben. Je leichter die Stangen nachgeben, desto vorsichtiger muss das Pferd sein, um aus Abwürfen lernen zu können.

- Hindernisstangen sollten eine Länge von 3,5 m nicht überschreiten. Je kürzer die Stangen sind, desto geringer ist die Sturzgefahr, da die Stange, falls sie z.B. zwischen die Vorderbeine gerät, sich leichter wegdreht. Das normale Stangengewicht sollte aus dem selben Grund bei maximal 16 kg[32] liegen.

- Eine abwechslungsreiche Gestaltung der Springbahn weckt das Interesse des Pferdes. Hindernismaterial und Linienführung haben darauf großen Einfluss. Im Verlauf der Ausbildung kann hier ein fließender Übergang von der einfachen Linienführung der Springpferdeprüfung zu anspruchsvollerem geschaffen werden.

Kapitel 7
Gesundheitliche Prophylaxe

Vorausschauendes Denken und Handeln kann nicht nur im Parcoursbau Gesundheitsschäden vermeiden helfen. **Die erste Überbelastung eines Pferdes muss man scheuen wie der Teufel das Weihwasser.** Denn das Pferd, welches einmal ein Problem mit den Dornfortsätzen, Bändern, Sehnen oder dergleichen hatte, behält dort in der Regel lebenslang eine Schwachstelle. Eine völlige bzw. dauerhafte Entfaltung seiner Leistungskraft ist dann meistens nicht mehr möglich.

7.1 Huf und Beschlag

„The best method of keeping feet in health is good shoeing and exercise."[34]

„No hoof — no horse". Der Huf des Pferdes ist — im Gegensatz zum Sporn oder zur Kastanie — mehr als nur das evolutionäre Überbleibsel eines Zehennagels. In der veterinärmedizinischen Fachliteratur wird er als „Zehen-End-Organ" bezeichnet. „Organ" deshalb, weil bereits leichte Bewegung (z.B. im Schritt) den Hufmechanismus auslöst.

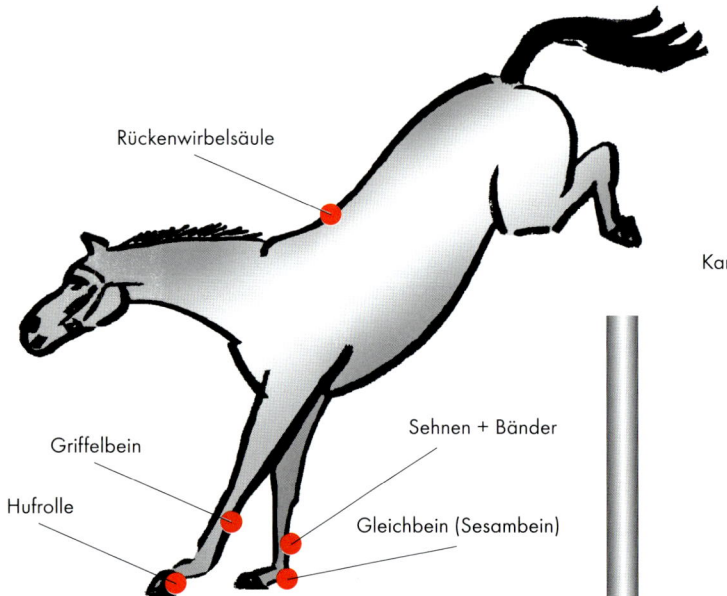

Eine fachgerechte Ausbildung mit kontinuierlich gesteigerten Trainingseinheiten verbessert grundsätzlich die Belastbarkeit[33]. Dennoch muss der Reiter aufmerksam auf die Gesundheit achten, denn abgesehen von ethischen und tierschützerischen Verpflichtungen **ist das Wohlbefinden des Pferdes Grundvoraussetzung für den Lernerfolg.**

▲ *Die typischen Schwachstellen des Springpferdes. Wie kann man solche Verletzungen vermeiden? Der Ansatz ist vielschichtig: Durch Zuchtselektion auf Härte und robuste Aufzucht mit viel Bewegung kann der Züchter eventuellen Schäden vorbeugen. Doch dann ist der Ausbilder gefragt: Fachgerechter Aufbau, gute Pflege und Haltung sowie planvolle Turniereinsätze sind elementare Einflussfaktoren.*

---

[33] Huskamp, Dämmrich, Erbslöh, Jeffcott (1996): „Skelettreife und Trainingsbeginn bei Vollblutpferden". Wak-Verlag München; S.13-20
[34] Bridges: „No Foot no Horse"; London 1752

GESUNDHEITLICHE PROPHYLAXE

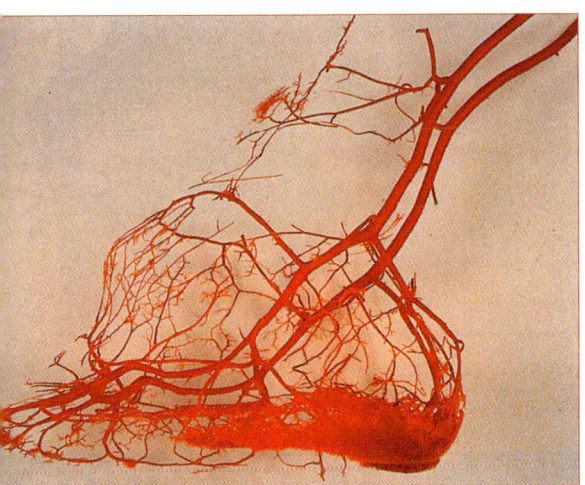

▲ *Die intensive und filigrane Verastelung der Blutgefäße lässt erahnen, wie wichtig die Pumpfunktion des Hufmechanismus für eine optimale Durchblutung des Hufrollenbereichs ist.*

7.1.1 Hufmechanismus

Die Trachten spreizen sich unter Belastung auseinander, während gleichzeitig die Krone eingezogen wird. Die untere Hälfte der Vorderwand bleibt hierbei fast bewegungslos. Der sogenannte Hufmechanismus wirkt im Huf wie eine Blutpumpe. Selbst geringste Behinderungen beeinträchtigen die Durchblutung u.a. des Hufrollenbereichs. Erfahrene Hufschmiede weisen deshalb immer wieder darauf hin: **Der beste Beschlag ist kein Beschlag.** Laufen Pferde barfuß bei mittragendem Strahl, so ist interessanterweise die Konsistenz des Hufhorns robuster als bei beschlagenen Pferden. Ein trichterförmiges Ausschneiden der Trachten schafft dem Strahl Platz und unterstützt den Hufmechanismus. Unter diesem Gesichtspunkt ist auch die Strahlpflege mehr als nur Kosmetik. Ein gesunder, kräftiger, gut ausgebildeter Strahl massiert in der Bewegung den Innenhuf und fördert die Blutzirkulation. Diese wiederum ist die beste Vorbeugung gegen Erkrankungen der Sehnen, Gelenke und des Hufrollenbereichs.

Wenn es nicht der Abrieb des Hufhorns oder

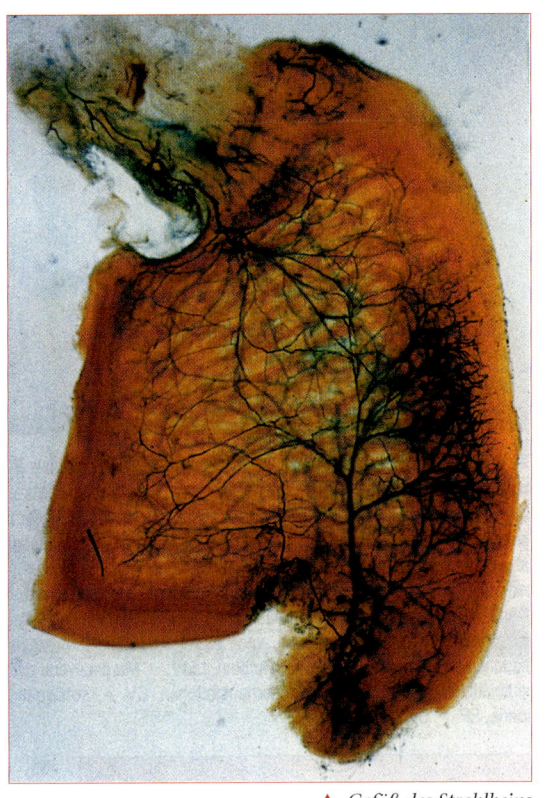

▲ *Gefäß des Strahlbeins*

die Bodenverhältnisse auf dem Turnierplatz erfordern, verzichtet man so lange wie möglich auf einen Beschlag. Junge Pferde können ihre ersten Turniererfahrungen ohnehin besser auf Sandplätzen sammeln, da sensible Pferde auf Grasboden anfangs eher etwas gehemmter springen. Sandboden mit stabilem Unterbau ist in der Regel so griffig, dass kein Beschlag notwendig ist. Die ungewohnte Atmosphäre eines Turnierplatzes ist schon schwierig genug zu verarbeiten, als dass man sie auch gleichzeitig mit schlüpfrigem Untergrund konfrontieren sollte.

Die Hufeisen haben einen weiteren Nachteil: Um den Hufmechanismus trotz Beschlags zu gewährleisten, wird nur in der vorderen Hälfte des Hufes genagelt. Durch das Dehnen und Zusammenziehen der Trachten reiben sie sich auf den Trageflächen der Eisen ab. Am Eisen bilden sich die so genannten Scheuerrinnen.

SPRINGPFERDE-AUSBILDUNG HEUTE

(Welch eine Bewegung — was für Kräfte!) Die Zehe jedoch wächst ungehindert weiter, was nach einigen Wochen (vor allem bei flachen Hufen und untergeschobenen Trachten) zwangsläufig zu einer Brechung der Zehenachse führt[35]. Die Folge ist eine Fehlbelastung im Sehnen- und Hufrollenbereich. Deshalb sind kurze Beschlagintervalle so wichtig!

7.1.2 Beschlag

In den Absprung- bzw. Landephasen entstehen für das Springpferd besondere Belastungen. Das eigentliche Gewicht des Pferdes potenziert sich durch die Gesetze der Schwerkraft um ein Vielfaches. Ein guter Beschlag kann Risiken eindämmen — ein schlechter kann sie vermehren...

■ Landephase

In der Landephase ist der Druck auf die Hufeisenschenkel etwas höher als auf die Zehe. Sind die Schenkel der Vordereisen auch noch zu kurz, so sinken sie tiefer als die Zehe in den Boden, weil der Druck sich auf einer geringeren Fläche als im Zehenbereich verteilt (wie ein Stöckelschuh, dessen Pfennigabsatz sich ebenfalls tiefer in die Erde eindrückt als der Ballen), vermehrte Zugkräfte belasten so Hufrolle und Sehnen. Ein tiefer oder weicher Boden ist folglich ebenso gesundheitsgefährdend. Aus diesen Gründen werden Springpferde immer häufiger mit Eiereisen beschlagen. Doch die Nachteile dieses Beschlages heben die Vorzüge fast wieder auf:
1. Der Strahl wird im Auffußen kaum noch massiert,
2. sie werden leichter abgetreten,
3. es entstehen sehnenbelastende Fliehkräfte, besonders bei hohem Tempo.

Die Zehenrichtung erleichtert das Abrollen des Vorderhufes – das Pferd kommt schneller über die Zehe. ▼

[35] Launer/Mill/Richter: „Krankheiten der Reitpferde", Verlag Eugen Ulmer, Stuttgart/Deutscher Landwirtschaftsverlag, Berlin. S.43

GESUNDHEITLICHE PROPHYLAXE

Länger überstehende Schenkel der Vordereisen sind also aus dem Gesichtspunkt der besseren Druckverteilung und Entlastung des Hufrollenbereichs erst einmal begrüßenswert. Als Faustregel: Würde vom Ballen des Vorderbeins ein Lot gefällt, so muss das Schenkelende genau in der Mitte zwischen Trachte und dem Fußpunkt des Lotes liegen. Zu lange Schenkel begünstigen ein Hineingreifen durch die Hinterhufe, schlicht „Greifen" genannt. Das bedeutet nicht nur, dass die Vordereisen leichter abgetreten werden können, das Greifen kann (im Absprung oder in der Landung) zum Sturz führen. Neigt ein Pferd zum Greifen, so werden im „Greifbeschlag" u.a. die Schenkel des Vordereisens kurz gehalten (was kürzere Beschlagintervalle verlangt!) und zusätzlich die Hintereisen zurückgelegt. Eine deutliche Zehenrichtung kann zudem das Greifen verhindern helfen, denn je schneller der Vorderhuf abrollen kann, desto geringer ist die Gefahr des Greifens.

■ Abrollen

Wenn nach der Landung das Abrollen durch mangelnde Zehenrichtung oder zu lang gewachsene Zehen erschwert wird, dann entstehen im Sehnen- und Hufrollenbereich gesundheitsgefährdende Überbelastungen. Damit das Pferd schneller über die Zehe kommt, wird auch schon mal ein Vordereisen mit zwei seitlichen Aufzügen verwendet, das Eisen etwas zurückgelegt und die Zehe rund geraspelt.

Zu lange Zehen bzw. zu kurze Trachten bewirken auch am Hinterbein Fehlbelastungen. Sie können z.B. zu Sehnenentzündungen oder zu Veränderungen am Sprunggelenk führen. Vorbeugend muss nicht direkt ein Spezialbeschlag gewählt werden. Kurze Beschlagintervalle und lange Schenkel bis auf Ballenhöhe (was am Hintereisen problemlos machbar ist, da hier das Greifen keine Rolle spielt) sind noch immer die besten Hilfsmittel.

■ Vibrationen

Ein unelastischer, harter Boden belastet in anderer Weise: Er verursacht Vibrationen im Huf, die vor allem ältere Pferde als unangenehm empfinden. Einer Hufpolstereinlage (mit Werg oder Silikon gefüllte Leder- oder Kunststoffsohle zwischen Eisen und Huf) wird neben einer besseren Druckverteilung im Landen auch stoßbrechende Wirkung zugeschrieben. Sie empfiehlt sich jedoch eher für den Einsatz bei Spitzenbelastungen älterer Springpferde; in der Weiterbildung von jungen Pferden sollten die Beanspruchungen noch nicht so hoch sein, dass eine Verwendung nötig wäre.

Bei allen high-tech-Produkten der Huf-Orthopädie sollte immer noch das klassische breite Eisen mit langen Schenkeln, kurzgehaltener Zehe und deutlicher Zehenrichtung die Basis bilden.

■ Stollen

Im Springsport sind hundertstel Sekunden oft entscheidend. Ein Rutschen kann z.B. das Anreiten des nächsten Sprunges verderben. Deshalb lässt sich bei den weiter ausgebildeten Pferden die Benutzung von Schraubstollen nicht verhindern. Wenn sie verwendet werden, so sollten lange, scharfe Stollen nur an den hinteren, äußeren Schenkeln eingeschraubt werden, um gravierenden Verletzungen durch Kronenrand-Tritte oder Anwinkeln der Vorderbeine vorzubeugen. Die Auswahl der Stollenlänge ist abhängig von der Bodenbeschaffenheit. Lange Stollen auf hartem Boden bedeuten in jeder Wendung eine starke Belastung der Gelenke, da der Huf nicht mehr gleiten kann. Nach dem Start werden sie umgehend heraus geschraubt; zum einen, um Druckstellen durch ein nach oben durchdrückendes Gewinde zu vermeiden, zum anderen zur Wiederherstellung der korrekten Hufstellung. **Ein guter Beschlag lässt das Pferd stets plan auffußen, damit Sehnen und Gelenke nicht wider die**

natürliche Stellung belastet werden. Deshalb sollten Stollen auch nicht auf hartem Untergrund (Asphalt/Pflaster) benutzt werden.

7.1.3 Stellungsfehler

Die plane Fußung ist natürlich immer relativ. So kann ein flach beschlagenes Pferd im Schritt korrekt mit dem ganzen Eisen gleichzeitig den Boden berühren und trotzdem im energischen Trab Trachtenfußung zeigen. Hier ist aber kein gesundheitliches Risiko zu erwarten. Ganz anders bei der Zehenfußung: Solche Pferde halten erfahrungsgemäß nicht lange. Hufrollen und Sehnen werden bei Schritt und Tritt fehlbelastet. Ebenso fatal wirkt es sich aus, wenn ein Schenkel vor dem anderen aufsetzt: Hier werden die Gelenke geschädigt.

In der Aufzucht von Pferden können noch viele Fehlstellungen des Hufes erfolgreich korrigiert werden, wenn der Huf stets da ein wenig verkürzt wird, wo er hinzeigt. In der Ausbildung haben wir es jedoch mit Pferden zu tun, die den größten Teil ihrer körperlichen Entwicklung bereits hinter sich gebracht haben. Eine dann noch bestehende Fehlstellung muss hingenommen werden, denn die ideale Stellung ist in diesem Alter nur noch die, welche eine plane Fußung gewährt.

7.2 Vorbeugen und Erkennen von Lahmheiten

Die beste Vorbeugung gegenüber Belastungsschäden besteht darin, die natürlichen Bewegungsanlagen zu respektieren. In der Wildbahn bewegen Pferde sich überwiegend im Schritt.
Die tägliche Arbeit beginnt und endet daher mit einer ausgiebigen Schrittphase. Dadurch wird dem Pferd zum einen innere Ruhe vermittelt. Das Reiten soll nicht nur mit Lernstress assoziiert werden. Zum anderen leitet die Schrittarbeit eine vermehrte Durchblutung und die Lockerung der Muskulatur ein. Der Tagesablauf lässt oft zu wenig Zeit dafür, so dass Laufbänder und Schrittmaschinen diese Aufgaben vor und nach dem Reiten übernehmen. Ihr angenehmer Nebeneffekt ist eine gewisse Verbesserung der Ausdauer. Es bedeutet schließlich keinen nennenswerten Mehraufwand, wenn die Maschine länger als eine halbe Stunde läuft. Die Gefahr der maschinellen Hilfe besteht jedoch darin, dass Lahmheiten zu spät erkannt werden, wenn derjenige, welcher das Pferd ans Laufband führt, unaufmerksam ist oder die Maschine außerhalb des Sicht- und Arbeitsbereichs steht.

7.2.1 Schwachstellen

Bereitet ein Pferd in der Ausbildung Schwierigkeiten, ist es unkonzentriert und wehrt es sich gegen die Hilfen, so macht mancher sein Pferd müde, um den Widerstand zu brechen. Tatsächlich sind die Lernerfolge größer, wenn das Pferd „Dampf abgelassen hat" und nicht mehr „gegen den Hafer" angekämpft wird. Manche Reiter lassen ihre jungen Pferde täglich springen, um sie so innerhalb kürzester Zeit parcoursfertig bzw. verkaufsfertig zu haben. Doch das birgt Gefahren: „Mit der Muskelermüdung geht deren stoßabsorbierende Aktion verloren und die ganze Stoßkraft wird von dem Skelettsystem und den Bändern getragen. Knochen, Sehnen, Bänder und Gelenke werden dadurch besonders im Springen leicht überbeansprucht, was zu den verschiedensten Erkrankungen führen kann."[36] Der erfahrene Reiter merkt u.a. durch die Art des Landens, wann diese Muskelermüdung eintritt bzw. umgeht diesen Punkt durch ausgiebige Pausen und einem rechtzeitigen Ende der Arbeit.

Weit häufiger als durchs Korrigieren kommt es durch eine übereilte Weiterbildung zu Überbe-

---

[36] Friedrich, Gabriele: „Die Erkrankungen des Sportpferdes". (1986) FNverlag Warendorf; S.67

GESUNDHEITLICHE PROPHYLAXE

Die verschiedenen Belastungsphasen beanspruchen den Sehnenapparat unterschiedlich:

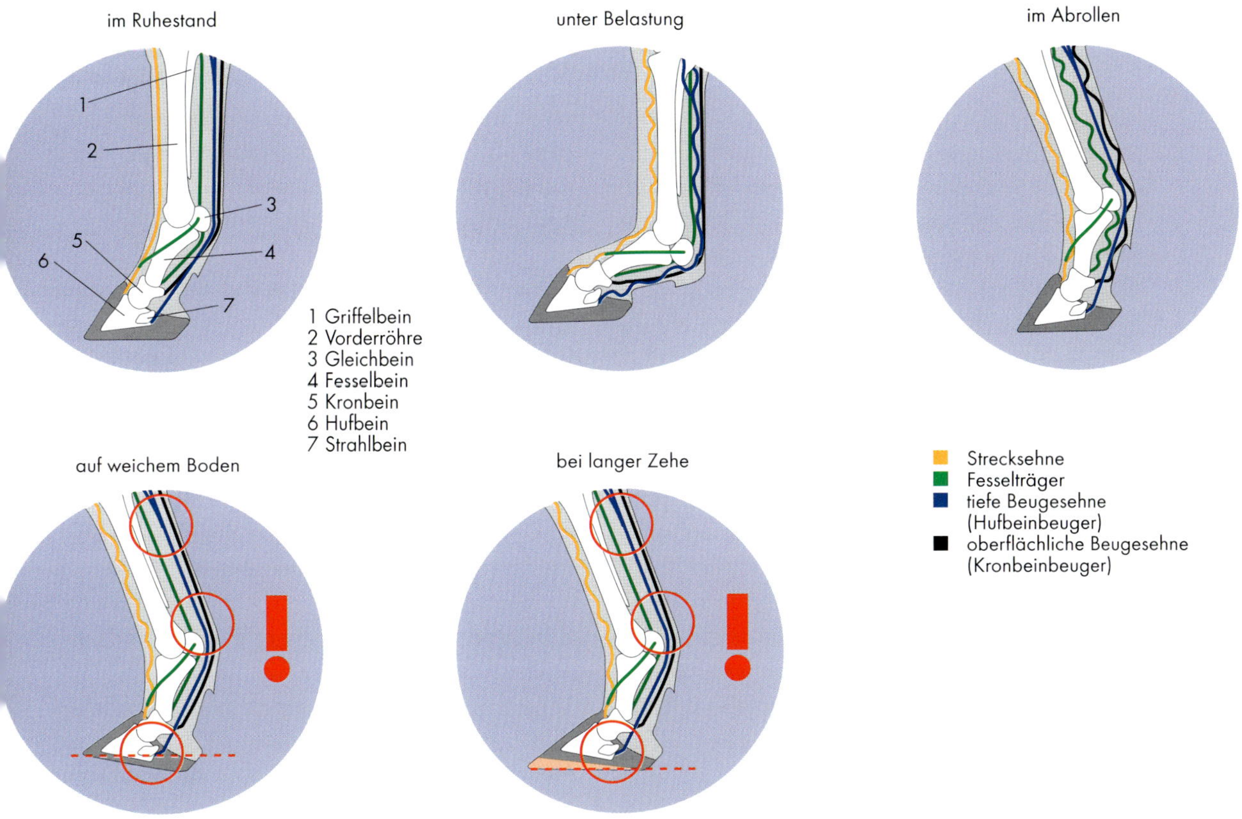

im Ruhestand   unter Belastung   im Abrollen

1 Griffelbein
2 Vorderröhre
3 Gleichbein
4 Fesselbein
5 Kronbein
6 Hufbein
7 Strahlbein

auf weichem Boden   bei langer Zehe

- Strecksehne
- Fesselträger
- tiefe Beugesehne (Hufbeinbeuger)
- oberflächliche Beugesehne (Kronbeinbeuger)

Zu lange Zehen, wie sie durch schlechte Hufpflege entstehen und tiefer Boden führen zu Überbelastungen der Sehnen, Bänder und Knochen. Auch im Hufrollenbereich entstehen dann abnorme Zugkräfte.

lastungen. Ein Beispiel: Besitzt ein fünfjähriges Pferd bereits die Routine eines Sechsjährigen, so wird es schon auf Grund seiner Erfahrung den Altersgenossen z. B. auf einem Bundeschampionat überlegen sein. Es verlangt „horsemanship" des Ausbilders, nicht den kommerziellen Versuchungen zu erliegen, die ein forciertes Ausbilden und somit rascherer Wertsteigerung des Pferdes darstellt. Manch gesundheitliche Schwachstelle eines verhinderten Spitzenpferdes ist Spätfolge einer „Jugendsünde" in Ausbildung bzw. Management.

7.2.2 Früherkennung

Eine Lahmheit ist meistens leicht zu erkennen. Aber gerade schleichende Krankheitsprozesse werden in der Routine des täglichen Arbeitsablaufes oft erst spät wahrgenommen. Wach und aufmerksam muss das Pferd vor, während und nach der Arbeit beobachtet werden: Geht das Pferd heute nicht stumpfer, matter? Wird vermehrt zäh fließender Speichel ausgesondert? Drückt es unter dem Reitergewicht den Rücken weg? Ist das Gelenk nicht ein wenig wärmer?

SPRINGPFERDE-AUSBILDUNG HEUTE

Sollte ein reiferes Pferd plötzlich Schwierigkeiten haben, auf einer bestimmten Hand zu landen, so muss an eine Verletzung/Entzündung gedacht werden. Widersetzt es sich in der versammelnden Arbeit, ist vielleicht ein gesundheitliches Problem in Hinterhand, Rücken oder Maul die Ursache. Die Sehnen sollten täglich abgefühlt werden. In der professionellen Ausbildung des Springpferdes werden große Teile dieser Gesundheitskontrolle auf den Pfleger übertragen, aber der Reiter trägt letztendlich die Verantwortung für das rechtzeitige Erkennen von krankhaften Veränderungen.

Schleicht sich nur der geringste Verdacht einer Lahmheit oder einer Klammheit ein, lässt man sich das Pferd sowohl auf der Geraden als auch auf der Zirkellinie, auf hartem und auf weichem Untergrund, möglichst auch bergauf und bergab vortraben. (Trab ist die Gangart, in der eine geringgradige Lahmheit am leichtesten zu erkennen ist.) Das Pferd muss hierbei in entspannter Verfassung sein, damit eine eventuelle Lahmheit nicht durch Aufgeregtheit überspielt wird. Man achtet auf den Raumgriff und Vortritt des jeweiligen Beines (Hangbeinlahmheit) und auf seine Belastung. Bei einer Stützbeinlahmheit fällt das Pferd stets auf das gegenüberliegende gesunde Bein. (Durch Kopfnicken, Absinken der Kruppe oder auf Asphalt bzw. Pflasterstein am Klang des Trabes zu erkennen.)

Geht das Pferd nicht ungleich sondern nur klamm, so betrifft das meistens die Vorderbeine. Es will durch kürzere Tritte und eine rollend wirkende Beinführung den beidseitigen Schmerzen, die beim Abrollen über die Zehen entstehen, ausweichen. Es meidet auch das kräftige Nach-vorne-führen der Vorderhufe wegen den damit verbundenen Zugkräften an der Hufrolle. Weniger Schwung, eine kürzere Schwebephase, bedeuten außerdem weniger Aufprall und Vibration im Auffußen. Dadurch, dass weniger von oben herab aufgefußt wird, stolpert es häufiger. Meist ist eine Lahmheit erst dann deutlich, wenn ein Vorderbein lokal betäubt wird. Tritt es dagegen mit den Hinterbeinen nicht schwungvoll unter, dann kann man z.B. an eine Spat- oder Knieerkrankung denken. Im Gegensatz zur Knieerkrankung würde sich ein Pferd mit Spat jedoch nach kurzer Zeit einlaufen.

Erfolgt das Vortraben unter dem Sattel, so sollte der Zügel durchhängen und ausgesessen werden, um eine Beeinflussung des Taktes durch den Reiter ausschließen zu können. Bestätigt sich der Verdacht einer Lahmheit oder ist man sich in der Beurteilung auch nur unsicher, so kann durch rechtzeitige Benachrichtigung des Tierarztes mancher Krankheit bereits im Ansatz entgegengewirkt werden.

Es würde den Rahmen dieses Buches sprengen, wollte man die gesamte Bandbreite aller möglichen Sportpferdeerkrankungen behandeln. Deshalb werden hier nur die typischen Krankheitsbilder thematisiert, deren Früherkennung in der Hand des Ausbilders liegen.

■ Hufrolle

Das Skelett des Pferdes ist dem des Menschen sehr ähnlich. Im Laufe der Evolution bildeten sich beim Pferd an den Stellen, die durch den Zehengang besonders belastet sind, Verknöcherungen. Am Fesselgelenk sind das die Sesambeine, am Hufgelenk das Strahlbein. Die Hufrolle setzt sich aus Strahlbein, darüber laufender tiefer Beugesehne und dazwischenliegendem Schleimbeutel zusammen. Doch was ist eine Hufrollenerkrankung (Podotrochlose)[37] überhaupt?

In der Anfangsphase der Erkrankung entzündet sich häufig der Schleimbeutel. (Oft gleichzeitig mit einer Hufgelenksentzündung gekop-

---

[37] Siehe auch: „Internationales Symposium Strahlbeinlahmheiten Dortmund 1993", Hrsg. Prof. Dr. Bodo Hertsch; FNverlag Warendorf

GESUNDHEITLICHE PROPHYLAXE

pelt, da zwischen Schleimbeutel und Hufgelenk wahrscheinlich eine leicht diffundierende Verbindung besteht.) Im fortgeschrittenen Stadium bedeutet die Hufrollenerkrankung eine Zerfaserung der tiefen Beugesehne sowie Deformation des Strahlbeins. Es sind fast ausschließlich die Vorderhufe betroffen (ein- oder beidseitig). Hufrollenerkrankungen gehen in der Regel Durchblutungsstörungen voraus, die z.B. durch Zerrungen, Blutergüsse, Thrombosen, Fehlstellungen oder Trachtenzwang entstehen können.

Gewisse Blutlinien vererben eine Anfälligkeit für Podotrochlose, wie einschlägige Studien ergeben haben. Kleine Hufe behindern eine gute Durchblutung. Der Strahl von Pferden mit kurzer, steiler Stellung kommt weniger zum Tragen, was wiederum einen schwach ausgeprägten Hufmechanismus zur Folge hat. Haltung und Klima haben aber ebenso Einfluss auf den Ausbruch dieser Krankheit:
- Aufzuchtfehler (mangelnde Mineralisation der Knochen, zu wenig Bewegung durch Stallhaltung im Winter),
- Verwendungszweck (tritt gehäuft bei Polo-, Spring-, Dressur- oder Freizeitpferden auf),
- mangelnde Bewegung (täglich 23 Stunden Boxenruhe entsprechen nicht der natürlichen Bestimmung),
- Trockenheit (zu trockene Einstreu bzw. Drainage lassen den Huf eintrocknen, große Höhe über dem Meeresspiegel = geringere Luftfeuchtigkeit + dickeres Blut),
- schlechter Beschlag (siehe Kapitel „Huf und Beschlag").

Es gibt noch weitere Auslöser: Entzündungen des Schleimbeutels (und evtl. des Hufgelenks) erzeugen einen Überdruck, der wiederum die Durchblutung des Hufrollenbereichs beeinträchtigt. Solche Ergüsse und Entzündungen können durch traumatische Einflüsse verursacht werden:

- häufiges enges Wenden (besonders im Landen),
- überhöhtes Eigen- oder Reitergewicht,
- andauernde starke Beanspruchung ohne entsprechendes Aufbautraining,
- häufige Vibrationen im Huf durch Zehenfußung oder Reiten auf hartem Boden.

Doch nicht immer ist ein Ausbruch dieser Krankheit damit erklärbar. Wir sind wieder bei dem Faktor Härte: Die einen halten fast jede Belastung aus, andere fast keine. Der Ausbilder hat die Chance, bereits etwas zu spüren, bevor diese tückische Krankheit deutlich sichtbar wird. Erste Warnsignale sind:
- geringere Leistungsbereitschaft, weniger Harmonie in der Arbeit,
- Nachlassen der Grundqualität (Pferd macht untypische Fehler),
- Formschwankungen (abfallende Leistung am Tag nach der Belastung),
- kraftloseres Springen, kürzeres Landen,
- leichtes Einknicken unmittelbar nach dem Landen,
- kurzer, schwungloser „klammer" Gang.

Der Tierarzt kann u.a. durch Hufzangenuntersuchung, Beugeprobe, Brettprobe, Lokalanästhesien und Röntgenaufnahmen dem Verdacht auf Hufrollenerkrankung nachgehen. Allerdings sind in der Vergangenheit die röntgenologischen Veränderungen oft überbewertet worden. Umso wichtiger ist die gleichberechtigte Kommunikation zwischen dem Veterinärmediziner und dem erfahrenen Ausbilder, um diese schwierig zu diagnostizierende Erkrankung frühzeitig und sicher zu erkennen.

Auch wenn die Hufrollenerkrankung durch die heutige Art der Nutzung und Haltung weit verbreitet ist: Das Krankheitsbild ist wahrscheinlich seit Beginn der Domestikation bekannt. Bei Vegetius (400 n. Chr.) findet sich bereits eine Beschreibung von Veränderungen am

Huf, die einen Zusammenhang mit der Strahlbeinlahmheit zulässt (Brauell 1845). Im zurückliegenden Jahrhundert wurde auf die Hufrollenerkrankung überwiegend mit dem Nervenschnitt geantwortet. Immer wieder wurden deshalb auch kritische Stimmen laut, welche ethischen, tierschützerischen, medizinischen, aber auch züchterischen Bedenken Ausdruck verliehen.

Der Nervenschnitt wird heute nur noch selten durchgeführt. In den modernen Behandlungsmethoden wird beschlagmäßig und medikamentös die Durchblutung verbessert sowie den entzündlichen Prozessen durch entzündungshemmende Mittel entgegengewirkt. Es hat sich auch bewährt, in die häufig involvierten synovialen Räume Hyaluronsäure und/oder Cortison zu injizieren. Aus den Vereinigten Staaten werden seit neuestem Erfolge durch Calciumhormonbehandlungen gemeldet. Bei frühzeitiger Erkennung, Ursachenbehebung und Behandlung ist mittlerweile die Prognose allgemein deutlich besser als noch vor einigen Jahren, wo diese Krankheit grundsätzlich als unheilbar galt.

■ Sehnen

Beim Springpferd sind die oberflächlichen Beugesehnen und die Fesselträger der Vorderbeine die anfälligsten Stellen des Sehnenapparates. Eine rechtzeitig erkannte Sehnenreizung ist bei entsprechender Behandlung in ein paar Tagen ausgeheilt, wogegen ein spätes Erkennen zu monatelangem Trainingsausfall bzw. zur dauerhaften Unbrauchbarkeit führen kann. Deshalb ist die tägliche Kontrolle die beste Vorsorge.

Am stehenden Pferd fühlt man vor und nach der Arbeit über die Sehnen der Röhrbeine, um eine Erwärmung oder Schwellung zu ertasten. Danach werden die Beine nacheinander angehoben und im angewinkelten Zustand abgetastet. Nur so lässt sich eine eventuelle Druckempfindlichkeit feststellen. Nacheinander werden die oberflächliche und die tiefe Beugesehne sowie die Fesselträger zwischen Daumen und Zeigefinger abgedrückt. Zuckt das Pferd einmal beim Abdrücken und zieht das Bein weg, so ist das alleine noch kein Zeichen einer krankhaften Veränderung. Erst wenn bei wiederholtem bzw. anhaltendem Druck stets mit einem Reflex geantwortet wird oder der Sehnenbereich erwärmt ist, müssen nähere Untersuchungen durch den Tierarzt für Klarheit sorgen.

Ein anderer Warnschuss für den Reiter ist die Gallenbildung. Während sich Sprunggelenksgallen aus einer Ansammlung der Gelenksflüssigkeit bilden und auf Fehlbelastungen oder freie Gelenkskörper hindeuten können, resultieren Fesselgelenksgallen meist aus Sehnenscheidenentzündungen. So harmlos Gallen in der Regel sind – wenn sie auftreten, muss sich der Reiter fragen, ob etwas mit dem Training, dem Boden oder dem Beschlag nicht stimmt. Neben Fehlstellungen sind die meisten Auslöser:

1. **Fesselträger:**
- über mehrere Tage/Wochen ungewohnt intensives Springen,
- tiefer, rollender Boden;
2. **Oberflächliche Beugesehne:**
- häufiges hohes Tempo bei langen Galoppstrecken (Konditionstraining),
- klebriger Boden („Acker"), aus dem der Huf herausgezogen werden muss.

Selbst ein Bodenbelag, der nur stellenweise tiefere Löcher hat (z.B. an den Landestellen), ist stark gesundheitsgefährdend.

■ Gleichbein

Die Gleichbeine (Gruppe der Sesambeine) sind kleine, pyramidenförmige Knochen und gehören zum Fesseltrageapparat. Sie sitzen oberhalb der Köten. Bei belasteter Gliedmaße

GESUNDHEITLICHE PROPHYLAXE

unterliegen sie einer hohen Zugbelastung und werden gleichzeitig gegen die Gelenkfläche der Fessel gepresst. Außerdem sind sie nur geringgradig mit Blutgefäßen versorgt, wodurch sich ihre Struktur auch durch Aufbautraining nur unwesentlich verändert.

Die **Gleichbeinlahmheit (Sesamoiditis)** ist eine chronische degenerative Erkrankung der Gleichbeine. Charakteristisch ist der schleichende und fortschreitende Verlauf dieser Krankheit. Sie beginnt mit einem stumpfen Gang und entwickelt sich über Schrittverkürzung bis zur Stützbeinlahmheit. Die Lahmheit verstärkt sich auf hartem Boden. Meist erkranken beide Vorderbeine gleichzeitig, eines schwerer als das andere. Folgende Gründe können degenerative Veränderungen des Gleichbeinapparates hervorrufen:
- wiederholte Zerrungen und Prellungen durch falsches Training,
- lange Beschlagintervalle,
- fehlerhafte Hufkorrekturen durch starkes Kürzen der Trachten.

Ursache für eine Gleichbeinfraktur ist meist eine plötzliche starke Belastung (Landen/Wenden nach dem Sprung, Bodenunebenheiten) in Verbindung mit einer Muskelermüdung. Bei Springpferden tritt sie deshalb meist an den Vorderbeinen auf. Welche Bedeutung die Muskelermüdung für die Erkrankung hat, lässt sich daran ermessen, dass sie schon bei Fohlen auftreten kann, die über längere Zeit versuchen, neben der Mutterstute mit zu galoppieren.

Sportpferde mit Gleichbeinlahmheiten sind erheblich wertgemindert, denn die Heilungschancen sind im Allgemeinen eher als schlecht anzusehen. Deshalb der Aufruf an alle Ausbilder: Wehret den Anfängen!

■ Griffelbein

Die Griffelbeine liegen an den Innen- und Außenseiten der Röhrbeine und sind evolutionäre Überbleibsel der äußeren Mittelfußknochen. Ein Bruch des Griffelbeins entsteht eigentlich durch äußere Einwirkung, z.B. wenn das Pferd sich streift. Doch unter bestimmten Umständen kann es schneller zu einem Bruch kommen: Umbauvorgänge durch Knorpelentzündungen, Knochen- und Knochenhautentzündungen sind ernstzunehmende Reaktionen auf Trainingsreize. Werden diese Signale nicht wahrgenommen und die Belastung nicht reduziert, so droht eine sogenannte Ermüdungsfraktur. Eine leichte bis mittelgradige Stützbeinlahmheit, verbunden mit einer Schwellung an der Bruchstelle, ist die Folge. Je tiefer der Bruch liegt, desto größer ist die Chance, dass nach einer Heilung wieder die volle Leistungsfähigkeit erreicht werden kann. Es kann auch zu einer Überbeinbildung ohne damit verbundenen Bruch — allein durch veränderte statische Belastung (z.B. beim Anreiten) kommen, dann sind die aber meist an beiden Vorderbeinen gleich angelegt.

■ Karpalgelenk

Als Karpalbeule bezeichnet man jede Umfangsvermehrung an der Vorderseite des Vorderfußwurzelgelenks (Carpus), eine bindegewebige Verdickung der Haut oder auch eine Sehnenscheiden - Schleimbeutelentzündung. Früher wurde die Karpalbeule als eine Berufskrankheit des Springpferdes bezeichnet[38], weil sie häufig dadurch entstand, dass unvorsichtige oder undurchlässige Pferde unpassend an schweres Hindernismaterial herangeritten wurden und die Stange mit ihrem Unterarm abwarfen. Heute ist das Springreiten nur noch sehr selten der Grund für die Entstehung einer Karpalbeule. Das hat mehrere Ursachen:
- züchterischer Fortschritt,
- höheres reiterliches Niveau,
- leichtere Hindernisstangen und flachere Auflagen.

Die Karpalbeule ist in der Regel keine ernste Erkrankung, kann aber in akutem Zustand die

---

[38] Jasper Nissen: „Springen und was dazu gehört". E. Hoffmann-Verlag Heidenheim 1968

Beweglichkeit des Vorderfußwurzelgelenks einschränken. Ist die Bewegungsfähigkeit aber gegeben, kann das Training ruhig fortgesetzt werden. Allerdings muss es so gestaltet werden, dass eine erneute Stangenberührung mit dem Unterarm vermieden wird. (Absprungstange, passender Absprungpunkt, niedrige Abmessung, Karpalgelenkspolster etc.)

▪ Sprunggelenk

Unter dem Begriff „Spat" versteht man alle schmerzhaften entzündlichen Prozesse im Sprunggelenk. Ein Sprunggelenk besteht aus vier Teilgelenken: Für die Beuge- und Streckbewegung ist das größte – das Rollgelenk – zuständig. Die darunter liegenden kleineren Teilgelenke dienen der Stoßdämpfung. Genauer gesagt spielen sich an diesen kleineren Gelenken die Spaterkrankungen ab. Diese krankhaften Veränderungen können Gelenkknorpel, Gelenkkapsel, Knochen und die zahlreichen Bandstrukturen betreffen. Von Spat im Anfangsstadium betroffene Pferde laufen sich meist nach wenigen Minuten ein, später hält eine geringe bis mittlere Lahmheit an. Wenn beide Sprunggelenke betroffen sind, ist es für den Ausbilder schwer, die Erkrankung überhaupt wahrzunehmen. Es gibt aber auch immer wieder Fälle, in denen die typischen Verknöcherungsprozesse der unteren Gelenkschichten schmerzfrei verlaufen.

Eine sichere Untersuchungsmethode ist (außer der Beugeprobe) die lokale Betäubung der einzelnen kleinen Sprunggelenksabteilungen (Lokalanästhesie) sowie die Röntgen-Untersuchung. Es kann viele unterschiedliche röntgenologische Befunde geben: Knochenauflösungen, Verknöcherung der Gelenkspalten, Knochenzubildungen, Zysten usw. Wie am besten behandelt wird, ist abhängig von der Art und vom Ausmaß der Erkrankung. Möglich sind: Spezialbeschlag mit verdickten Schenkeln, durchblutungsfördernde Einreibungen an der Innenseite des Sprunggelenks, entzündungshemmende Medikamente, die ins Gelenk gespritzt werden (Kortison) oder ein chirurgischer Eingriff. Bei einer Operation wird eine beschleunigte Verknöcherung der unteren Gelenkschichten unterstützt, in dem Nerven und Endsehnen von Muskeln durchtrennt und Teile des betroffenen Gelenkknorpels ausgebohrt werden.

Zur Vorbeugung gilt auch hier:
- korrekter Beschlag mit planer Fußung, um Fehlbelastungen zu vermeiden,
- kontinuierliches Aufbautraining, damit sich der Organismus auf die Belastung einstellen kann.

Und zur Früherkennung:
- den Bewegungsablauf von den ersten Tritten aus der Box an immer wieder aufmerksam beobachten.

▪ Kniegelenk

Das Knie setzt sich aus dem Kniescheibengelenk und den beiden Kniekehlgelenken (mit Menisken und Kreuzbändern) zusammen. Schmerzen im Knie können viele Gründe haben; z.B. Gelenkmäuse (Chips), Bänderdehnungen oder Gelenksentzündungen.

Erstes Indiz für eine Bänderdehnung kann es sein, wenn die Hand auf das Knie gelegt wird und beim Hin- und Herbewegen des Pferdes eine Verschiebung der Kniescheibe spürbar wird. Auch kann eine Anomalie der Bewegung wie z.B. Hahnentritt oder ein einseitig geringerer Raumgriff auf ein Problem im Kniegelenk hindeuten. Das innere Kniekehlgelenk ist beim Springpferd am häufigsten betroffen. Die Auslöser sind meistens:
- ruckartige Drehbewegungen (z.B. ruppig gerittene enge Wendungen),
- übermäßige versammelnde Arbeit,
- Extrembelastung durch viele hohe Sprünge (Top-Sport).

In der Springdressur fällt diesen Pferden des-

GESUNDHEITLICHE PROPHYLAXE

halb die Lastaufnahme schwer. Auch in der springmäßigen Arbeit lassen sie einen scheinbar unerklärlichen Leistungsabfall erkennen. Der Sprungablauf ist nicht mehr so gewohnt kraftvoll und dynamisch wie zuvor. Pferde mit Schmerzen in den Kniegelenken neigen vor allem in Wendungen oft zu plötzlichem und scheinbar unmotiviertem Steigen. Hier hilft nur, schnell den Tierarzt zu konsultieren und darüber nachzudenken, ob sich in Zukunft das Arbeitsprogramm durch weniger Sprünge, weniger Versammlung oder sogar „reiterfreie Tage" schonender gestalten lässt.

■ Rücken

Der Rücken als Bewegungszentrum des Pferdes hat nicht nur in der Durchlässigkeit, auch in der Gesundheit eine zentrale Rolle inne. Die Wirbelbrücke zwischen Vorder- und Hinterhand besteht aus Wirbelkörpern mit verschiedenartigen aufsteigenden Dornfortsätzen. Die vorderen sind nach hinten gerichtet und die hinteren nach vorne. Alle sind zwischen Nackenrückenband (bis zur Halswirbelplatte des Kopfes reichend) und den starren Sehnenmassen der Bauchdecke (vom Brustbein zum Schambeinrand) eingespannt. Senkt das Pferd seinen Kopf vorwärts-abwärts, so entsteht über Nackenmuskeln und Nackenband eine Zugwirkung auf den Rücken: er wölbt sich auf und die Dornfortsätze bewegen sich auseinander. Unterstützt wird diese Bewegung vom Querdornmuskel und der Verspannung der Bauchdecke mit dem geraden Bauchmuskel.

Rückenbeschwerden findet man häufiger unter den Pferden, die einen Reiter tragen: „Sie sind gehäuft bei Dressur-, Spring- und Vielseitigkeitspferden sowie bei Rennpferden zu finden. Viele Pferde erkranken im Alter zwischen 6 und 9 Jahren; aber auch jüngere Pferde können erkranken, während ältere Pferde (>12 Jahre) nur noch selten betroffen sind[39]." Dieses Phänomen kann seine Ursache darin haben, dass zwischen 6 und 9 Jahren eine Art Selektion stattfindet: Pferde mit mangelnder Härte oder Verschleißerscheinungen aufgrund falscher Ausbildung werden aus dem Leistungssport herausgenommen. Einer außerordentlichen Doppelbelastung sind auch Deckhengste ausgesetzt, die gleichzeitig intensiv im Springsport eingesetzt werden. Denn im Deckakt wie auch im Sprungablauf werden Kniegelenke und Rücken besonders belastet.

Es gibt fast so viele Ursachen wie Symptome für Rückenschmerzen: Sie können muskulär bedingt sein, oft ist aber auch die Wirbelsäule betroffen: Stauchungen, Zerrungen, Quetschungen, Veränderungen bzw. Aneinanderreiben der Dornfortsätze (kissing spines), aber auch Fehlbelastungen durch Gliedmaßenerkrankungen können Gründe für Beschwerden sein, wenn das Pferd sich dadurch über einen längeren Zeitraum fehlbelastet. Eine Veranlagung zu „kissing spines" kann erblich bedingt sein, doch können auch Fehler in der Ausbildung zu Schädigungen der Wirbelkörper führen. Ein stolzer, verspannter Gang, verbunden mit einem starken Aufsatz begünstigen einen Ausbruch dieser Krankheit genauso wie das Reiten in absoluter Aufrichtung oder Springen bis zur Erschöpfung.

Überlastungsschäden geben sich dabei fatalerweise nicht sofort zu erkennen. Dazu nochmals Nowak und Tietje: „In Einzelfällen wird ein direktes Trauma als Ursache angegeben. In den meisten Fällen lässt sich die Ursache für die Rückenbeschwerden nicht eruieren... Die Veränderungen an den Wirbeln entwickeln sich, wenn kein Trauma zugrunde liegt, sehr langsam über Monate oder Jahre, wobei die Pferde über einen langen Zeitraum beschwerdefrei sein können, oder sie erkranken auf Grund eines guten, die Rückenmuskulatur stärkenden Trainings nicht. Am häufigsten finden sich die Wirbelveränderungen zwischen

---

[39] Olof Dietz und Bernhard Huskamp (Hrsg.): „Hanbuch Pferdekrankheiten". Ferdinand Enke Verlag Stuttgart, 1999.

dem 10. Brust und 4. Lendenwirbel. Muskelverspannungen und Bänderzerrungen finden sich vermehrt im Bereich der vorderen Sattellage und der Lendenwirbelsäule."

Die Verwendung eines passenden Sattels gehört zu den simpelsten Sorgfaltspflichten des Ausbilders. Genauso gehören regelmäßiges Abtasten der Rückenmuskulatur und der Wirbelsäule dazu. Früherkennung ist das Stichwort: Neben Druckempfindlichkeiten können weitere Auffälligkeiten dem Reiter erste Hinweise auf eine Erkrankung geben:
- Sattel- oder Gurtzwang,
- „In die Knie gehen" beim Aufsitzen oder während des Haltens oder Versammelns,
- verschlechterte Rückentätigkeit, Steifheit,
- Widersetzlichkeit beim Rückwärtsrichten oder in versammelnden Lektionen,
- Schweifschiefhaltung, eingeklemmter oder waagerecht getragener Schweif,
- gebundener Gang,
- „hüpfende" oder umspringende Hinterhand im Galopp,
- sägebockartiges Hinstellen nach der Arbeit u.a.

Und speziell beim Springtraining:
- Nachlassen der Sprungkraft, der Leistungsbereitschaft,
- Stöhnen im Landen,
- nachlassende Bascule,
- eingeklemmter Schweif über bzw. nach dem Sprung,
- Stürmen zum Sprung,
- Nicht-Annehmen der Parade vor oder nach dem Sprung durch Verspannung,
- erste Galoppsprünge nach dem Sprung: ein Ohr zurückgerichtet,
- Schwierigkeiten bei Hoch-Weit-Sprüngen.

Die Prognose bei starken Problemen an den Wirbelkörpern ist sehr ungünstig. Deshalb nochmals: Die erste Überbelastung unbedingt vermeiden wollen! Doch ist es nicht immer leicht, die Grenzen der individuellen Belastbarkeit zu erahnen, da es große Unterschiede in der naturgegebenen Kondition und Konstitution gibt. Daher fordern besonders die Krankheiten mit schleichendem Verlauf zur frühzeitigen Erkennung einen aufmerksamen Reiter sowie den ständigen Dialog zwischen Reiter und Tierarzt. Nur dann kann rechtzeitig gegengesteuert werden, um gravierenderen Schädigungen vorzubeugen.

7.3 Zahnpflege

Zur verantwortungsvollen Pflege des Pferdes gehört es, regelmäßig Zahnfleisch und Zähne des Pferdes zu kontrollieren. Eine vorbeugende Untersuchung der Zähne kann so manchem Ärger über das „unrittige Pferd" vorbeugen. Die Haken, welche sich durch die spezifische Art des Kauens oder durch Fehlstellungen des Gebisses ergeben können, führen nicht nur zu Störungen der Futteraufnahme (abnehmende Fresslust, im Trog liegen gelegentlich die so genannten „Pfriemen"). Bevor dieses Stadium erreicht wird, kann man oft während des Reitens eine Überempfindlichkeit im Maul oder/und zähfließenden Speichel feststellen. Aber nicht nur Haken, auch scharfe Kanten können bereits das Wohlbefinden des Vierbeiners beeinträchtigen und sind daher rund zu raspeln.

Der Wolfszahn als evolutionäres Überbleibsel des ersten Backenzahnes (rudimentärer Prämolar 1) kann dem jungen Pferd ebenfalls Schwierigkeiten bereiten. Er kommt nicht bei allen Pferden vor. Er ist bei dem Viereinhalbjährigen bereits geschoben, muss aber nicht in jedem Fall durchbrechen. Dadurch wird oft übersehen, dass er die Ursache für manches Anlehnungsproblem ist. Deshalb ist es sinnvoll, den Wolfszahn bereits vorbeugend entfernen zu lassen, noch bevor erste Empfindlichkeiten im Maulbereich auftreten.

Kapitel 8
Ausbildung und Ethik

Alles Vollendete spricht sich nicht allein – es spricht eine ganze (mit)verwandte Welt aus.

NOVALIS (1772-1801)

Ethik und Moral beschäftigen sich mit den Fragen des Sittlichen sowie einer allgemeinen, übergeordneten Verantwortung allen menschlichen Handelns. Doch worin besteht die ethisch/moralische Dimension in der Pferdeausbildung? In der Einleitung der „Ethischen Grundsätze", die im Nachhall des Barr-Skandals um Paul Schockemöhle von der Deutschen Reiterlichen Vereinigung herausgegeben wurden, steht: „Zu fragen ist nach den Grenzen menschlichen Handelns. In welchem Ausmaß darf der Mensch das Pferd für seine Zwecke nutzen? Wo liegen die Grenzen zwischen der naturgegebenen körperlich-psychischen Belastbarkeit des Pferdes und seiner Überforderung? Wie stark dürfen wirtschaftliche Interessen die Nutzung des Pferdes beeinflussen? Inwieweit darf sich der Mensch über die natürlichen Bedürfnisse des Pferdes hinwegsetzen? Wann läuft der Mensch Gefahr, die Achtung vor dem Geschöpf Pferd zu verlieren? Keine dieser Fragen lässt sich eindeutig und für alle Pferdefreunde verbindlich beantworten. Zu unterschiedlich sind die subjektiven Erfahrungen des Einzelnen, des Züchters, des Pferdehalters, des Freizeit- und Breitensportlers..."

Das klingt recht fatalistisch. Gibt es unter der Vielzahl von Gruppen, die sich mit dem Pferd beschäftigen, wirklich keinen gemeinsamen Nenner? Zwar müssen wir uns vor Augen halten, dass wir als Mensch grundsätzlich in unserem Handeln unvollkommen sind. Durch die Konzentration auf ein bestimmtes Fachgebiet wird unser Blick wie durch ein Teleobjektiv fokussiert. Die enormen Fortschritte in den einzelnen Disziplinen, erreicht durch Spezialisierung und Professionalisierung, gehen auf Kosten einer disziplinübergreifenden „Weitwinkel-Perspektive". Doch kommt es eine Kapitulation gleich zu behaupten, es wäre keine gemeinsame Antwort mehr denkbar. Im Gegenteil: Eine Lösung dieser ethischen Fragen kann meiner Ansicht nach nur dann der Wahrheit nahe kommen, wenn eine für alle Verwendungsbereiche gültige Antwort gefunden wird, ohne sich einer speziellen Sicht der jeweiligen Fächer zu verwehren. Das bedeutet, dass jeder bereit sein muss — egal aus welchem Sichtwinkel heraus er das Pferd betrachtet — sich zur Mitte zu bewegen. Der Ausbilder muss genau so wie der Freizeitreiter oder der Züchter ständig darum bemüht sein, seinen Umgang mit dem Pferd allgemeingültig rechtfertigen zu können. Kurz: Sich und sein Pferd losgelöst von Sachzwängen zu betrachten, um ethisch verantwortlich zu handeln.

Da die Beziehung Mensch — Pferd durch die vielen äußeren Zwänge nie nur für sich gesehen werden kann, drängt sich eine weitere Frage auf: Ist ethisch/moralisches Denken und vor allem Handeln reine Charaktersache oder braucht der Mensch auch begünstigende Rahmenbedingungen? Ein Klima, einen Nährboden, um es entfalten zu können? Die Geschichte kann es anhand vieler Beispiele belegen: Je widriger, also existenzgefährdender die Umstände, desto weniger Menschen handeln nach ethisch-moralischen Grundsätzen wie

dem Kant'schen Imperativ[40]. „Erst das Fressen — dann die Moral" ist das Motto, wenn um die Existenz gekämpft wird — auch in Pferdeberufen. Die Reizschwelle, wo ethische Verantwortung abgelehnt bzw. verdrängt wird, ist sicherlich individuell unterschiedlich angelegt — oder ist es sogar ein Luxusgut des Menschen? Ich möchte behaupten: Erst das verantwortliche Denken und Handeln ist das, was uns vom Tier unterscheidet — was uns zum Menschen macht.

„Die unmittelbarste Tatsache im Bewusstsein des Menschen lautet: „Ich bin Leben, das leben will, inmitten von Leben, das leben will." Als Wille zum Leben inmitten vom Willen zum Leben erfasst sich der Mensch in jedem Augenblick, in dem er über sich selbst und über die Welt nachdenkt. Wie in meinem Willen zum Leben Sehnsucht ist nach dem Weiterleben und nach der geheimnisvollen Gehobenheit des Willens zum Leben, die man Lust nennt, und die Angst vor der Vernichtung und der geheimnisvollen Beeinträchtigung des Willens zum Leben, den man Schmerz nennt: Also, auch in dem Willen zum Leben um mich herum, ob der sich mir gegenüber äußern kann oder stumm bleibt... Zugleich erlebt der denkend gewordene Mensch die Nötigung, allem Willen zum Leben die gleiche Ehrfurcht vor dem Leben entgegen zu bringen wie dem eigenen. Er erlebt das andere Leben in dem seinen. Als gut gilt ihm: Leben erhalten, Leben fördern, entwickelbares Leben auf seinen höchsten Wert bringen; als böse: Leben vernichten, Leben schädigen, entwickelbares Leben niederhalten. Dies ist das denknotwendige, absolute Grundprinzip des Sittlichen.

Der große Fehler aller bisherigen Ethik ist, dass sie es nur mit dem Verhalten des Menschen zum Menschen zu tun haben glaubte. In Wirklichkeit aber handelt es sich darum, wie er sich zur Welt und zu allem Leben, das in seinem Bereich tritt, verhält. Ethisch ist er nur, wenn ihm das Leben als solches, das der Pflanze und des Tieres wie des Menschen, heilig ist und er sich dem Leben, das in Not ist, helfend hingibt...
Nun bietet die Welt aber das grausige Schauspiel der Selbstentzweiung des Willens zum Leben. Ein Dasein setzt sich auf Kosten des anderen durch, eines zerstört das andere. Nur in dem denkenden Menschen ist der Wille zum Leben wissend geworden und will mit ihm solidarisch sein. Dies kann er aber nicht vollständig durchführen, weil auch der Mensch unter das rätselhafte und grausige Gesetz gestellt ist, auf Kosten anderen Lebens leben zu müssen und durch Vernichtung und Schädigung von Leben fort und fort schuldig zu werden. Als ethisches Wesen ringt er aber darum, dieser Notwendigkeit, wo immer er kann, zu entrinnen und als einer, der wissend und barmherzig geworden ist, die Selbstentzweiung des Willens zum Leben aufzuheben, soweit der Einfluss seines Daseins reicht. Er dürstet danach, Humanität bewähren zu dürfen und Erlösung von Leiden bringen zu müssen."

Albert Schweitzer, Afrika 1915

Das versteht der Mensch unter ethisch verantwortlichem Handeln: allem werdenden — dem Leben schlechthin zur Blüte zu verhelfen und allem lebensbedrängenden, entwicklungsbe-

---

[40] Der Philosoph Immanuel Kant (1724-1804) formulierte als sittliches Grundgesetz den kategorischen Imperativ: „Handle so, dass die Maxime deines Willens jederzeit zugleich als Prinzip einer allgemeinen Gesetzgebung gelten könne."

AUSBILDUNG UND ETHIK

drohenden zu begegnen. So nimmt der Sportler die Mühen und Leiden des Trainings auf sich, um seine Talente zur Entfaltung zu bringen und der Reiter versucht außerdem, die Anlagen seines Pferdes zu entwickeln. Diese lebensbejahende, lebensfordernde, lebensspendende Kraft ist — so wie sie sich im üppigen rhythmischen Schauspiel der Natur immer wieder offenbart — auch in der Seele des Menschen eingepflanzt. Man mag sie göttliches Licht nennen oder Liebe oder wie auch immer — sie bleibt gleich. Und wenn lebensfeindliche Kräfte sie bedrohen, so scheint sie — wenn sie nicht völlig zerstört wurde — durch Schmerz und Leid erstärkt wieder zurück zu kommen. Leiden kann sensibilisieren und den Horizont erweitern — kann ungeahnte Kräfte wecken.

Dieser Drang nach Entfaltung bezieht sich also auf den Körper wie auf den Geist: jeder Mensch strebt günstigenfalls nach Persönlichkeitsentwicklung, nach einer höheren Stufe der Menschwerdung. Doch meint er oft, gut zu handeln, ohne zu sehen, dass die weitreichenderen Folgen seines Tuns sich vielleicht wieder negativ auswirken. Der Unterschied liegt nicht nur im verschiedenen Entwicklungspotential, im individuellen Entwicklungsstand dieser Menschwerdung, den jeweiligen Grenzen des Denkens und Handelns: endet es bereits am Ich oder reicht es vielleicht bis zur Familie, zur Region, dem Volk oder Land? Oder reicht es bis hin zu allem Leben, unendlich wie das Universum selbst? Frei nach Schillers Ode an die Freude: „Seid umschlungen, Millionen, diesen Kuss der ganzen Welt."

Im Idealfall werden wohl die Dimensionen und Auswirkungen menschlichen Handelns möglichst bis zur letzten Konsequenz zu Ende gedacht, z.B. durch soziales Engagement, Umweltschutz usw. Wir sollten nicht nur durch und von der Natur leben — auch mit ihr. Denn die Natur auszubeuten und auszunutzen hat barbarische Züge. Unsere Gesellschaft gibt immer wenigeren die Möglichkeit, Natur zu erfahren und dadurch die Einbindung des Menschen in sie zu erleben. Und wo anders als im Pferdesport kann man an seiner Persönlichkeit arbeiten und gleichzeitig der Schönheit der Natur zur Entwicklung verhelfen?

8.1 Im Kern: Das Verhältnis Mensch-Pferd

Damit kommen wir an das Kernverhältnis Mensch — Pferd; den äußeren Anlass dieser Gemeinschaft, den Sport, einmal bewusst ausklammernd. Denn wenn es auch nur schwerlich vorstellbar ist, zumindest gedanklich kann man Springreiten und Springsport einmal trennen. Denn wer einmal erfühlt hat, was Reiten bedeutet, der weiß:

> **Der Reitstil ist mehr als die Summe erlernter Techniken und Fertigkeiten — er ist immer auch ein Spiegelbild der Seele.**

Der Hippologe Jasper Nissen beschrieb in seinem letzten großen Werk „Enzyklopädie der Pferderassen" das historische Verhältnis von Mensch und Pferd: „Auf dem Schicksalsweg, den Mensch und Pferd gemeinsam durchschritten, hat das Pferd stets getreulich die wechselnden Anschauungen, Lebensformen, Sitten und Gebräuche des Menschen widergespiegelt. In der Vorstellungswelt des Altertums stand es in enger Beziehung zu den Göttern. Zunächst war es Jagdwild und Opfertier, bevor es gezähmt, dem Menschen zum Reiten, vor dem Wagen und Pflug diente. So bestand über Jahrtausende eine enge Bindung zwischen Mensch und Pferd. Es ist kaum vorstellbar, wie die Geschichte der Völker ohne das Pferd verlaufen wäre. In dieser Schicksalsgemeinschaft hat das Pferd die Lebensgewohnheiten des Menschen in stärkstem Maße beeinflusst und

bedeutend auf den Fortgang der Geschichte eingewirkt. Bis in die Neuzeit war es ein militärischer Faktor von höchster Bedeutung. Unschätzbar war auch der Einsatz des Pferdes in der friedlichen Nutzung als Verkehrsmittel und als landwirtschaftliche Zugkraft."[41] Heute steht die Beziehung „Homo sapiens — Equus caballo" weitestgehend unter den Vorzeichen der Sport- und Freizeitgestaltung.

8.1.1 Untertan Pferd

Seit Jahrtausenden richtet der Mensch durch Züchtung und Selektion die genetische Veranlagung der Pferde auf seine Wünsche und Ansprüche hin aus. Bringt deshalb das Pferd die ererbte Aufgabe mit, dem Menschen zu dienen? Was gibt uns die Legitimation, Pferde nach unseren Vorstellungen zu halten, zu formen und zu nutzen? Hat der Mensch durch den göttlichen Auftrag: „Macht euch die Erde untertan", die moralische Legitimation, die Natur (und mit ihr das Pferd) für seine Bedürfnisse auszunutzen? Oder ist vielleicht nur das falsche Bild vom „König/Untertan"—Verhältnis in unseren Köpfen: Muss man bei dem hohen ethischen Anspruch der Bibel nicht von einem verantwortungsbewussten, opferbereiten, ganz dem Volk dienenden Königtum ausgehen? Aus solchem Gedanken heraus erscheint das Verhältnis Mensch — Pferd eher als Symbiose, ganz im Sinne einer Hildegard von Bingen:

> *„Jedes Geschöpf ist mit einem anderen verbunden, jedes Wesen wird durch ein anderes gehalten."*
>
> HILDEGARD VON BINGEN
> (1098-1179)

Kein neu geborenes Fohlen ist so überzüchtet, dass es in der freien Wildbahn nicht zumindest eine theoretische Chance zum Überleben hätte. Wenn das Pferd (wie schon oft in der Geschichte) nicht als Schutzbefohlener oder gar Partner betrachtet worden ist, so wurde es dabei vom Menschen, nicht von der Natur zum Diener gemacht. Früher war es schlechtestenfalls Waffe, Arbeitssklave, Handelsware und Prestigeobjekt. Überlebt haben nur die letztgenannten Verwendungszwecke, andere sind dazu gekommen: manchen dienen sie heute als Sportgerät oder als Kompensationssubjekt nicht abgerufener Hege- und Pflegeinstinkte. Aber immer war und ist die Beziehung des Menschen zu seinem Pferd auch Spiegelbild einer Gesellschaft und ihrer Lebensumstände. Also, ein Stück Kultur.

Von manchen wird das Argument aufgeführt, dass wir in den Zoo gehen müssten, um das Pferd sehen, fühlen, riechen zu können, wenn es das Sport- und Freizeitpferd nicht gäbe. Aber kann daraus das Recht abgeleitet werden, ein Pferd als Sportgerät, Prestigeobjekt oder Produktionsfaktor zu betrachten? Schon recht: Das Leben in der freien Natur wäre ungleich bedrohlicher, rauer, brutaler. Aber ist da nicht trotzdem eine besondere Verantwortung gegenüber einer Kreatur, die vollkommen auf **den** Menschen angewiesen ist, der sich zufällig damit beschäftigt?

8.1.2 Ins Pferd „hineinhorchen"

Verlangt diese Verantwortung nicht, sich in das Pferd hineinzudenken? Es in seiner Einzigartigkeit erfassen zu wollen?

> *„Jeder erfolgreiche Ausbilder muss seinen Zögling genau kennen. Auch der Reiter muss sein Pferd kennen – sowohl hinsichtlich seiner körperlichen als auch seiner geistigen Veranlagung. Er muss also nicht nur die Anatomie des Pferdes beherrschen und die Funktion der einzelnen Muskeln und Gelenke erfasst haben, sondern auch*

---

[41] Nissen, Jasper: „Enzyklopädie der Pferderassen", Kosmos-Verlag Stuttgart; Bd.1, S. 51.

Ausbildung und Ethik

Kapitel 8

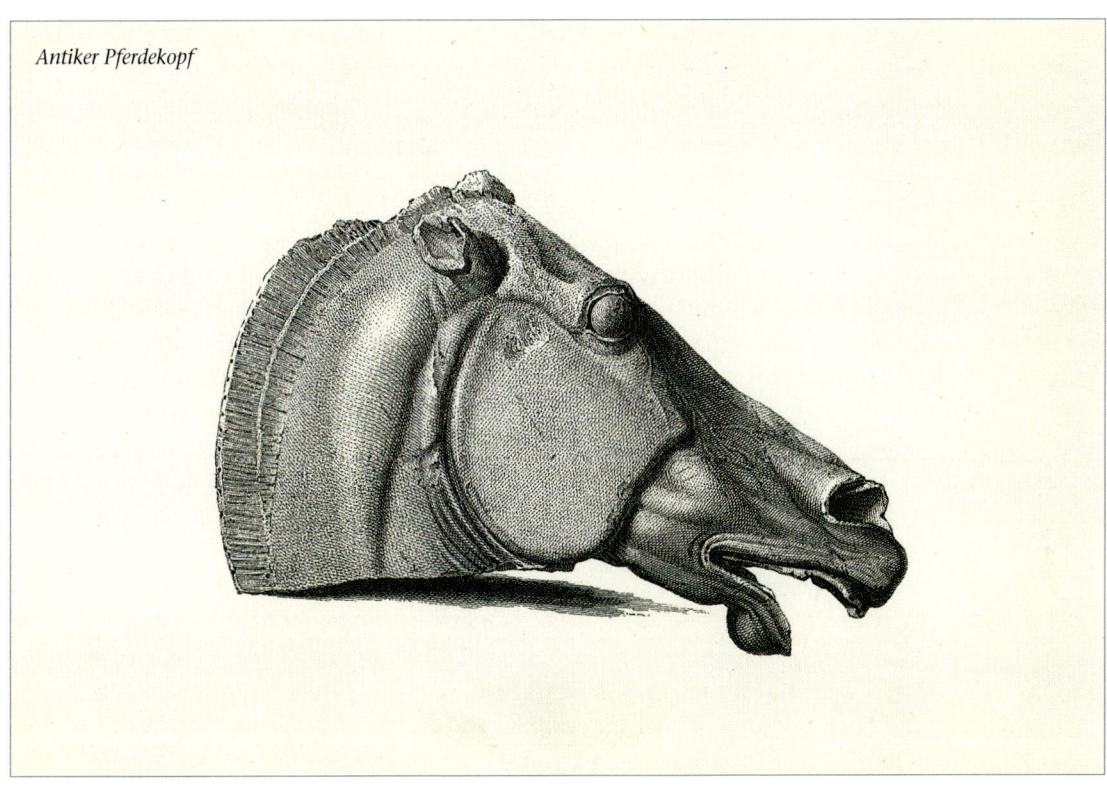

Antiker Pferdekopf

Psychologe sein, um sich Empfinden und Reaktion seines vierbeinigen Partners vorstellen zu können."
ALOIS PODHAJSKY, LEITER DER
SPANISCHEN REITSCHULE VON 1939-1965

Speziell aus dem Blickwinkel der Springpferde-Ausbildung betrachtet, sieht es doch so aus: Ein Großteil aller Pferde ist nach fachgerechtem Aufbau mit dem passenden Reiter in der Lage, einen Parcours von leichtem bis mittlerem Schwierigkeitsgrad zu überwinden. Doch bei einigen, wenn sie auch drei- oder vierjährig noch so vielversprechend gewesen sein sollten, zeigt sich nun eine naturgegebene Grenze. Es kristallisiert sich heraus, dass ihnen doch die letzten Möglichkeiten fehlen. Hier sind der Realismus und Mut des Ausbilders gefragt: Stellt er fest, dass sein Pferd vielleicht doch nicht vorsichtig genug, ausreichend mutig oder belastbar genug ist, so darf er nicht der Versuchung erliegen, mehr heraus zu zwingen, als die Natur ihm mitgab. Dies ist oft ein schwerer Schritt, denn hiermit wird sich eventuell eine teure Investition als Fehlschlag eingestanden oder die Besitzerhoffnung enttäuscht.

„Es ist nur die Unwissenheit des Reiters, nicht die Natur, die Schindmähren hervorbringt; würde der Reiter die Natur und die Veranlagungen seiner Pferde studieren, könnte er sie besser zu dem Zweck, zu dem sie geschaffen wurden einsetzen, und folglich würden sie gute Pferde werden."
WILLIAM CAVENDISH (1592-1676)
DUKE OF NEWCASTLE

Dafür überraschen andere Pferde ihren Ausbilder auf angenehme Art. Sie haben an Selbstvertrauen gewonnen oder sind ausbalancierter geworden. Sie sind gefestigter und gereifter,

sind vertrauensvoller geworden und lassen sich präzise reiten, wodurch vielleicht ihre bisherigen Schwächen ausgeglichen werden können. Sie zeigen sich zu Leistungen befähigt, die man ihnen anfangs nicht zugetraut hätte. Die tatsächliche Klasse eines Springpferdes kommt oft erst nach gewissenhafter Ausbildung und individuellem Eingehen auf die jeweilige Persönlichkeit zum Vorschein. Wenn das Interieur, wie zum Beispiel der Kampfgeist und der Leistungswille, die Nachteile auf dem einen oder anderen Gebiet ausgleicht oder zumindest überspielt, ist der Nährboden für große Erfolge geschaffen.

Dazu Helena Weinberg:

„Es gibt natürlich einen Pferdetyp, den ich besonders gerne habe. Aber leider kann ich mir das nicht immer aussuchen. Also versuche ich, mit dem klarzukommen, was ich habe. So kommen plötzlich Pferde nach vorne, von denen man das vielleicht nicht erwartet hat. So ein Pferd war z.B. Ferdinand, der anfangs ein Pferd für die kleine Tour sein sollte. Er ist mit seinen Aufgaben gewachsen. Immer, wenn eine Aufgabe höher war, dann ist er noch ein Stück gewachsen. Und auf einmal war er auf der Weltmeisterschaft in Rom. Das hat ihm im Grunde keiner zugetraut."

„Der Hannoveraner" Nr. 7/76 August 2002

Zu Höchstleistungen kann sich ein Pferd nur entfalten, wenn es auf einen Reiter trifft, der sich seiner so annimmt, wie es geschaffen wurde. Der es mag, trotz seiner Fehler und Schwächen, die nun mal jedes Geschöpf auf Erden irgendwo hat. „They win in all shapes," sie siegen in allen Formen und Größen, ist eine Weisheit aus dem englischen Galopprennsport, die ohne Einschränkungen auf den Springsport anwendbar ist. Es gibt kleine und große, phlegmatische und temperamentvolle, feste und lockere, ängstliche und dreiste Sieger von bedeutenden Prüfungen. Sie alle hatten nur eines gemeinsam: den richtigen Reiter, der sich ihren Schwierigkeiten annahm ohne ein ganz anderes Pferd aus ihnen machen zu wollen.

> Für jedes Pferd den richtigen Schlüssel finden — das gilt nicht nur für die Weiterbildung, auch für das Training ausgebildeter Springpferde, wie folgende Begebenheit lehrt: Als mein Bruder Alois unser Zuhause verließ und zu einem Trainer wechselte, der selbst mit seinen Erfolgen im Springsattel Geschichte geschrieben hatte, nahm er seine drei besten Pferde mit.
>
> Sangria, eine kleine, begrenzte, aber sehr vorsichtige Salut-Tochter (mit der er u. a. in einer Saison 13 S-Springen gewonnen hatte);
>
> Malta, eine lange, blutleere aber vermögende und vorsichtige Holsteiner Stute (die u.a. im Eindhovener Derby platziert war und in Dortmund 2,25 m übersprungen hatte)
>
> und Frimella, eine heiße Blutstute mit großen Qualitäten, mit der „Alo" seine ersten Nationenpreis-Erfolge sowie Weltcup-Punkte eingeheimst hatte und zehnter auf den Deutschen Seniorenmeisterschaften geworden war.
>
> Ein Jahr nach dem Wechsel war bei allen drei Pferden „der Gang raus", keines sprang mehr: Das permanent geforderte Dichtreiten nahm Sangria ihr bisschen Vermögen und auch Malta sprang aus Oxer-Steil-Kombinationen auf einen Galoppsprung nicht mehr hinaus. (Die steile Flugkurve am Einsprung ließ sie „auf dem Kopf" landen, so dass es zum darauffolgenden Steilsprung stets „zu groß" wurde.) Frimella verlor ihre ohnehin dünnen Nerven gänzlich. „Die Pferde müssen weg, sie sind nicht gut genug für unsere Ansprüche",

AUSBILDUNG UND ETHIK

war das Fazit des Altmeisters.
Frimella wurde alsbald über Paul Schockemöhle an Willi Melliger verkauft, der sie wieder erfolgreich auf internationalen Turnieren wie Calgary und Aachen, wenn auch leider nur als Speedpferd, einsetzte. Sangria und Malta kamen zu uns zurück und ich konnte mit ihnen noch einige Springen der schweren Klasse gewinnen. Malta starb zwar kurz darauf an einer Verletzung, die sie sich in der Boxe zugezogen hatte, aber Sangria wurde nach ihrem Verkauf noch niederländische Meisterin und Europameisterschafts-Teilnehmerin im Juniorenlager. Und „Alo" wurde mit den Worten entlassen: „Er ist ja ein lieber, netter Kerl, hat aber leider nicht genug Talent."
Dieses Beispiel zeigt, dass nicht nur Pferd und Reiter zueinander passen müssen und der allseitige gute Wille noch kein Garant für eine fruchtbringende Zusammenarbeit ist. Im Bestreben, ein bewährtes System zu verfolgen, darf man dennoch nicht aufhören, jedes Pferd, jeden Partner immer wieder neu in seiner Einzigartigkeit verstehen zu wollen.

8.2 Ein weiser Rat

Wenn es eine allgemeingültige Richtlinie in der Pferdeausbildung geben kann, dann ist es wohl dieser Satz aus einem englischen Zuchtbuch von 1787: „Extreme vermeiden, das Ende im Auge behalten und der Natur folgen!" Was ist damit gemeint?

8.2.1 Extreme vermeiden...

Extreme vermeiden: Das ist leicht gesagt in einer Gesellschaft, wo das „Schneller – höher – weiter" den Nährboden aller Entwicklung bildet. Fasziniert es uns nicht alle immer wieder aufs Neue, wenn wir sehen, wie scheinbar Unmögliches doch machbar wird? Wenn Woche für Woche über schwierigste Abmessungen noch schneller geritten, noch enger gewendet wird? Wird nicht derjenige als der Größte gefeiert, der immer wieder alle anderen schlägt, der sein Pferd durch Frühling, Sommer, Herbst und Winter zu „außerirdischen" Leistungen anspornen kann?

Extreme vermeiden – in einer Welt, die eine immer stärkere Spezialisierung fordert und zwangsläufig immer weniger „Universalgelehrte" hervor bringt. Wie viele Spitzenreiter kennen sich nur in ihrem Fachbereich aus, haben selbst über Zucht und Aufzucht ihres Sportpartners nur fragmentarische Kenntnisse? Entstehen Extreme nicht erst durch die Fokussierung des Strebens aus einem einzigen Blickwinkel heraus?

Die Ausbildung und das Training des Pferdes sind immer wieder Modetrends ausgesetzt und erneuten Versuchen, die Grenzen des Machbaren auszuloten. Für den Ausbilder sind die Erkenntnisse, die vor Hunderten und Tausenden von Jahren für richtig befunden wurden und heute noch gültig sind, meiner Ansicht nach eine wertvollere Orientierung als sämtliche Tricks und Guru-Methoden. Sie helfen eben, Extreme zu vermeiden.

8.2.2 ...das Ende im Auge behalten...

Das Ende im Auge behalten: Damit muss nicht nur das Ende der Ausbildung oder das sportliche Karriere-Ende des Pferdes gemeint sein – nicht nur ein würdiger Abschied vom Springsport zu einem Zeitpunkt, bevor schmerzhafte Verschleißerscheinungen das Rentnerdasein zum Siechtum werden lassen. Bevor eine glanzvolle Karriere in immer kleiner werdenden Springen mündet, bis nichts mehr geht. Es könnte damit auch die Rückschau auf das eigene Leben gemeint sein. Der bange

Blick auf das unwiderruflich Vergangene mit den bohrenden Fragen, ob Schein und Sein nicht zu arg auseinander klafften. Ob der Erfolg nicht zu teuer erkauft wurde oder ob der „Tanz ums Goldene Kalb" das Mitgeschöpf Pferd nicht hat leiden lassen.

Vielleicht ist sogar das Ende einer ganzen Ära gemeint, wo sportliche Höchstleistungen den gesellschaftlichen Aufstieg bedeuten und deshalb um (fast) jeden Preis erkämpft werden. Menschliche Grundbedürfnisse wie die Suche nach Anerkennung und Selbstentfaltung sind die Triebfedern eines jeden Sportlers und somit des gesamten Sports. Kann man sich eine Gesellschaft vorstellen, die diesem Drang keinen Beifall mehr zollt?

Die öffentliche Meinung: bildet sie überhaupt einen verlässlichen Fixstern im ethisch-moralischen Koordinatensystem? Kann die gesellschaftliche Anerkennung demjenigen einen wahren Orientierungspunkt bieten, der nach dem rechten Weg in der Ausbildung, der nach der Wahrheit sucht?

Die Geschichte zeigt: Die Gesellschaft kann höchstens einen von mehreren Blickwinkeln für sich in Anspruch nehmen. Zum Beispiel ist die Akzeptanz von harten Strafen immer vom Zeitgeist geprägt gewesen: In der Nachkriegsära gab es eine andere Einstellung zu Leid und Gewalt als heute. Mensch und Tier hatten in den Kriegsjahren unendliches Elend erlebt und waren geprägt vom Überlebenskampf — vom Aufstieg aus den Trümmern. Unser Vater zum Beispiel war noch als Kind einer unter den Vielen gewesen, welche die zerbombten Äcker mit Arbeitspferden unter Lebensgefahr wieder fruchtbar pflügten. Allein auf einem einzigen Feld stieß er dabei mehr als dreißig Mal auf „Blindgänger", denn die wenigen Kampfmittelräumdienste wurden an wichtigeren Stellen eingesetzt. Es war sein Glück, und das der Pferde, dass keine dieser Granaten und Bomben explodierte, aber allgegenwärtig lauerte die Gefahr, zerfetzt zu werden.

In diesem Klima dieser Nachkriegszeit war Fritz Thiedemann ein Volksheld, als er Deutschland mit für heutige Ansprüche ungeeigneten „Ackerpferden" international wieder zu Ansehen verhalf. Die Devise hieß überall: „Aus Nichts etwas machen!" Alternativen gab es nicht. Heute wirken die Aufzeichnungen seiner Ritte auf manche befremdend, als er z.B. Retina in Rekordzeit, mal vor, mal hinter dem Sattelgurt blutig spornierend zum Derbysieg trieb. Gerd Wiltfang bemerkte einmal abfällig: „Der ritt ja mit Händen und Füßen!" Thiedemanns großartigem Lebenswerk soll hier in keiner Weise Abbruch getan werden. Meine aufrichtige Hochachtung gilt seinem vielseitigen reiterlichen Können wie auch seinem bis heute unerreicht vorbildlichen Charakter. Es soll lediglich anhand dieses Beispiels dargelegt werden, welchem Wandel die öffentliche Meinung innerhalb von fünfzig Jahren unterliegen kann. Heute muss ein Reiter bereits damit rechnen, für einen kurzen Gertenklaps ausgepfiffen zu werden. In manchen Kreisen gilt das Reiten an sich bereits als Tierquälerei.

Die Gefahr besteht heute vielmehr darin, dass Tiere vermenschlicht und menschliche Wünsche und Sehnsüchte auf sie übertragen werden. Dass immer mehr Menschen in einer künstlichen Welt das Gefühl dafür verlieren, was Tiere wirklich brauchen, wie sie fühlen.

> **Stellt man sich den Fragen einer allgemein gültigen, über den eigenen Tod hinausgehenden Verantwortung, so sieht man sich unwillkürlich mit Fragen des Glaubens konfrontiert. In diesem Zusammenhang muss ich von einer merkwürdigen Begegnung berichten: Vor einiger Zeit traf ich in unserem Städtchen meinen früheren Franzö-**

AUSBILDUNG UND ETHIK

sisch-Lehrer wieder. Ein kauziger Alter, der sich in den vergangenen zwanzig Jahren nicht verändert zu haben schien: Untersetzt, halslos, kahlköpfig unterstrich er seine Worte mit filigranen Bewegungen der breiten, spröden Hände auf skurrile Art. Sein äußeres Erscheinungsbild war ungepflegt,... nein, besser gesagt: das Äußere erschien ihm offenbar unwichtig. Von seinem Unterricht sind mir weniger Französischkenntnisse als vielmehr seine Randbemerkungen über den für Mensch und Pferd grausamen Russlandfeldzug im Gedächtnis haften geblieben.

Ich stellte mich vor, doch er konnte mich nicht sofort einordnen. Ein paar Stichworte wie „Pollmann-Schweckhorst" und „Gut Bärbroich" halfen ihm auf die Sprünge:

„Ist nicht einer aus eurem Clan ziemlich erfolgreich im Spitzensport?"

„Ja, mein Bruder", bestätigte ich.

„Was macht er denn, Dressur oder...", und dabei verzog sich sein Gesicht, als hätte er gerade in eine Zitrone gebissen: „oder etwa Springsport?"

„Er ist Springreiter."

„Ist das denn nicht Tierquälerei?"

„Nein", war meine Antwort. „Es kommt vielleicht darauf an, wie man's betreibt."

Er blieb skeptisch und verzog seine Miene zu einem künstlich breiten Grinsen, als wollte er seine wahren Regungen dahinter verstecken:

„Ich weiß nicht, ... ob das auch vor Gott Bestand haben wird? — Na ja, so schlimm wie das Leid der Pferde im Krieg wird's wohl nicht sein... die Menschen haben auch gelitten, aber die waren's ja selber schuld. Aber die Pferde, was konnten die dafür?"

„Die Barr-Affäre lässt grüßen...", dachte ich im ersten Moment. Wie konnte er da auch nur im Entferntesten Parallelen sehen? „...ein zurückgebliebenes Opfer medialer Zerrbilder". Aber ich konnte ihn trotz seines Klischeedenkens nicht wirklich als Ahnungslosen belächeln. Überrascht, auf welche Ebene er unser kurzes Gespräch mit dieser Frage hob, musste ich mir eingestehen, dass mich das Thema einer übergeordneten Verantwortlichkeit bereits seit Jahren bewegt.

Welch verschwindend geringer Teil unseres Handelns hat schon Bestand vor dem „großen Ganzen", vor Gott und der Ewigkeit? Werden unsere springsportlichen Aktivitäten in tausend Jahren vielleicht mit derselben verständnislosen Abscheu betrachtet, wie wir jetzt zum Beispiel auf römische Gladiatorenkämpfe zurückschauen? Werden sie als Auswüchse menschlicher Profilierungssucht, der Profitgier oder des Prestigedenkens angesehen? Künstliche Produkte einer sportbesessenen Freizeitgesellschaft? Haben wir wirklich das Recht, allein aufgrund unserer Macht Pferde als Sportgeräte, als reine Handels- und Prestigeobjekte anzusehen? Wer oder was ist als Orientierungspunkt unwandelbar? Wo liegt eine immerwährende Wahrheit? Aristoteles sagt dazu: „Die Wahrheit liegt im Innersten der Dinge."

8.2.3 ...der Natur folgen

Wer unter „Gott" auch das Leben und die Liebe, die Liebe zum Leben und die Liebe zur Schöpfung versteht, der wird **der Natur folgen**. Alle Methoden und Messungen im Zusammenhang mit dem Pferd können sich bestenfalls der Wahrheit annähern. Die unendliche Vielfalt der Natur spiegelt sich in jedem Individuum wieder, und so muss die Springpferdeausbildung der Einzigartigkeit eines jeden Pferdes gerecht werden wollen. „Hineinhorchen ist alles", ist deshalb auch das Credo von Ludger Beerbaum[42]. Denn je weiter sich der Springsport von der Natur entfernt, desto eher verliert er seine Berechtigung. Eine Rück-

---

[42] Ludger Beerbaum/Susanne Strübel: „Erfolg ist kein Zufall". Kosmos-Verlag, Stuttgart

besinnung auf die Wurzeln kann zum Beispiel bedeuten:
- die Bedürfnisse des Steppentieres in Haltung und Arbeit berücksichtigen;
- den Parcours nicht nur auf Werbetafeln reduzieren, sondern in der Gestaltung seine Naturbezogenheit zu unterstreichen;
- die Hindernisauflagen nicht so flach konstruieren, dass ein Abwurf nicht mehr wahrgenommen wird und infolge dessen vom Pferd auch keine Reaktion erwartet werden kann (sonst werden die Reiter zu Manipulationen wie Bliestern etc. gedrängt);
- das Spitzenpferd nicht als Formel I-Wagen betrachten, wo an allen möglichen „Rädchen" gedreht werden kann, bis das Maximale ausgeschöpft ist;
- gerade im Hochleistungssport Regenerationsphasen und ausgiebige Rekonvaleszenzzeiten gewähren.
- Entwicklung, Reifung, aber auch Älterwerden und Vergänglichkeit zulassen; der „horseman" unter den Ausbildern wird auch den Pferden gestatten, langsam heranzureifen, die nicht unbedingt dem „Traum eines jeden Springreiters" entsprechen. Aber bekanntlich ist es bei einem „Knaller" am schwierigsten, ruhig abzuwarten.

AUSBILDUNG UND ETHIK

Zum Vergleich: Ein Kind mit herausragendem Talent im Geigenspiel ist ebenfalls auf Lehrer angewiesen, die seine Begabung nicht als „Wunderkind-Show" zu Markte tragen und so den Weg zur vollkommenen Entwicklung seiner Fähigkeiten frühzeitig verbauen. Die Ausbildung eines Klasse-Springpferdes gleicht auch in gewisser Hinsicht einem Sänger, dem erst eine gediegene Grundausbildung zuteil wird, um dann seine Stimme über Jahre geduldig heranreifen zu lassen: Gelegentlich eine schwierige Partitur, die dann wieder einige Monate beiseite gelegt wird, bis der Reifeprozess abgeschlossen ist.

Das Ziel kann nicht sein, bereits fünfjährig (oder wie in den Niederlanden vierjährig!) auf dem Bundeschampionat den Höhepunkt der Springkarriere anzustreben. Das mag manchem Pferdebesitzer unwirtschaftlich erscheinen, wenn er die Kosten zusammenrechnet. Dabei müssen sich Ökonomie und Moral nicht zwangsläufig ausgrenzen: So kann es, wenn man von den besonderen Anlagen eines Pferdes überzeugt ist, auch finanziell durchaus attraktiver sein, nicht immer die „schnelle Mark" anzustreben und einen langfristigen Aufbau zu gewährleisten.

Der verantwortungsvolle Reiter wird weiter versuchen, den biologischen Rhythmus seines ihm anvertrauten Pferdes zu berücksichtigen und nicht ganzjährig Höchstleistungen fordern. Verletzungen, wenn sie trotz großer Fürsorge auftreten, in Ruhe ausheilen lassen, nach größeren Anstrengungen eine ausgiebige Regenerationsphase zulassen, auch wenn auf manches lukrative Turnier verzichtet werden muss. „Die Gefahr, dass die Pferde überfordert und zu häufig eingesetzt werden, ist groß, weil es mehr Geld zu gewinnen gibt. Der planmäßige Einsatz der Pferde wird den Reitern schwer gemacht[43]," mahnte Dr. Reiner Klimke noch kurz vor seinem Tode.

Es ist eine der Hauptregeln, dass die Reitkunst nie wider die Natur ausgeführt werden sollte, im Gegenteil, man sollte versuchen, die Natur nachzuahmen und ihr zu folgen, sie sogar wo immer möglich, noch verbessern."
GEORG ENGELHARD VON LÖHNEYSEN
(1552-1622)

8.3 Kulturgut Reitkunst

Im Leben der Menschen war das Pferd seit Jahrtausenden ein treuer und vielseitiger Gefährte: Der Mensch beschäftigte sich unter den verschiedensten Vorzeichen mit dem Pferd. Es war ihm Arbeitskraft, Transportmittel, Waffe — es ist immer noch Unterhalter, Prestigeobjekt und Wirtschaftsfaktor — aber stets war und ist das Verhältnis Mensch-Pferd auch etwas mehr: ein Stück Kultur. Diesen gemeinsamen Nenner der verschiedenen Epochen zu suchen und zu pflegen sollte uns Herzenssache sein.

Doch das Kostbarste ist, die unendliche Vielfalt der Schöpfung im Pferd immer wieder neu entdecken und schätzen zu lernen. „Was wir da, beim Blick auf diese Vielfalt gewinnen können, das ist wenigstens ein Stück selbstlosen Interesses: Das ist ein großes Staunen; ein bewunderndes, manchmal vielleicht neidisches Staunen angesichts einer unfassbar reichen Natur[44]", wie es Johannes Bilstein ausdrückte.

Der Springsport kann die Ästhetik, Dynamik und Verwobenheit der Natur in wunderbarer und einzigartiger Weise widerspiegeln. In Zeiten, wo Mensch und Natur sich mehr und mehr entfernen, ist die Springpferdeausbildung eine faszinierende Möglichkeit, die Einheit mit der Natur, die gemeinsamen Wurzeln in der Evolution, aber auch die Achtung vor der Schöpfung erneut zu verspüren und dadurch die eigene Seele zu bereichern.

---

[43] J.B.F. van Leeuwen: „Das Pferd im 20. Jahrhundert — 100 Jahre Pferdesport in 100 Interviews"; Verlag Premium Press, NL-3600 BE Maarsen 1999
[44] Johannes Bilstein und Mattias Winzen: „Das Tier in mir". Verlag Walter König, Köln 2002

SPRINGPFERDE-AUSBILDUNG HEUTE

„Zwar werden die meisten Pferde besser gehalten als früher, wir denken viel mehr über artgerechte Haltung nach, aber ich vermisse bei vielen Ausbildern die richtige Grundhaltung gegenüber den Pferden. „Ich liebe mein Pferd", das sagen vor allem junge Mädchen, aber nur sehr wenig Ausbilder", gab Klimke in seinem letzten Interview zu bedenken.

Ist das nicht ein ungewöhnlicher Denkanstoß aus dem Munde eines ehrgeizigen Olympiasiegers und pragmatischen Rechtsanwalts? Was in den Kreisen, in denen sich dieser vorbildliche und vielseitige Reiter bewegte, wie ein emotionaler Ausrutscher klingen mag, war ein letzter, alles auf den Punkt bringender Appell, mit wachsender Beherrschung des Pferdes und der Steuerung seines Werdeganges nicht überheblich zu werden: Das Mitgeschöpf Pferd nicht nur zu achten, sondern sich darüber hinaus jene Bewunderung und Liebe zu bewahren, die jeder einmal zu Beginn seiner reiterlichen Laufbahn gespürt hat. Bei aller Professionalität in der Ausbildung nicht die lebensspendende, lebensfördernde, göttliche Kraft der Liebe zu verlieren. **Denn im Pferd die Schöpfung zu lieben — das ist wohl das edelste Ziel, was sich ein Ausbilder setzen kann...**

*Mit besonderem Dank an meinen Vater,
der meinen Blick auf das Pferd lenkte,
an meine Mutter,
die ihn über das Pferd hinaus richtete,
an meinen Bruder für seine Unterstützung,
an alle großen Reiter und Pferdeleute,
die ihre Erfahrung im geschriebenen Wort
festgehalten haben;
an meine Frau Christiane und meine Kinder
für ihre geduldige Rücksicht
und an alle,
die den unverzichtbaren Freundschaftsdienst
des Probelesens auf sich genommen haben.*

Elmar Pollmann-Schweckhorst

FN-BÜCHER

Deutsche Reiterliche Vereinigung
Die Deutsche Reitlehre
Der Reiter

behandelt die Ausbildung des Reiters und vermittelt alle notwendigen Kenntnisse und Fertigkeiten vom richtigen Sitz über die Einwirkung des Reiters bis hin zur korrekten sowie gefühlvollen Hilfengebung für das Dressur-, Spring- und Geländereiten.
Die Grundzüge der Geschichte der Reiterei sowie Zitate von anerkannten Ausbildern und international erfolgreichen Reitern vervollständigen diesen Band und unterstreichen die Tradition und Bedeutung der klassischen Grundausbildung.

1. Auflage 2000, 176 Seiten,
über 200 farbige Fotos und Zeichnungen, Format 190 x 250 mm, gb.

ISBN 3-88542-334-0

Deutsche Reiterliche Vereinigung
Die Deutsche Reitlehre
Das Pferd

behandelt die Entwicklungsgeschichte, die Haltung und die Ausbildung des Pferdes. Das Grundwissen über Verhaltensweisen des Pferdes, seine Ansprüche an Haltung, Fütterung und Pflegemaßnahmen sind für den Pferdehalter und Ausbilder unerlässlich, um den artgerechten Umgang mit dem Pferd sowie die erfolgreiche Ausbildung des Pferdes zu gewährleisten.

1. Auflage 2001, 160 Seiten,
über 200 farbige Fotos und Zeichnungen,
Format 190 x 250 mm, gb.

ISBN 3-88542-335-9

Internet: www.fnverlag.de
E-Mail: vertrieb-fnverlag@fn-dokr.de